城市信息模型（CIM）概论

《城市信息模型（CIM）概论》编委会　编

中国电力出版社

CHINA ELECTRIC POWER PRESS

内 容 提 要

本书共分为 5 篇，主要内容包括 CIM 绪论、相关标准体系、CIM 基础平台、基于 CIM 基础平台的应用以及 CIM 实践与展望。CIM 绪论主要介绍了 CIM 的概念与框架，CIM 理论的演变历程以及发展趋势；相关标准体系中除了对截至目前国内外的 CIM 标准进行了介绍外，还对与 CIM 相关的其他标准进行了解读；CIM 基础平台主要讲解平台关键技术、数据体系、基础平台以及保障体系；基于 CIM 基础平台的应用主要从工程建设项目审查审批、城市建设管理、社会公共服务三方面进行讲解；CIM 实践与展望以当前 CIM 试点城市，如广州、南京、厦门、雄安新区、北京城市副中心以及其他较为典型的实际案例进行说明，总结了当前 CIM 平台建设的重难点、发展优势与机遇以及未来发展趋势。

本书可供从事智慧城市规划、设计、建设和运营的人员参考，也可供高等院校相关专业人员阅读。

图书在版编目（CIP）数据

城市信息模型（CIM）概论 / 《城市信息模型（CIM）概论》编委会编. —北京：中国电力出版社，2022.3
ISBN 978-7-5198-6319-7

Ⅰ. ①城…　Ⅱ. ①城…　Ⅲ. ①城市管理–信息化–研究　Ⅳ. ①F292

中国版本图书馆 CIP 数据核字（2021）第 276953 号

出版发行：中国电力出版社
地　　址：北京市东城区北京站西街 19 号（邮政编码 100005）
网　　址：http://www.cepp.sgcc.com.cn
策　　划：周　娟
责任编辑：杨淑玲（010-63412602）
责任校对：黄　蓓　朱丽芳
装帧设计：张俊霞
责任印制：杨晓东

印　　刷：北京九天鸿程印刷有限责任公司
版　　次：2022 年 3 月第一版
印　　次：2022 年 3 月北京第一次印刷
开　　本：787 毫米×1092 毫米　16 开本
印　　张：17.5
字　　数：409 千字
定　　价：98.00 元

编 委 会

致谢

本书在编写过程中得到了国家标准化管理委员会、工业和信息化部、全国智能建筑及居住区数字化标准化技术委员会、中国标准化研究院、广州市人民政府、南京市人民政府、奥格科技股份有限公司、杭州三才工程管理咨询有限公司、中外建设信息有限责任公司、上海益埃毕建筑科技有限公司、广州市设计院、新疆农业大学、盈嘉互联（北京）科技有限公司、广联达科技股份有限公司、建研科技股份有限公司、中设数字技术股份有限公司、易智瑞信息技术有限公司、国泰新点软件股份有限公司、北京超图软件股份有限公司、广东天元建筑设计有限公司、苏州智在云数据科技有限公司、广东国地规划科技股份有限公司、上海秉匠信息科技有限公司、中荣国誉集团有限公司、中企工培（北京）教育咨询有限责任公司、城市信息模型 CIM 网等单位的大力支持和帮助，尤其是全国智能建筑及居住区数字化标准化技术委员会提供了大量的标准化应用案例的支撑，在此一并表示感谢！

由于《城市信息模型（CIM）概论》编写时间有限，工作中难免存在不足之处，敬请读者指正。

编委会

2022 年 2 月 5 日

为有效地解决智慧城市建设中数据共享与业务协同的痛点问题，自 2018 年起，住房和城乡建设部联合工业和信息化部等部门联合开展了城市信息模型（City Information Modeling，CIM）工作，旨在推进城市规划、建设、治理过程中的数据融合、技术融合和业务协同。

CIM 是新一代信息技术的广泛融合，具有高度的协同性、良好的仿真效果和精细的信息要素表达能力，对推动城市治理、实现城市高质量发展起着越来越重要的作用。2020 年全国住房和城乡建设工作会议在部署重点工作任务时提出，要加快构建部、省、市三级 CIM 平台建设框架体系。

本书从 CIM 技术与城市的概念形态、发展关系、发展状况、内涵及构成等方面，探讨城市信息化发展的未来趋势。为推动 CIM 基础平台建设，支持城市规划建设管理多场景应用，促进城市基础设施数字化和城市建设数据汇聚，协助行业相关人员提高城市治理能力和治理水平。

CIM 以底层的视角探索新城市建设的基本架构，以顶层的智慧解析数字城市发展的潜在逻辑，是未来城市发展的关键。探索 CIM 及其对未来城市发展的影响，一方面是寻求和验证已知信息与数据在城市治理中的作用和价值，建立一套完整的城市级信息模型，使人们能够更加理性、客观、全面地了解所居住的城市；另一方面，通过构建城市级信息模型的基础平台，使各专业、各领域致力于城市发展的不同协作者，能够更加有效地、合理地、持久地开发城市、建设城市、管理城市。

目前城市发展存在诸多现实问题。比如，城市的新型基础设施尤其是城市数字底座薄弱；城市管理的信息化、智能化、智慧化程度低；地域间、城市间发展不均衡，城市潜能有待开发等。近年来，基于 5G、大数据、人工智能、IoT、区块链等技术的新基建工作推进，以新发展为理念，以技术创新为驱动，以信息网络为基础，面向高质量发展需要，提供数字转型、智能升级、融合创新等服务的基础设施体系，促使城市正朝着信息化、数字化、平台化、智能化、智慧化的方向发展。

本书的出版发行期待有更多的专家、学者、企业家以及政府部门的积极响应，基于各自擅长的领域，从不同的专业角度出发，探索 CIM 的真谛，加快"新型智慧城市"建设的步伐。强化数字化引领，加强物联网、大数据、云计算、人工智能、区块链、CIM 和 5G 等在建筑领域的集成应用。加快新型城市基础设施的智能化、信息化研究，统筹建设城市信息模型平台（CIM），连通城市大脑，汇聚共享城市工程数字化成果，提升多跨数字化协同能力，将智慧城市建设成为一个安全、舒适、智慧、高效公共服务的绿色健康宜居环境。

姚 兵

2022 年 2 月 5 日

近年来，信息化实现了跨部门、跨学科的融合、真正将信息化技术应用到了生产生活中。

城市信息模型（City Information Modeling，CIM）是对城市物质空间对象进行数字化表达，并以数字三维模型为载体关联社会实体、建设行为、监测感知等相关信息，构建的城市信息有机综合体。CIM 基础平台是管理和表达城市信息模型，支撑城市规划、建设、管理、运营工作的基础性信息协同平台，是智慧城市的基础性、关键性和实体性的新型信息基础设施。

CIM 理论在国内演变的时间不长，其内涵和外延一直处于探索期。在《城市信息模型（CIM）基础平台技术导则》（以下简称《导则》）出台前，CIM 在国内一直没有形成官方的定义，其概念在业内尚无定论。为规范城市信息模型（CIM）基础平台建设和运维，推动城市转型和高质量发展，推进城市治理体系和能力现代化，2020 年 9 月正式发布《导则》，明确了 CIM、CIM 基础平台及相关概念的定义。本书就当前 BIM 相关概念、标准体系进行解读，收集了 CIM 试点城市以及不少典型城市 CIM 实践，展示其部分建设经验及工作亮点，供读者参考。

本书共 5 篇 13 章，前 2 章主要对 CIM 概念与框架以及理论来演变发展进行说明，对当前政策文件进行解读，说明 CIM 未来发展的趋势；第 3 章讲解国家和地方的 CIM 标准；第 4 章就多规合一、智慧城市、测绘地理信息三个与 CIM 相关的标准进行解读；第 5 至第 8 章主要讲解 CIM 基础平台关键技术、CIM 数据体系、基础平台及保障体系；第 9 至第 11 章基于 CIM 基础平台分别对工程建设项目审查审批、城市建设管理、社会公共服务三方面应用重点讲解；第 12 章对广州、南京、厦门、雄安新区、北京城市副中心五个 CIM 试点城市的试点工作进行讲解，分别展示了招标需求、建设内容以及工作亮点，此外对于部分经典城区级、园区级、社区级、大型企业一网统管案例进行详细介绍；第 13 章说明当前在建设过程中 CIM 平台建设的重点和难点，以期未来逐步突破，并对 CIM 发展的优势、机遇与趋势进行分析和讲解。

本书可作为城市信息化建设人员的参考学习书目，也可供相关行业人员了解当前 CIM 相关现状及未来发展趋势。

书中难免存在疏漏和不妥之处，望各位读者不吝赐教，以期再版时改正。

编　者
2022 年 2 月

目录

第 1 篇

CIM 绪 论

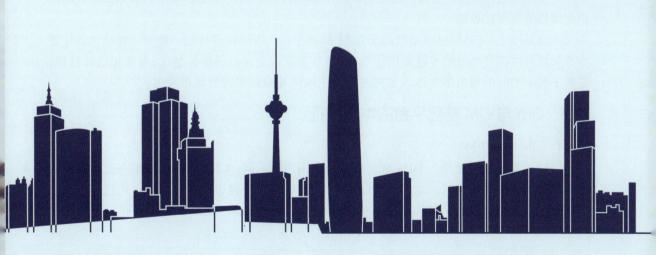

第 1 章 城市信息模型（CIM）概念与框架

1.1 CIM 的概念

1.1.1 CIM、CIM 基础平台与 CIM+应用的定义

为规范城市信息模型（City Information Modeling，CIM）基础平台建设和运维，推动城市转型和高质量发展，推进城市治理体系和能力现代化，住房和城乡建设部在结合广州、南京、雄安新区、厦门、北京城市副中心五大 CIM 试点城市工作的基础上，2020 年 9 月正式发布《城市信息模型（CIM）基础平台技术导则》（以下简称《导则》），明确了 CIM、CIM 基础平台及相关概念的定义。其中，城市信息模型指以建筑信息模型（Building Information Modeling，BIM）、地理信息系统（Geographic Information System，GIS）、物联网（Internet of Things，IoT）等技术为基础，整合城市地上地下、室内室外、历史现状及未来多维多尺度信息模型数据和城市感知数据，构建起三维数字空间的城市信息有机综合体。

城市信息模型基础平台（basic platform of city information modeling）是在城市基础地理信息的基础上，建立建筑物、基础设施等三维数字模型，表达和管理城市三维空间的基础平台，是城市规划、建设、管理、运行工作的基础性操作平台，是智慧城市的基础性、关键性和实体性信息基础设施。

在此基础上，CIM+应用是指基于 CIM 基础平台，围绕城市规划、建设、管理、运行等业务领域开展深度融合的专题应用体系，支撑智慧城市全生命周期智慧化、智能化运行管理，是基于数字空间的城市孪生体，虚实融合、三维可视的新型智慧城市应用。

1.1.2 CIM 与 CIM 基础平台的本质特征

1. CIM 的本质特征

CIM 的本质可以理解为 BIM 概念在城市范围内的扩展。CIM 以三维的城市空间地理信息为基础，叠加城市建筑、地上地下设施的 BIM 信息以及城市物联网信息，构建起三维数字空间的城市信息模型，是实现数字孪生城市的基础和关键。CIM 具备数字化、在线化、共享性、模拟性和互动性五大特征。

（1）数字化

传统基于二维 GIS 的"数字城市"，没有城市三维地理信息模型数据，且对城市数字化

建模止步于建筑设施之外，城市中巨大的建筑空间没有实现数字化，是一个不彻底的数字城市。CIM 综合了城市大场景的三维地理信息模型及"细胞级"BIM 技术，通过空天、地面、地下和水下等不同层面、不同颗粒度的数据采集，结合新型测绘技术，构建起全空间、三维立体、高精度的城市数字化模型，可实现从城市全貌大场景到局部细节的直观展现，以"所见即所得"的方式对城市自然环境、街区样貌、建筑设施、交通路网等进行数字化、可视化呈现。

（2）在线化

此外，CIM 还集成了 IoT 技术，可获取城市各领域反映城市即时运行动态情况的智能感知数据，以时间序列方式与城市 3D GIS/BIM 等空间数据相融合、叠加和关联，可将静态的数字城市升级为可感知、动态在线的数字孪生城市，反映物理城市实时运行状态。

（3）共享性

CIM 是城市在数字空间的综合信息载体，基于 CIM 可记录关联城市从规划设计、建造施工到运营管理阶段全生命周期及城市运行管理各领域的所有信息，并把这些信息存储在一个虚拟化的数字模型中，构建数字空间的城市数字孪生体的数字底板，实现城市不同阶段、不同领域业务数据的信息传递和有效共享。

（4）模拟性

CIM 是对城市物理实体的数字化表达，CIM 除了对真实世界的城市进行数字模拟外，还可通过数据建模、空间分析、事态拟合等方式对城市规划、设计、管理方案进行模拟仿真和推演，为城市规划设计、应急处置、交通路网建设、无人驾驶车辆训练等方案评估和优化提供可量化、可视化的分析、实验手段。

（5）互动性

CIM 作为城市物理实体在虚拟空间的数字孪生体，可与城市物理实体进行虚实融合互动。物理实体城市的运行数据可反馈给 CIM 虚拟空间进行记录、留痕、查询回放，实现由实入虚；同时虚拟空间的分析计算结果可反馈给物理空间的实体城市，对实体城市的运行进行反向干预和智能操控，实现由虚入实。

2. CIM 基础平台的本质特征

CIM 基础平台是"智慧城市/数字城市的操作系统"。该平台基于 CIM 模型，以及统一的标准与规范，进行多源数据集成、统一管理和调度（如数据存储、数据调度、数据渲染等），保障海量模型数据的高效使用，可为城市规划、建设、运行管理全过程的"智慧"应用以及智慧社会创新服务进行赋能。CIM 基础平台具备基础性、专业性、集成性三大特征。

（1）基础性

CIM 基础平台是 CIM 数据汇聚、应用的载体，是智慧城市/数字城市的基础支撑平台，为相关应用提供丰富的信息服务和开发接口，支撑智慧城市应用的建设与运行。

（2）专业性

CIM 基础平台应具备城市基础地理信息、三维模型和 BIM 汇聚、清洗、转换、模型轻量化、模型抽取、模型浏览、定位查询、多场景融合与可视化表达、支撑各类应用的开放接口等基本功能，宜提供工程建设项目各阶段模型汇聚、物联监测和模拟仿真等专业功能。

（3）集成性

CIM 基础平台可以实现与相关平台（系统）对接或集成整合，如智慧城市时空大数据平台、国土空间基础信息平台、工程建设项目管理平台以及城市建设、城市管理、城市体检、城市安全、住房、管线、交通、水务、规划、自然资源、工地管理、绿色建筑、社区管理、医疗卫生、应急指挥等领域的应用系统，支撑和赋能各智慧城市应用。

1.2 CIM 的框架

1.2.1 CIM 框架

1. 内涵及意义

城市是人类生活、工作、娱乐和成长的载体，可提供安全保卫、公共服务、民生保障等服务，包含政府部门、企事业单位和社会公众等社会实体，也包含人类赖以生存的水、空气、河流、山川、地表、土壤、光、热、动植物等大自然馈赠的资源与环境，以及人类适应自然、改造自然所创建的房屋、道路、铁路、河坝、管道、廊道等建筑与设施。此外，还包含社会实体对当前所处的现状空间，不断进行规划、建设、运营和管理，并利用监测感知的手段获取资源环境、建筑设施、城市空间的动态变化，掌控城市的过程。

城市是人类社会发展到一定阶段的产物，可以从时间轴和技术轴来分析城市过去、现在和未来的发展历程（见图 1-1）。城市是在原始居民点的基础上演变而来的，新石器时代，农业的出现使人类生活有了较为可靠的物质基础，组成氏族公社的先民们开始聚族而居，形成固定的居民聚居点——村落，为城市的产生提供了可能，此时普遍建筑为木骨泥墙房屋和干栏式桩上建筑，通过在岩石、地面等表面画一些简单的图形来满足基本需求。原始社会末期，农业的发展、私有制的出现和社会成员的阶级分化，公社首领们为保护自己人身及财产安全，在居住地周围建筑专门的防卫设施——城郭沟池，于是产生了城市。到封建社会时期，城市数量激增，规模扩大，人口盈实，工商业繁荣发达，城市经济职能增强，城市规划、建设需要考虑更大的范围和更多的因素。初始的设计图样多用文字说明，图样上不直接标注尺寸，而是另配文字说明物体的大小。宋代以后，图纸的格式趋于规范，图样上使用宋代使用的汉字字体标注图样的名称、比例及说明，制图的方法处于半经验、半直观状态，没有形成一个科学的体系。近代时期，西方列强的入侵，使得我国古代优秀的城市规划传统没有能够得到很好的总结和继承，代之而起的是西方国家流行的规划思想和手法的输入。新中国成立以来，我国城市化过程经历了大起大落阶段以后，实现了持续增长，并进入了加速和健康发展阶段，城市中房屋由国家统一规划、统一设计、统一建设和分配，有明确的城市总体规划意图和较为完整的规划图纸，城市大部分或局部地区按照规划图建设。20 世纪 90 年代，信息技术的高速发展带来了全球普遍的信息化浪潮，计算机辅助设计（CAD）模仿传统的"纸与笔"过程，根据二维电子图纸创建从 2D 的图形元素，如线条、平面、文本等，在设计规划领域得到了广泛应用。党的十一届三中全会以来，我国实行改革开放的基本国策，商业贸易的活动逐渐增加，更多的人从农村涌入城市，参与到城市现代化的进程之中。巨量融入的人口，不断增加的社会活动，就需要配套相对应的建筑与设施，房屋由国家统建统配的方式已不能满足城市中日益增长的人口需求，因此政府逐渐开放了房地产市场，引入民间资本加快房屋的建设，土地、资源则分别由不同的政府部门进行管理。随着物质生活的改善，人们对建筑与设施提出了更高的要求，CAD技术设计出来的图纸由于缺乏关联性，修改时会浪费大量时间，因此BIM技术应运而生。BIM可以真实并全面地将一项建筑工程物理的及功能方面的所有建筑信息进行形象表达，在整个建设生命周期内时刻进行修整、补充和完善，使各专业领域参与方均可通过该信息交互平台较为自由地发布、传达及提取各自所需的准确信息，改变了建筑行业以往单一的交流模式，使信息传达趋向于多元化，提升了建筑行业的工作质量，成为建筑领域的一大革新。

图1-1　从时间轴和技术轴来分析城市的过去、现在和未来的发展历程

现今，社会经济的网络化、信息化、知识化发展趋势，致使城市空间结构将从圈层式结构向网络化结构转型，城市各要素间逐渐融合为一个牵一发而动全身的整体，而随着海量人口的涌入，生产和消费将更集中，规模更大，资源的需求增大，社会关系更复杂，城市已然成为开放性的复杂巨系统。城市规划、设计、建设、运行与管理等工作也越来越复杂，多业务统筹、协调和治理越来越难，急需基于BIM、GIS、IoT等技术手段构建CIM，提高城市科学化、精细化、智能化管理水平。

2. 框架概述

近年来，CIM的发展和应用引起了各业界的广泛关注，各方一致认为CIM是引领未来城市数字化、精细化和智能化发展的方向，CIM基础平台是推动城市转型和高质量发展、推进城市治理体系和治理能力现代化的新型基础设施。但面对一个基础性的问题，即CIM本身有着怎样的内涵、特点及外延，如何界定其概念、范围。对于以上问题如果不能通过深入地分析来有效解决，必将会影响CIM的发展和应用。基于此，有必要通过对CIM框架的厘定，建立CIM的核心概念，并对CIM核心概念延伸出来的模型分类、模型分级、模型应用等方面进行规定，指导CIM的构造，指导CIM基础平台及其应用系统的建立、应用和交换共享。综合各领域专家的想法和建议，提出了CIM框架如图1-2所示。

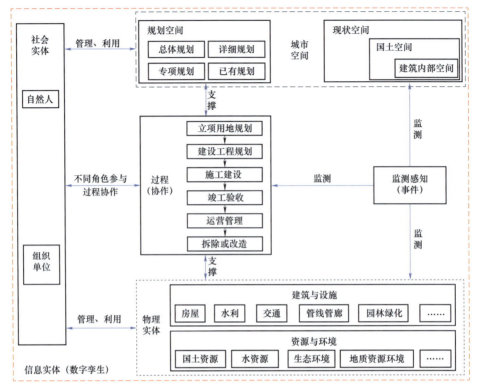

图 1-2　城市信息模型（CIM）框架

CIM 框架是在城市规划、建设和管理运营等需求驱动下，对社会实体的管理和城市空间与物理实体的利用。社会实体以不同角色参与规划建设和管理全周期过程，即以工程建设项目为单元开展规划、建设和管理运营的协作过程；社会实体采用物联网技术对建筑与设施、资源与环境、现状空间进行监测感知，以把握城市运行状态。社会实体、物理实体、城市空间、过程、事件及其相关关系等形成了信息实体，即数字孪生，共存于城市信息模型。为了更清晰地理解其中的内涵，下面从城市的构成与特征、城市共性问题产生的根本原因、城市高质量发展的落脚点等方面进行阐述，最后对其核心概念进行进一步的描述。

1.2.2　CIM 框架的组成

根据图 1-2 城市信息模型（CIM）框架，其主要涉及六大核心概念，即社会实体、物理实体、城市空间、过程、监测感知和信息实体。

1. 社会实体

社会实体描述城市中社会层面的实体，包含自然人和组织单位两类概念。其中，自然人即城市中与个人相关的基本概念；组织单位指城市中按照某种特定目的集合在一起的机构，如政府部门、事业单位、企业和社会团体等。

2. 物理实体

物理实体描述城市中客观存在于物理世界中的事物，包含建筑与设施、资源与环境两个概念。其中，建筑与设施指城市中人工建筑的物体及相关基础设施，如房屋、水利、交通、管线管廊和园林绿化等；资源与环境是支撑城市运营的物质要素，如国土资源、水资源、生态环境和地质资源环境等。

3. 城市空间

城市空间描述城市中地球表面的一部分，包含现状空间和规划空间两类概念。其中，现状空间是指城市各种活动的现状载体，如国土空间和建筑内部空间等，现状空间随时间演变为历史空间；规划空间是指对一定时期内城市空间的经济和社会发展、土地利用、空间布局以及各项建设的综合部署、具体安排和实施管理，具体体现为总体规划、详细规划、专项规划，是支撑工程建设项目选址、审查的重要依据。规划空间随时间发展演变为现状空间。

4. 过程

过程描述以工程建设项目为单元进行规划、建设、验收、管理、拆除或改造等协作活动，包括覆盖工程建设项目六个阶段的相关概念（见表 1-1）。

表 1-1　　　　　　　　　　　过程相关概念及定义

序号	相关概念	定　义
1	立项用地规划	工程建设项目审批的第一阶段，主要包括项目审批核准、建设项目用地预审与选址意见书核发、建设用地规划许可证核发等活动
2	建设工程规划许可	工程建设项目审批的第二阶段，主要包括设计方案审查、建设工程规划许可证核发等活动
3	施工许可	工程建设项目审批的第三阶段，主要包括施工图审查、施工许可证核发等活动
4	竣工验收	工程建设项目审批的第四阶段，主要包括质量、规划、消防、人防和档案等验收及备案等活动
5	运营管理	对验收后投入使用的工程建设成果进行不动产登记、归档和运营等活动，以保障其发挥正常功能的行为
6	拆除或改造	工程建设项目拆除或改造时进行审查和备案等活动

5. 监测感知

监测感知指对建筑与设施、资源与环境、现状空间进行监测感知的事件，包含建筑监测、市政设施监测、交通监测、资源环境监测、城市安防监控、气象监测、城市建设与运营过程监测等七类概念见表 1-2。

表 1-2　　　　　　　　　　　监测感知相关概念及定义

序号	相关概念	定　义
1	建筑监测	对城市中相关重要建筑物联感知监测，掌握设备运行状况、能耗水平等
2	市政设施监测	对道路、桥梁、轨道交通、供水、排水、燃气、热力、园林绿化等城市重要设施物联感知监测，掌握设施运行状态
3	交通监测	对交通状态实时物联感知监测记录照片、视频等信息
4	资源环境监测	对国土资源、水资源、生态环境和矿产资源环境等要素物联感知监测其变化
5	城市安防监控	对城市安全防控主要因素进行物联监控，如治安视频、三防监测等
6	气象监测	对雨量、气温、气压等气象要素物联感知监测
7	城市建设与运营过程监测	对城市建设与运营过程涉及的社会实体及其活动进行监督监管与感知采集，如社会、法人、人口、兴趣点、地名地址、宏观经济和城市运营等数据

6. 信息实体

信息实体是由社会实体、物理实体、空间实体、过程、事件等及其相关关系数字孪生形成的实体，具体表现为 CIM 数据、管理数据的 CIM 基础平台和其他应用系统等。

CIM 数据是指社会、物理、空间、过程、监测感知等实体实例持久化产生的各类数值的集合，包含城市空间基础、建筑与设施、空间规划、工程建设项目、公共专题和物联感知等数据。其中，城市空间基础数据是物理实体中建筑与设施、空间实体两类概念的实例化；资源调查数据是物理实体资源与环境概念的实例化；规划管控数据是空间实体中规划空间概念的实例化；工程建设项目数据是工程建设过程概念的实例化；公共专题数据是社会实体概念的实例化；物联感知数据是监测感知概念的实例化。

管理数据的 CIM 基础平台是指通过汇聚管理城市空间基础数据、建筑与设施三维模型、工程项目各阶段 BIM 和物联感知等各类数据，实现真实世界的三维空间仿真表达，满足城市规划、建设和管理运营等应用需求，支撑城市设计、智慧建造、智慧社区、智慧市政和城市体检等专题应用软件及其支撑环境的总称。

应用系统是基于 CIM 基础平台进行模型汇聚与管理、分析与模拟等，以满足各类专题应用需求的具象化载体，例如，项目选址与用地规划审批系统、规划 BIM 报建与审查系统、施工图 BIM 审查系统、竣工验收 BIM 管理系统、城市洪涝模拟预报系统、智能交通管理系统等。

1.3 CIM 与智慧城市

1.3.1 智慧城市相关定义

1. 智慧城市定义

智慧城市的概念最早由国际商业机器公司 IBM 明确提出，自提出以来在世界范围内受到了广泛的关注，成为多个国家和地区提升城市治理水平、推进经济全球化的战略方案。为了深入了解智慧城市，首先要了解城市的概念在未来世界中越来越受到重视的原因。城市在全球的经济社会活动中扮演着重要角色，对人类居住的环境范围和质量也产生重大影响。根据联合国人口基金会 2018 年的统计数据显示，全球多达 55% 的人口（约 41 亿）居住在城市中，预计这一数据到 2050 年将上升到 70%，在欧洲地区 75% 的人口生活在城市区域，世界各地还出现了以特大城市为中心的连片城市带。

城市是人类高度聚集区域，会产生大量的新陈代谢产物，也更依赖于外部资源的不断输入，这样才能维持城市正常的运转，因此城市的可持续性发展逐渐成为人类关注的重要议题。世界上许多国家和地区期望通过采取应对措施，实现畅达的交通、高使用率的土地和高质量的城市服务等，以合理科学的手段为全面发展经济提供"智慧化"的便利。

通常来说，智慧城市中的"智慧"大多被理解为"数字的"或"智能的"，而"智慧城市"的解读和定义有多个侧重，是个相对模糊的概念。该名词最早出现于 20 世纪 90 年代，当时侧重强调新的信息和通信技术的应用对城市现代基础设施的影响。后来，多名学者对智慧城市发表了自己的理解。Kopackova 和 Libalova 研究了在智慧城市环境下"智慧"代表的含义，在市场环境中"智慧"不只代表了快速敏捷和即时反应，在面对用户和市场需求时，只有迅速适应才能体现真正的"智慧"。Harrison 等认为智慧城市就是工具化、互联化、智能化的城市统称，其中"工具化"是指通过使用基础设施获取和集成真实世界数据的过程，"互联化"是指将这些数据集成到一个计算平台中并在各种城市服务之间进行信息交互共享，"智能化"是指提供复杂的分析、建模、优化和可视化等服务，以便做出更好的运营决策。Ballas 等认为"智慧城市"在城市规划领域常被视为城市发展的战略方向和战略目标，各级政府和公共部门都在使用"智慧城市"概念，以区分其在可持续发展、经济增长、公民更好的生活质量和幸福创造等方面的政策和方针。Nathali 等智慧城市利用智能计算技术使城市的关键基础设施组件和服务变得更加智能、互联和高效，其中包括城市管理、教育、医疗、公共安全、房地产、交通和公用事业。智慧城市通过使用数据、信息技术（IT）来改善城市效率并向公民提供更有效的服务。它依托监测和优化现有基础设施、增加不同经济主体之间的合作、鼓励私营和公共部门的创新创业行为来实现这一点。

智慧城市的概念被广泛讨论，已不再局限于信息和通信技术的传播，而是着眼于人和社区的需求。根据马双对智慧城市概念的梳理与总结，如图 1-3 所示。可以看出，后来人们对智慧城市的研究，多强调智慧城市的最终实现必须依靠信息技术的力量改变城市运作方式，最终提升人民生活质量。

2008 年 11 月，美国 IBM 公司全面梳理整合面向政府的信息化版块业务，IBM 公司总裁兼首席执行官彭明盛作为代表，在纽约市外交关系委员会发表关于"智慧地球：下一代的领导议程"的演讲，提出利用感知、互联、分析等新时代前沿信息技术，以"智慧城市"之名，为政府提升治理能力，让社会更智慧地进步，让人类更智慧地生存，让地球更智慧地运转。

随后的一年时间里，IBM 公司与我国南京、沈阳、昆明等城市达成友好协议，商量共同探索建设智慧城市。为了使中国的城市发展在世界舞台中起到主导作用，为中国的城市化和经济成长谋划布局，尽早实现中国的现代化目标，2009 年 IBM 公司发布了《智慧的城市在中国白皮书》，表达 IBM 公司对"智慧城市"的美好愿景，认为"智慧城市"应具备全面物联、充分整合、激励创新和协同运作等特征。该书将"智慧城市"定义为"能够充分运用信息和通信技术手段感测、分析、整合城市运行核心系统的各项关键信息，从而对于包括民生、环保、公共安全、城市服务、工商业活动在内的各种需求做出智能的响应，为人类创造更美好的城市生活"。

自 IBM 公司提出智慧城市的概念和愿景后，智慧城市受到各国政府的广泛重视，它不再是城市管理以及可持续发展的一个选项，而是必然选择。国内各地方政府纷纷提出建设智慧城市，开展智慧城市总体规划、顶层设计和局部建设试水，智慧城市建设在国内进入概念导入期。业界各大公司也对智慧城市进行了各自概念阐述和定义。

2012 年，住房和城乡建设部启动国家智慧城市试点工作，发布《国家智慧城市试点暂行管理办法》和《国家智慧城市（区、镇）试点指标体系（试行）》，对智慧城市定义如下："智慧城市是通过综合运用现代科学技术、整合信息资源、统筹业务应用系统，加强城市规划、建设和管理的新模式"。以此为标志，国内智慧城市建设正式进入了探索试点期。同一

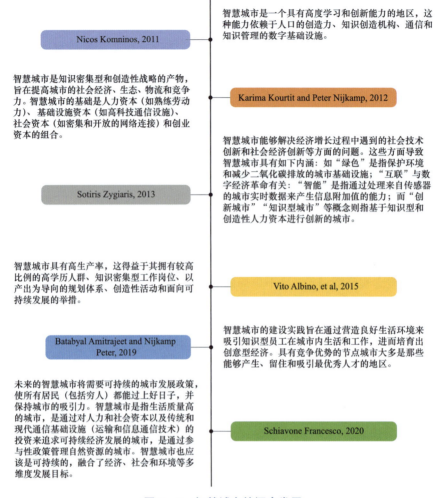

图 1-3 智慧城市的概念发展

时期，科技部、工业和信息化部等也都发文开展了智慧城市试点工作。此时，有关智慧城市尚处于摸索阶段，既没有统一的标准、政策，也没有牵头归口部门。

2014 年 8 月，为规范和推动智慧城市的健康发展，构筑创新 2.0 时代的城市新形态，引领创新 2.0 时代中国特色的新型城市化之路，国家发展改革委、工业和信息化部、科技部、公安部、财政部、国土资源部（现为自然资源部）、住房和城乡建设部、交通运输部八部委印发《关于促进智慧城市健康发展的指导意见》，对智慧城市做出定义："智慧城市是运用物联网、云计算、大数据、空间地理信息集成等新一代信息技术，促进城市规划、建设、管理和服务智慧化的新理念和新模式。"

2014 年 10 月，为贯彻落实《关于促进智慧城市健康发展的指导意见》有关工作部署，经商中央网络安全和信息化领导小组办公室，国家发展改革委、教育部、科技部、工业和信息化部、公安部、民政部、人力资源社会保障部、国土资源部（现为自然资源部）、环境部、住房和城乡建设部、交通运输部、水利部、农业部（现为农业农村部）、商务部、卫生计生委、质检总局、食药监总局、旅游局、中科院、工程院、证监会、能源局、国家测绘局、标准委等 25 个部门联合成立了促进智慧城市健康发展部际协调工作组。自此，智慧城市进入了规范化发展期。

2. 新型智慧城市定义

从"智慧城市"到"新型智慧城市"的概念更替，是时代信息化发展的必然趋势，体现的是理念和技术的进步，以及市场发展的真实需求。智慧城市描绘了城市利用信息技术提升效能的无限可能，而为了打破智慧城市中"信息烟囱"和"数据孤岛"的困境，将关注点从技术转向应用，中央网信办和国家发展改革委于 2015 年提出了建设"新型智慧城市"，其更侧重于解决信息汇聚和市民体验与感知的问题。"新型智慧城市"是数字中国、智慧社会的核心载体。相较于"智慧城市"，其更加重视顶层设计与数据的融合，发展重点在于进一步强化城市智能设施统筹布局和共性平台建设，破除数据孤岛，加强城乡统筹，形成智慧城市一体化运行格局。

近年来我国智慧城市发展成效显著，我国智慧城市发展研究中心主任单志广将我国智慧城市的发展历程大致分为四个发展阶段。第一个阶段是从 2008 年到 2014 年 8 月的理论探索实践期，这个阶段智慧城市从提出到被大家广泛讨论和研究，各部门、各地方按照自己对智慧城市的理解来推动其发展，整个过程显得无章无序、进度不一，也未形成统一、通用的相关文件。第二个阶段是从 2014 年 8 月到 2015 年 12 月的规范调整期，各部门、各地方结束了单打独斗、自成一体的局面，开始由国家层面成立"促进智慧城市健康发展部际协调工作组"，协同指导地方智慧城市建设。第三个阶段是 2015 年 12 月到 2017 年 12 月为期两年的战略攻坚期，此阶段"新型智慧城市"理念被提出，国家将其作为发展战略和推进新型城镇化建设的重要抓手，着力改善先前存在的信息孤岛和信息分割的问题。第四个阶段是从 2018 年初至今的全面发展期，各地新型智慧城市建设加速落地，建设地点由城市扩展至区县、农村，突出城乡统筹和城乡融合发展的理念。

2016 年 3 月我国正式公布《国民经济和社会发展第十三个五年规划纲要》，首次提出要"以基础设施智能化、公共服务便利化、社会治理精细化为重点，充分运用现代信息技术和大数据，建设一批新型示范性智慧城市"。由此，"新型智慧城市"的概念在我国初次问世。

2016 年 4 月，"促进智慧城市健康发展部际协调工作组"改组为"新型智慧城市建设部际协调工作组"，并由国家发展改革委、中央网信办共同主持召开第一次会议。习近平总书记在网络安全和信息化工作座谈会上提出"分级分类推进新型智慧城市建设"。此后，中央网信办提出了新型智慧城市的定义："新型智慧城市是以为民服务全程全时、城市治理高效有序、数据开放共融共享、经济发展绿色开源、网络空间安全清朗为主要目标，通过体系规划、信息主导、改革创新，推进新一代信息技术与城市现代化深度融合、迭代演进，实现国家与城市协调发展的新生态。其本质是全心全意为人民服务的具体措施与体现。"自此，智慧城市进入新型智慧城市发展期，要以推行电子政务、建设新型智慧城市等为抓手，以数据集中和共享为途径，建设全国一体化的国家大数据中心。

2016 年 11 月 22 日，国家发展改革委、中央网信办、标准委联合发布《关于组织开展新型智慧城市评价工作务实推动新型智慧城市健康快速发展的通知》，该通知指出："新型智慧城市是以创新引领城市发展转型，全面推进新一代信息通信技术与新型城镇化发展战略深度融合，提高城市治理能力现代化水平，实现城市可持续发展的新路径、新模式、新形态，也是落实国家新型城镇化发展战略，提升人民群众的幸福感和满意度，促进城市发展方式转型升级的系统工程"。

中国信息通信研究院在 2018 年发布的《新理念新模式新动能——新型智慧城市发展与实践研究报告》，报告提出："新型智慧城市是新时代贯彻新发展理念，立足于我国信息化和新型城镇化发展实际，全面推动新一代信息通信技术与城市发展深度融合，引领和驱动城市创新发展，提升城市治理能力和现代化水平，形成智慧高效、充满活力、精准治理、安全有序、人与自然和谐相处的城市发展新形态和新模式。新型智慧城市包括无处不在的惠民服务、透明高效的在线政府、精细精准的城市治理、融合创新的数字经济、集约统筹的基础设施、安全可控的运行体系等关键要素。"

为有力支撑智慧社会建设，引导各地有序推进新型智慧城市建设，国家发展改革委、中央网信办将会同有关部门组织开展 2018 年度新型智慧城市评价工作，形成《新型智慧城市评价指标（2018）》（以下简称《评价指标》），该指标于 2016 年底首次发布，2019 年在原有基础上进行修订，最终印发《评价指标》。通过官方制定的成效、创新和感知三类共八个一级指标给出智慧城市建设的大方向，重点评价城市发展现状、发展空间、发展特色、市民真实体验等维度。

中国智慧城市建设发展历程如图 1-4 所示。

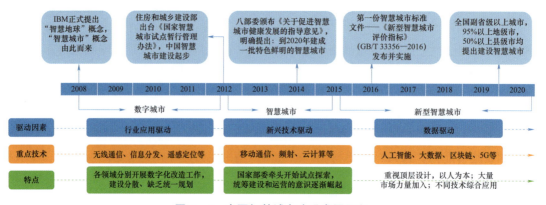

图 1-4 中国智慧城市建设发展历程

根据新型智慧城市的定义，马尧总结出我国新型智慧城市发展的四大特征：第一是中国化，我国充分考虑本国的实际发展情况和社会实情开展城市建设工作，国外注重开发智慧化、智能产品，把物联网、云计算等贯穿在新型智慧城市发展建设工作之中，以此激发城市发展活力，而我国主要将"以人为本"作为新型智慧城市建设的中心，时刻关注为广大人民群众提供优质的城市服务。与此同时，我国在新型智慧城市建设中着重解决城市人口承载力的问题。第二是融合化，我国在建设新型智慧城市的过程中，积极融合各种前沿新型信息技术，如物联网、大数据、人工智能等，通过有效融合、互取所长构建城市的互联互通。第三是协同化，我国极力在新型智慧城市建设的进程中推进横向融通，侧重于协同治理，希望更好地实现跨层级、跨地域、跨系统、跨部门、跨业务的协同管理和服务。在协同化城市建设下，城市将会形成统一的系统，有利于提升城市管理水平。第四是创新化，我国在智慧产业布局、技术优化、项目建设、城市管理等多方面把握住创新发展的要点，鼓励创新企业和技术的孵化，是提升社会发展的内在驱动力。

3. 数字孪生城市定义

我国智慧城市经历了十多年的发展，从过去以垂直服务为主导的传统智慧城市建设，逐步转变为以整体数字空间为载体的新型智慧城市建设。数字孪生城市作为智慧城市的一种发展模式，旨在改变以往依赖资源投入带动城市发展的粗放模式，通过新技术的应用，促进多方参与，优化资源配置，提升生产效率，创造更多的价值。

根据美国航空航天局（NASA）权威定义，数字孪生是指充分利用物理模型、传感器、运行历史等数据，集成多学科、多物理量、多尺度、多概率的仿真过程，在虚拟空间中完成映射，从而反映相对应的实体装备的全生命周期过程。"数字孪生"实际上就是在一个设备或系统"物理实体"的基础上，创造一个数字版的"虚拟模型"，此"虚拟模型"基于信息化平台提供所需的服务。与计算机上的设计图纸不同之处在于，数字孪生体可以对实体对象进行动态仿真，而不仅仅局限于平面化复刻。换言之，数字孪生是动态的模拟，通过实体对象物理设计模型、传感器反馈的实时变化数据，以及外部环境条件的改变，都会直接反映到"孪生体"上。因此可以理解为数字孪生就是将现实世界的物理体、系统以及流程等复制到赛博空间，生成一个"克隆体"，二者最终组成一个"数字双胞胎"。

数字孪生在虚实之间存在一种双向映射、动态交互和实时联系的特征。双向映射即本体向孪生体输出数据和建成模型，同时孪生体向本体反馈信息和输出优解，是数字孪生的核心特征。动态交互即根据传感现实数据、历史数据以及物理本体周边场景数据进行仿真分析，为物理实体的后续运行提供改进与优化方案，并会辐射到物理实体的全生命周期过程。实时联系数字孪生与准时创建与物理实体等价的"克隆体"或数字模型。数字孪生技术架构分为物理层、数据层、模型层、功能层、应用层。物理实体、数据、虚拟模型、连接、应用是数字孪生的核心要素。目前，数字孪生广泛应用于智慧城市、工业互联网、车联网等新型场景。

2017 年年底，中国信息通信研究院首先在国内提出了数字孪生城市的概念，将数字孪生技术理念引入智慧城市领域，把数字孪生城市作为技术演进与需求升级驱动下新型智慧城市建设发展的一种新理念、新途径和新思路。

在中国信息通信研究院 2018 年发布的《数字孪生城市研究报告》中正式提出数字孪生城市的内涵："数字孪生城市是支撑新型智慧城市建设的复杂综合技术体系，是城市智能运行持续创新的前沿先进模式，是物理维度上的实体城市和信息维度上的虚拟城市同生共存、虚实交融的城市未来发展形态。"

数字孪生城市的本质是城市级数据闭环赋能体系，通过数据全域标识、状态精准感知、数据实时分析、模型科学决策、智能精准执行，实现城市的模拟、监控、诊断、预测和控制，解决城市规划、设计、建设、管理、服务闭环过程中的复杂性和不确定性问题，全面提高城市物质资源、智力资源、信息资源配置效率和运转状态，实现智慧城市的内生发展动力。

数字孪生城市基于数字化标识、自动化感知、网络化连接、普惠化计算、智能化控制、平台化服务的信息技术体系和城市信息空间模型，在数字空间再造一个与物理城市匹配对应的数字城市，全息模拟、动态监控、实时诊断、精准预测城市物理实体在现实环境中的状态，推动城市全要素数字化和虚拟化、全状态实时化和可视化、城市运行管理协同化和智能化，实现物理城市与数字城市协同交互、平行运转。

2019 年 10 月，中国信息通信研究院发布的《数字孪生城市研究报告（2019）》通过对数字孪生城市所涉及的关键技术及技术之间的集成关系、所包含的核心平台以及平台之间的协同性，以及体现数字孪生特色的典型应用场景进行深入剖析，力图对数字孪生城市的建设方案进行通用化提炼抽取，并对国内外相关产业和服务供给进行梳理，从而为各地建设实施数字孪生城市提供帮助和引导。数字孪生城市的理念提出以后，数字孪生城市与新型智慧城市相结合，对国内智慧城市建设形成了深远的影响。各地方政府在智慧城市建设实践中，也纷纷引入数字孪生的理念，开展数字孪生城市规划和建设。例如，雄安新区在 2018 年发布的规划纲要中明确提出："坚持数字城市与现实城市同步规划、同步建设，打造具有深度学习能力、全球领先的数字城市"。贵阳市、舟山市、西安市西咸新区、重庆市等地区纷纷采用数字孪生城市的建设理念和模式，先后制定智慧城市顶层设计和规划，以数字孪生城市为导向推进新型智慧城市建设。

《数字孪生城市研究报告（2019）》不仅进行理念引领，还对各类产业进行市场激活，众企业抢抓数字孪生城市的潜在商机，激活 ICT 产业链。第一，数字孪生城市正在激活庞大的信息技术产业链，数字孪生城市自提出以来，吸引产业界广泛关注，成为技术创新和业务拓展的重要方向。多地学术机构开展关于"数字孪生"的专题研讨，探索数字孪生技术对于城市治理、工业制造等领域的应用和价值。第二，传统智慧城市厂商顺势而为推出数字孪生城市解决方案，如科大讯飞打造数字孪生城市的"城市超脑"；软通动力与华为公司合作，发布支持数字孪生城市的 aPaaS 平台；阿里巴巴联合千方科技、银江股份、浙大中控、数源科技、海康威视等众企业，基于阿里云平台，共同打造数字孪生城市大脑；紫光云集成数字孪生底座，推出"1+4+N"智慧城市应用体系。第三，空间信息产业纷纷入局，成为数字孪生城市建设的中坚力量，数字孪生和空间信息产业密切相关，需要空间信息采集、建模、开发、服务、应用全产业链的深度参与，同时空间信息产业通过数字孪生在智慧城市中找到了新的支点，多年的技术积累在巨大的市场空间得以释放活力，并造就独特的竞争优势。

在数字孪生城市定义提出后，还需要应用实践将理念落地，部分数字孪生应用先行先试初显成效。如数字孪生技术重新定义智慧园区，到 2022 年，85%的物联网平台会使用数字孪生技术进行监控，产业园区会先利用数字孪生技术，重塑园区管理与服务模式。数字孪生在医疗领域也获得突破性进展，数字孪生给予健康医疗新的视角和手段，通过对身体器官、血液循环、神经系统、肌体骨骼、心率脉搏等进行"镜像映射"，建立人体的数字孪生体，进而通过人体标准数据库，记录人体每个细节特征，进行人体健康的实时动态管理。数字孪生为智慧校园经济管理赋能，将学校物理空间与数字空间有机衔接，全面感知校园物理环境，建立智能舒适的生活与教育环境，实现二维三维一体、虚实一体的校园精细化管理。

数字孪生城市呈现"三横两纵"的总体架构（见图 1-5），由于数字孪生城市是面向新型智慧城市的一套复杂技术和应用体系，因此必须集成多门类技术，整合多源数据，打通平台功能，才能成功建设数字孪生城市。因此，数字孪生城市并没有脱离智慧城市的总体架构布局，由新型基础设施、智能运行中枢、智慧应用体系三大横向层，以及城市安全防线和标准规范两大纵向层构成。不同的是，数字孪生城市强化了新型测绘、标识感知、三维建模、仿真模拟等技术应用，核心平台能力增强，强化了全要素数字表达、大数据模型驱动与反向智能控制，应用体系更强调集约一体，突出跨领域、跨行业、全域视角的超级应用地位。

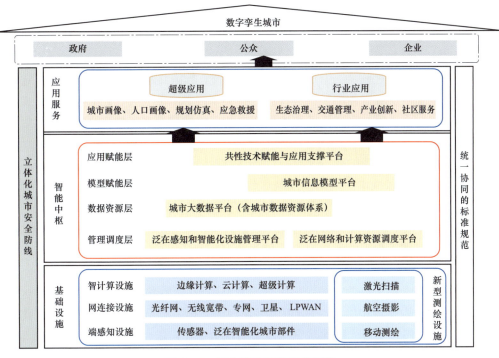

图 1-5　数字孪生城市总体架构

目前，从整体上看数字孪生城市尚处于概念导入和探索阶段，数字孪生城市的概念特征、整体框架、应用场景等还未有统一的标准，关于数字孪生城市建设也未出台统一的标准、政策。但从本质上讲，数字孪生城市并没有脱离智慧城市的范畴和总体架构，区别在于内涵延展、功能增强和应用场景扩充。可以说数字孪生城市已不再是一个创新理念和技术方案，而是新型智慧城市建设发展的必由之路和未来选择。

1.3.2　CIM 在智慧城市、数字孪生城市中的定位

1. CIM 在智慧城市中的定位

在 2018 年 8 月 GIS 软件技术大会上，郭仁忠院士指出，智慧城市是城市信息化的高级阶段，是若干个信息系统的集成，是体系化的信息系统生态。基于共同的设施和数据资源，具有大量共性化的操作，因此它需要一个操作系统。由于城市是一个地理空间，需要进行实体城市的数字化表达，而所有城市对象（物件、事件）均具有位置（点、域、路径），所有数据都是对象的描述，所以城市问题是空间问题，必须表达空间关系。据此他指出，智慧城市的操作系统非 GIS 莫属。因此，GIS 是智慧城市的操作系统。

但是智慧城市的操作系统，从严格的学术意义上讲并没有明确的定义。从 IBM 最早提出"智慧城市"的定义来分析，IBM 最早提出的智慧地球，就是"智慧的地球=物联化+互联化+智能化"。物联化代表更透彻的感知，互联化代表更全面的互联互通，智能化代表更深入的智慧化。分析《导则》中 CIM 的含义，由于包括 BIM 技术、GIS 技术、IoT 技术、大数据与人工智能技术等，因此可以将 CIM 视为物联化、互联化、智能化的基础，其空间三维模型的特征及空间位置是所有数据的关键词，可以将城市建设的微观和宏观、小尺度和大

尺度、静态信息和动态信息进行有机整合，可以为智慧城市提供有效的技术内核与基石。所以，在住房与城乡建设领域，CIM 才被认为是智慧城市的底板，是内核与基石，将来有可能成为智慧城市的操作系统。

智慧城市建设实践过程中，由于体制机制的壁垒，数据共享和业务协同的模式还有待突破和加强；同时受限于城市各类多源异构的数据类型多、体量庞大、数据格式和接口标准不统一等具体技术问题，使得信息孤岛和信息烟囱的现象依然存在。业务的各参与方以及不同的业务阶段，信息互换流转、协同管理成为难点。

CIM 已然成为当前环境下，支撑智慧城市建设、运行、可持续发展的一块基石，其建设水平直接决定了智慧城市的应用和发展。作为城市数字空间的综合信息载体，CIM 可基于异构数据的时空融合标准与统一数据框架，构建起智慧城市的多源异构城市大数据汇聚和数据融合中心，有效地解决智慧城市建设中数据共享和业务协同的痛点和难点问题，实现城市规划、建设、管理工程中的数据融合、信息共享和业务协同。

2. CIM 在数字孪生城市中的定位

在智慧城市概念提出以前，曾经出现过"数字地球""数字城市"的概念。但这是传统基于二维 GIS 的"数字城市"，没有城市三维地理信息模型数据，且对城市数字化建模止步于建筑设施之外，城市中巨大的建筑空间没有实现数字化，是一个不彻底的数字城市。CIM 综合了城市三维地理信息模型及 BIM 数据，可构建全空间、三维立体、高精度的城市数字化模型：三维地理信息模型实现了城市宏观大场景的数字化模型表达和空间分析；BIM 则实现了对城市细胞级建筑物的物理设施、功能信息的精确表达，将这两者有机融合和集成，实现城市彻底地"数字化"，完成"数字孪生城市"的初步构建和数字化表达。

此外，CIM 集成了物联网技术，具有实时性，可获取城市各领域反映该城市运行动态情况的实时感知数据，与 CIM 的 2/3DGIS、BIM 等空间数据相融合关联，将静态的数字城市升级为可感知、动态在线、精准映射的城市数字孪生体。

中国城市规划设计研究院未来城市实验室执行副主任杨滔认为，CIM 建设既是智慧城市跨行业融合的基石和底板，也是推动城市高质量发展的重要抓手，更是带动我国 21 世纪产业升级的重要引擎。CIM 建设将会扩展出"数字空间领地"，探索基于信息融合创新的新产业培育发展路径，为我国产业融合以及新型城镇化建设提供切实可行的方案。传统智慧城市建设强调以通信为主的智能基础设施建设和应用场景，如智慧教育、智慧医疗、智慧交通、智慧水务、智慧政务等。在这些建设之中，信息化更多强调城市神经系统、城市大脑、城市中枢系统等，本质是试图将神经植入城市，使城市行为更敏捷、更智能。CIM 建设更强调城市本身的全息数字化，时间和空间是极其重要的维度，也是城市运转的本质之一。所有城市要素与其关联，重新勾画基于时空单元的箭头，形成城市过去、现在和未来的全息场景。这套数字孪生的城市空间操作系统就是数字新基建，具有感知层、数据层、计算层、网络层以及应用层，核心是时空单元构成的虚拟城市及人机互动的界面。

数字孪生的 CIM 不仅是实体城市的复制和映射，更是基于真实城市数据不断进化的智慧。它的能量将随着数字技术的演进日益强化，最终成为一个承载人类物质世界、社会活动和集体心智的无限场域。传统智慧城市空间的物理性将被无限延伸，城市将成为现实空间和虚拟空间逐渐交融的混合空间。在数字孪生的 CIM 中，城市之间、人类之间、万物之间的时空阻隔将逐渐被实时数据交换所打破，一个时时刻刻万物感知、万物互联、万物智能的新世界将成为可能。

数字孪生的 CIM 还将突破人类感知的极限，开展一场重塑人类感知能力的实验，勾勒出城市中无数隐匿的维度和场景，发展出超越人体本身感知维度的超感知能力。CIM 与人合二为一，构成通感城市，将使真实的物质城市发生多维折叠，构成无限扩展的空间和流变，数字化的城市和人类会蜕变出新的感知通联，人类在时空穿梭中永续迭代、通感万物。因此，CIM 首先是传统智慧城市空间定位的数字坐标，其次是城市建设领域信息化集成应用的数字操作系统，最终是城市智慧化建设运营交易的数字中枢。

基于 CIM 及 CIM 基础平台，可加载各类城市业务数据，集成对接各城市智慧应用系统，针对不同场景开展模拟仿真，推演城市未来发展趋势，挖掘洞悉城市运行规律，构建起真正意义上的数字孪生城市。综上，CIM 作为城市在虚拟空间的高精度、全要素数字化表达，是刻画城市细节、呈现城市运行状态、推演未来发展趋势的基础性、综合性信息模型，是实现数字孪生城市的核心和基础。

1.3.3 CIM 与智慧城市、数字孪生城市的关系

传统智慧城市建设范畴和框架内，并未纳入 CIM 的概念及 CIM 基础平台。CIM 及 CIM 基础平台的出现，是对智慧城市的内涵延展和功能增强。同时，CIM 作为数字孪生城市的核心和基础，也是从智慧城市升级到数字孪生城市的基本前提和关键所在。

在城市规划前期，基于 CIM 整合城市历史、现状、资源等数据，可摸清城市家底、直观呈现，推动规划有的放矢，提前布局。同时，通过假设分析和模拟推演，能以更少的成本和更快的速度推动城市顶层设计落地，科学评估规划影响，避免不切实际的规划设计。

在城市规划阶段，基于 CIM 可全面整合导入城市总体规划、控制性详细规划、各专项规划（土地、生态环境保护、市政专项、交通路网、产业经济等）及城市红线等规划数据，在数字空间实现叠加融合，可解决各规划的潜在冲突和不一致的问题，形成多规合一的"城市一张蓝图"，并随城市发展不断进行更新迭代。同时基于 CIM，可通过"软件定义"的方式，对各种规划方案进行空间计算、模拟仿真、推演，并以直观的方式进行可视化呈现，有效实现规划方案的优化比选，降低城市试错成本，真正实现科学规划。

在城市勘察设计阶段，基于 CIM 可对城市各项设计方案进行多方协同审查，开展集成协同设计，提升质量和效率；也可基于 CIM 进行数值模拟、空间分析、功能模拟优化和可视化表达，构建工程勘察信息数据库，实现工程勘察信息的有效传递和共享。

在城市建设阶段，基于 CIM 可对工程项目从图纸、施工到竣工交付全过程进行监管，对重大项目进度、资金、质量、安全、绿色施工、原材料、劳务和协同协作进行数字化监管，实现动态、集成和可视化施工管理，确保重大工程项目的按时、高质、安全交付。让每一个竣工的建筑、基础设施等建设主体，都包括物理实体和数字虚体两大成果，可实时追踪、定位、分析工程施工、交付、监管等环节的质量，实现各建造方的实时沟通、多方协同，建设成果的模型预先比对、实体多轮迭代，确保城市建设的提质降本、绿色低碳，保障安全。

在城市运行管理阶段，基于 CIM 集成城市各智能设施的物联感知数据，可实现对城市交通、能源、生态环境、城管等城市各领域运行状况的实时监测、态势呈现，通过各领域各

专业的数字模型、智能算法，实现快速响应、决策仿真、应急处置和智能操控，提升城市运行管理水平和应急处置能力，让城市运行更安全、可靠。

最后，在智慧城市项目效益评估上，基于 CIM 可以定量与定性方式，建模分析城市交通路况、人流聚集分布、空气质量、水质指标等各维度城市数据，决策者和评估者可快速直观了解智慧化对城市环境、城市运行等状态的提升效果，评判智慧项目的建设效益，实现城市数据挖掘分析，辅助政府在今后信息化、智慧化建设中的科学决策，避免走弯路和重复建设低效益建设。

1. CIM 与智慧城市的关系

为解决城市化带来的问题，智慧城市建设在世界各地争相开展，从概念、规划方案到落地实现，呈现出百花齐放的局面。智慧城市可被称为大规模城市级的新基建，伴随着物联网、大数据等信息技术的融合，为新基建带来更多建设的可能性，是数字经济发展的重要载体和创新的新模式。CIM 在广泛融合 BIM、GIS、IoT 等新一代信息技术的同时，通过统一的数据平台将各领域、不同维度的数据结构化、标准化整合，再通过人工智能技术进行归纳甚至模拟预测，在推动智慧城市建设和提高城市治理能力方面日益发挥重要作用。因此，中国电建集团华东勘测设计研究院有限公司信息中心副总工程师张文成认为，基于 CIM 建设的技术平台，应是 CIM 集成、管理、应用、共享服务的支撑平台，是智慧城市的基础平台；应是"新基建"中的核心基建，是智慧城市建设的核心基础，在整个城市运行过程中所起的作用尤为重要。所以，CIM 是一个智慧城市的核心底座、核心平台。张文成认为，CIM 平台是智慧城市操作底板，全面对接城市空间数据的具体应用，推动服务城市建设、能源、治理等 N 个城市管理场景，助力城市挖掘数据价值。

CIM 以 3DGIS 和 BIM 技术为基础，承载对城市规模海量信息进行实时分析集成，促使更好地提升城市治理能力，赋予智慧城市发展强而有力的支撑，因此 CIM 是智慧城市的重要模型基础。当新基建全面推广，CIM 将会更广泛地集成城市级语义信息的数据，加速智慧城市建设，支撑更丰富的智慧城市应用场景。

2. CIM 与数字孪生城市的关系

刘晓伦认为，在城市建设的过程中，CIM 通过 BIM、三维 GIS、大数据、云计算、IoT、人工智能等先进数字技术，同步形成与实体城市"孪生"的数字城市，数字孪生城市是融合统一数据标准、城市信息模型、城市运行数据、共性支撑平台、数字孪生应用等多个单元的复杂系统，其中 CIM 是最重要的环节，实现将物理城市的实体模型构建为数字孪生体。CIM 平台是数字孪生城市建设的数字化模型，也是城市建设管理全流程智慧应用的支撑性平台。依托 CIM 平台三维城市数字底板，与实时感知、仿真模拟、深度学习等信息技术高度融合，开展全方位多维度智慧城市应用建设，将成为实现城市治理能力现代化的重要驱动力。

夏海兵则认为 CIM 与数字孪生城市之间既有区别，也有联系。两者主要的差异在于 CIM 包含的是静态模型数据，而组成数字孪生城市的还有动态的海量非模型数据，比如现实中的交通流、楼宇的能耗、物联网采集的实时状态、视频监控等数据。但两者之间也有关联，CIM 是数字孪生城市的一个重要的组成部分，CIM 给数字孪生城市提供了基础的三维空间模型及属性信息。

从理论角度而言，CIM 从语义角度全面描述了超大三维城市模型，包括静态和动态、空间和非空间、物质和非物质等各类数据和分析工具，而根据数字孪生城市的定义，由于跟真实物理世界构成了映射关系，因此，CIM 可视为真实城市的数字孪生的基础。真实城市之中万事万物的数字化都可视为一种广义的 CIM，而物质空间及其属性的数字化也可视为一种狭义的 CIM。不论如何定义，CIM 本身作为一种信息化的操作系统，为数字孪生城市提供了一种实时协同工作的工具。

简单而言，在规划设计阶段，CIM 可提供三维化的信息环境，至少为规划设计方案提供了分析、评估、模拟、推演的工具。在建设施工阶段，CIM 可提供更为整体性的综合解决方案，如不同施工项目的土石方置换、某个地段的施工对于周边的影响等，从而协同不同的建设单位和相关机构，做出更为合理的施工组织。在管理运营阶段，CIM 可提供涉及时空关系的各类要素和信息，辅助各方评估、监测、预警、决策城市中各方各面的需求，并作为基础性的系统去支持更多城市社会、经济、环境、人文等开放性的创新应用。如果 CIM 可被比作手机操作系统，那么那些创新应用则可视为各种 App。因此，在某种意义上，CIM 提供了城市各方基于时空的沟通协同的数字基础设施，是数字孪生城市成功建设的支撑性保障。

第 2 章　发 展 与 演 变

2.1　CIM 理论演变历程

2.1.1　国外 CIM 理论发展

整体上，CIM 研究在国外处于初级阶段，其演变历程只有十几年的时间。2007 年，Khemlani 提出城市信息模型的概念，希望能够将日渐成熟的建筑信息模型技术广泛应用于城市规划领域。而 CIM 这一概念的提出，把视野从单体建筑拓宽到建筑群和城市一级的层面，给予"智慧城市"从理念到实际、从提出到落地更有力的支撑。考虑到 CIM 发展的本质，Xu 等在 2014 年提出将小型工程中应用广泛的 BIM 集成到大范围 GIS（即 IFC 和 CityGML）中构建 CIM 的方法框架，期望以集成 BIM 和 GIS 为发展趋势，以 CIM 新概念为城市建设和城市管理带来巨大效益。

国外关于 CIM 的概念一直颇有争议，其具体的定义、内涵等在近几年都处于不断地讨论和更新之中。早在 2009 年，Isikdag 和 Zlatanova 在其书中提到各种 BIM 的集合构成城市级别的信息模型，与 GIS 和 IoT 融合之后构成"工程意义上"的 CIM。2013 年，瑞典皇家理工学院学者 Stojanovski 直接对城市信息模型从建筑学、地理学、交通运输学、社会学等多个角度进行了概念化描述，认为 CIM 是一个可以不断被更新定义、动态连接各对象的"块"系统，是由 GIS 发展演化而来，将自然地理变成关系地理，使城市中的离散对象之间有了属性关联。2015 年，巴西巴伊亚联邦大学的 De Amorim 教授在其发表的文章中指出，考虑到城市与单体建筑相比的特点和城市本身的复杂性，CIM 不能简单地被认为是 BIM 概念在城市空间中的延伸，并在该文章中澄清了一些跟 CIM 相关的易混淆概念。2020 年，AL Furjani 等多位学者指出，在不同的科学领域 CIM 可以有不同的含义，而在城市规划领域，CIM 指 city information modeling，是建筑信息模型 BIM 从单体建筑层面延展到城市层面的概括，但此过程中，CIM 继承了 BIM 的语义，以便在建筑环境的整个生命周期对建筑信息进行数字化管理和建模。

近几年国外对于 CIM 理论的研究，不仅仅是局限在对其概念的描述和定义，也有学者对 CIM 理论的具体实施与落实展开了研究。例如，2017 年麦加大学 Al Shaery 博士除了在其著作中讨论 CIM 与"可持续性"和"智慧城市"的关系，也提出了统计法和动态法两种城市信息建模方法，并分析了各自在城市发展计划中的适用性。AL Furjani 等也研究了 CIM 如何利用 open street map（OSM）数据提供的志愿地理信息和空间数据集应用于三维城市模型构建，以规避遥感数据集在城市区域数字化过程中的局限性。2020 年，Melo 等为解决巴西城市污水处理基础设施面临的挑战，利用 python 开发工具和 QGIS 软件建立了直观简单、便于操作的地下污水处理管网系统立体化模型，不仅可以对污水处理数据进行记录和实施反馈，也可以智能化纠正管网运行状态，这一工作创新了管理流程，提高了公民参与度和城市治理能力，是 CIM 理念在城市中的具体应用。

稳步推进 CIM 技术的研发与应用，如 Autodesk 公司通过开发智能建模工具 InfraWorks 构建了哥伦布市区模型，Bentley 则通过提供集成城市环境的地上和地下信息数据与模型，收集城市公用事业基础设施模型，提供了 3D 城市解决方案。另有一些公司直接研发基于 CIM 的解决方案，而不单单是对现有建筑物和基础设施建模解决方案的扩展，如德国的 virtualcitySYSTEMS 公司开发的产品 Cityzenith 可用于收集、管理、分发和使用 3D 城市和景观模型，瑞士的 SmarterBetterCities 公司则聚焦于可视化城市模型，开发在线平台 CloudCities 用于共享和展示智能 3D 城市模型。从国外 ACE 行业供应商对 CIM 技术的重视、研发、应用和推广中，看出国外对 CIM 应用实践的积极尝试及逐渐将智能建模概念应用于智慧城市建设的大趋势。国外对 CIM 理论的研究仍未止步，随着时代的发展前进，将来可能会朝着扩大 CIM 试点范围、将 CIM 在城市规划中精准落地、CIM 对于城市发展的意义、CIM 在各国的发展与推广及 CIM 相关技术研究和应用支撑等方面展开更深入的研究。

2.1.2　国内 CIM 理论发展

CIM 理论在国内演变的时间不长，其内涵和外延一直处于探索期。在《导则》出台前，CIM 在国内一直没有形成官方的定义，其概念在学术界尚无定论，如刘芝在国内最早提到城市信息模型，认为其是对"数码城市"的简单概括，王宝令等认为 CIM 是基于城市信息数据构建的三维城市空间模型，张宏等将 CIM 理解为城市维度的信息化，认为 CIM 由 BIM、基础设施信息模型和地理信息模型构成。同济大学吴志强院士在 2015 年提出，要解决智慧城市的问题，仅靠单个 BIM 还不够，需要大量 BIM 单体再加上各种连接网络构成的 CIM 才可以，于是提出了城市智慧模型（city intelligent model）的概念，进一步拔高对 CIM 的理解，扩大了 CIM 的外延。吴院士指出 CIM 除了在技术层面对城市中海量数据进行收集、储存和处理，更强调数据在多维模型中的应用实践，即通过对数据智能化响应去实现人与信息之间的良好交互和整体协调。吴院士提出的 CIM，把视野从单体建筑拉高到建筑群和城市一级，从微观建筑个体信息研究升级为宏观信息集成。

2016 年，随着大数据、智能化、云计算、移动互联网等新型关键技术的大量涌现和不断发展，吴志强院士在新技术发展的基础上，对传统城市规划向智能化城市规划转型问题有了新的思考。在 2018 年吴志强院士以青岛中德生态园为例进行城市智能规划转型的实践案例中，提出借助大数据、AI 算法等先进技术构建城市智能信息模型。此概念与之前的"城市智慧模型"都是在城市信息模型的基础上进一步提出了智能的目标，不同的是，城市智能模型的出现是建立在大量新型关键技术得到飞速发展的前提下，通过 CIM 平台完成了城市数据的时空集成和关键问题的智能实时响应，利用大数据得出更优质的解决方案，这是城市规划由传统方法向智能方法转型的一个重要体现。

不仅学术界对 CIM 理论有不断地更新、探讨，国内 CIM 相关行业专家也结合数字孪生城市、智慧城市、新基建等从多个角度给出对 CIM 理论的观点。上海蓝色星球科技股份有限公司陈根宝博士提出"CIM 通过数据和信息表达城市"的论点，他认为采用数据和信息可以无限接近表达真实城市，但一定不等于真实城市，因此城市数据信息的差异带来城市信息模型表达精度的差异，由此可区别不同的 CIM。益埃毕数字科技集团杨新新认为：CIM 作为一个代名词，不是非要"承载一个城市"的平台才是 CIM，也不是非要"一个城市范围内数据"的平台才是 CIM。CIM 是指城市规模的海量 BIM 数据、城市规模的海量 GIS 空间定位数据、城市规模的海量 IoT 感知数据、城市规模的海量历史现状未来多维信息数据。清华大学杜明芳副教授、51world 公司刘晓伦和上海秉匠信息科技有限公司夏海兵则更多地从 CIM 与数字孪生城市的关系考虑 CIM 内涵，杜明芳副教授将 CIM 理解成以数字技术为治理引擎的数字孪生城市之数字孪生体，其中，数字技术包括相关的关键前沿技术如 BIM、GIS、物联网、人工智能、5G、区块链、卫星互联网等。刘晓伦与夏海兵的意见颇为一致，他们认为 CIM 能实现将物理城市的实体模型构建为数字孪生体，为数字孪生城市提供了基础的三维空间模型及属性信息，强调 CIM 是数字孪生城市建设中最为重要的组成部分。中设数字技术股份有限公司于洁提出"CIM 是城市空间大数据"的观点，她认为 CIM 通过集成 GIS、3D、IoT 等多种数据，成为城市数字化精细化的空间底盘，成为智慧城市的一个操作系统。高志良作为上海建元基金的合伙人，敏锐地察觉 CIM 赛道对资本的吸引力，认为 CIM 在横向上和大数据、区块链、人工智能等技术结合称为泛 CIM，其具有发展出全新商业模式的巨大潜力。多种多样的专家观点在 CIM 理论不断发展的时代喷涌而出，形成百家争鸣的局面，也使 CIM 理论从片面单一到逐步完善，并在各行业公司实现小空间范围内的应用落地。

在对 CIM 理论进行长期地探索和不断地讨论之后，大部分行业专家学者形成一个较为主流的观点，认为是 CIM 是在 BIM 基础上发展演变而来，结合当前的技术水平和城市发展现状，CIM 从范围上被界定为由宏观的地理信息空间数据（Geo–Spatial Data，GSD）、微观的 BIM 以及物联网（Internet of Things，IoT）组成的城市信息有机综合体，意为城市信息模型（city information modeling）。

在 CIM 理论发展的过程中，为了落实 CIM 实践应用、推进 BIM 智能化报建审批和 CIM 平台落地，我国住房和城乡建设部于 2018 年选取了广州、南京、厦门、雄安和北京城市副中心为五个试点城市，率先开展"运用建筑信息模型（BIM）进行工程项目审查审批和城市信息模型（CIM）平台建设"工作，结合地方的工程建设审批、国土空间规划、城市治理等业务，推进审批程序和管理方式的变革，并为智慧城市建设奠定先行先试的基础，探索 CIM 应用的价值，期待从实践中收获 CIM 理论经验。

试点工作的进行，标志着我国正式从 CIM 概念探索阶段跨入 CIM 试点建设阶段，我国梳理各试点城市 CIM 建设经验，在试点开展的过程中不断探索 CIM 理论。通过总结城市 CIM 试点经验，住房和城乡建设部在 2020 年 9 月印发《导则》，正式明确了 CIM、CIM 基础平台及其他 CIM 相关术语的定义，将 CIM 基础平台定位成智慧城市的基础平台，也对 CIM 基础平台的功能、数据、运维和性能做出详细的规定和要求。《导则》是我国首次对 CIM 概念进行官方的定义，它的出现结束了我国对 CIM 定义界定模糊的探讨期，可指导我国其他城市开展 CIM 试点工作，为 CIM 建设发展提供强而有力的理论支撑。

2.2 CIM 政策文件解读

2.2.1 支撑工程建设项目审查增速提效

国务院办公厅印发《关于全面开展工程建设项目审批制度改革的实施意见》（以下简称《意见》），对推进政府职能转变和深化"放管服"改革、优化营商环境提出工程建设项目审批制度改革意见，要求形成统一信息数据平台，在"一张蓝图"基础上开展审批，实现统一受理、并联审批、实时流转、跟踪督办。

为贯彻落实《意见》，持续推进落实国家"放管服"政策，深化工程建设项目审批制度改革，住房和城乡建设部下发《关于开展运用建筑信息模型系统进行工程建设项目审查审批和城市信息模型平台建设试点工作的函》和《关于开展城市信息模型（CIM）平台建设试点工作的函》等相关政策文件，要求以北京城市副中心、南京、广州、厦门和雄安新区为试点区域，通过建设基于"多规合一"管理平台的 BIM 审查审批系统，实现工程建设项目全生命周期的电子化审查审批，促进工程建设项目全周期一体联动，并在此基础上探索建设 CIM 平台，为建设智慧城市提供可复制可推广的经验；在广州市、南京市开展城市信息模型（CIM）平台建设试点工作，要求以工程建设项目三维电子报建为切入点，在"多规合一"平台基础上，建设具有规划审查、建筑设计方案审查、施工图审查、竣工验收备案等功能的 CIM 平台，精简审批事项与审批流程，压减审批时间，探索建设智慧城市基础平台。住房和城乡建设部一系列文件的相继发布，指明了 CIM 在支撑工程建设项目审查中作为辅助工具提升办理速度、增加审查效率的基础性地位，通过提出系列 CIM 试点城市，表明 CIM 建设是加快工程建设项目审批信息化、推动智慧城市建设过程中的必行趋势。

住房和城乡建设部《工程建设项目业务协同平台技术标准（CJJ/T 296—2019）》（简称《平台技术标准》）重点涵盖平台功能、平台数据、平台运维等内容，明确指出 CIM 应用应包含辅助工程建设项目业务协同审批功能，可包含辅助城市智能化运行管理功能，辅助工程建设项目业务协同审批功能，宜包含三维城市场景展示、模型对比、业务分析、仿真模拟功能。该技术标准将 CIM 当做支撑工程建设项目审批协同的重要手段，将 CIM 纳入工程建设项目业务协同平台的必建内容中，强调了 CIM 的在平台建设中的必要性。

2.2.2 推动新基建、新城建有序发展

国家工程建设项目审查信息化改革的热潮，推动了新型基础设施的不断发展，也对新基建提出了新的要求。《住房和城乡建设部等部门关于加快推进新型城市基础设施建设的指导意见》（建改法〔2020〕73 号）提到，要全面开展城市信息模型（CIM）平台建设，将 CIM 纳入新型城市基础建设的重要任务之一。通过深入总结试点经验，在全国各级城市全面推进 CIM 平台建设，打造智慧城市的基础平台。夯实 CIM 平台数据基础，形成城市三维空间数据底板，推动数字城市和物理城市同步规划和建设。全面推动平台应用，充分发挥 CIM 平台的基础支撑作用，在城市体检、城市安全、智能建造、智慧市政等领域深化 CIM 应用。

2020 年 5 月，《国家发展改革委关于加快开展县城城镇化补短板强弱项工作的通知》（发

改规划〔2020〕831 号）发布，指出通过建设 CIM 平台等新型基础设施，推进县城智慧化改造，以对县城城镇化"补短板强弱项"。搭建城市信息模型（CIM）基础平台，部署智能交通、智能电网、智能水务等感知终端、推进市政公用设施智能化。该通知提出的包括 CIM 基础平台在内的"补短板强弱项"工作，能为县城的新型基础设施建设加速，推动县城智慧化改造，最终实现市政公用设施的提档升级，为新型智慧城市建设增添动力。

同年 8 月，住房和城乡建设部发布《关于加快新型建筑工业化发展的若干意见》，提出加快信息技术融合发展，要求大力推广建筑信息模型（BIM）技术，以此助力新型建筑工业化成为建设领域节能减排的有力抓手。加快推进 BIM 技术在新型建筑工业化全寿命期的一体化集成应用。充分利用社会资源，共同建立、维护基于 BIM 技术的标准化部品部件库，实现设计、采购、生产、建造、交付、运行维护等阶段的信息互联互通和交互共享。试点推进 BIM 报建审批和施工图 BIM 审图模式，推进与城市信息模型（CIM）平台的融通联动，提高信息化监管能力，提高建筑行业全产业链资源配置效率。该意见中提到以新型技术加速新型建设工业化，表明 BIM 和 CIM 是带动技术进步、提高生产效率的有效途径，同时，将工业化生产和建造过程与 BIM 和 CIM 等新技术紧密结合，强调了科技进步和管理模式创新，以此形成企业的核心竞争力和先发优势，可助力提升我国建筑行业的国际竞争力。

除我国城市建设、建筑领域等行业，在线教育、网络医疗、直播电商等信息消费的新业态、新模式在近几年也蓬勃发展，故亟须加快新型消费基础设施和服务保障能力建设。2020年 9 月《国务院办公厅关于以新业态新模式引领新型消费加快发展的意见》（国办发〔2020〕32 号）（以下简称《新业态意见》）印发，提出了 15 项有针对性的政策措施。其中，《新业态意见》将 CIM 同 5G 网络、数据中心、工业互联网、物联网等纳入待建城市新型基础设施之中，要求推动城市信息模型（CIM）基础平台建设，以支持城市规划建设管理多场景应用，凸显 CIM 对于促进城市基础设施数字化和城市建设数据汇聚、实现新型消费加快发展的基础支撑作用。

2.2.3 满足国家信息化安全保障要求

《导则》和《关于开展城市信息模型（CIM）基础平台建设的指导意见》（以下简称《指导意见》）中均提到关于 CIM 基础平台安全保障的相关要求，指出其平台建设应与安全建设"同步规划、同步建设、同步使用"，开展网络安全等级保护定和备案，按照等级保护标准，建立包括安全网络边界、安全通信网络、安全计算环境和安全管理中心的安全保障体系，建立包含物理安全、主机安全、网络安全、应用安全、数据安全等的安全管理体系，以保障CIM 基础平台的安全稳定运行。《指导意见》基于《导则》，具体指出应加强关键信息基础设施和重要数据的安全保护，建立完备的信息安全和数据保密管理体系，鼓励运用数据脱密脱敏技术加强数据共享利用，以落实国家对基础地理信息的安全要求。

2020 年 6 月，《自然资源部 国家保密局关于印发〈测绘地理信息管理工作国家秘密范围的规定〉的通知》提出对绝密级、机密级和秘密级三种密级数据的规定，其中军事禁区平面精度优于（含）10 米或地物高度相对量测精度优于（含）5% 的三维模型、点云、倾斜影像、实景影像、导航电子地图等实测成果属机密级，军事禁区以外平面精度优于（含）10米或地物高度相对量测精度优于（含）5%、且连续覆盖范围超过 25 平方千米的三维模型、点云、倾斜影像、实景影像、导航电子地图等实测成果属于秘密级事项。因此，需要对 CIM 中高平面精度、高分辨率、广覆盖度的三维模型等可能涉及机密级和秘密级的数据进行严格的安全把控，设计并实行 CIM 运行安全机制，加强 CIM 信息安全保密建设。

2.3　CIM 技术发展趋势

CIM 将单个建筑物或项目群扩大到整个城市，对城市各要素及其实践、空间信息进行数字化表达，从技术层面讲，城市信息模型是大场景 GIS+小场景 BIM+IoT 的有机综合体。BIM 与 GIS 可以在大范围的自然环境里提供不同尺度的建筑对象可视化，而 IoT 可以将实时的信息流反馈到数字模型当中，利用人工智能（Artificial Intelligence，AI）技术手段进行智能化判别与设计，基于 5G 通信技术将城市内布建的各类监控传感器网络所采集的数据实时上传共享，实现大容量、低时延，再融合云计算、大数据、深度学习、区块链等多源前沿技术与概念，建立三维城市空间模型和城市信息的有机复杂系统 CIM。

2.3.1　建筑信息模型（BIM）发展

1975 年，佐治亚理工大学 Chuck Eastman 教授首次提出了建筑信息模型理念，后来 Jerry Laiserin 对 BIM 的内涵和外延进行了界定，认为其内涵就是通过利用建筑信息模型，实现从规划设计、施工建设到面向运营管理的全生命周期数据共享和专业协同。美国是世界上最早推行 BIM 实践的国家，将 BIM 与其他相关技术、行业融合应用，在 2003 年便由公共建筑服务部门推出"3D-4D-BIM"计划，要求从 2007 年起所有招标级别大型项目都需要运用 BIM 技术，此后日本、韩国、新加坡及欧洲部分国家及地区紧跟由美国推行的 BIM 潮流，大力出台和推广 BIM 应用政策。

我国从 20 世纪末开始引入 BIM 理念，到 2010 年之前，BIM 在国内一直都处于理论研究阶段，没有相关文件对其进行统一的定义。直到 2016 年，我国住房和城乡建设部发布《建筑信息模型应用统一标准》（GB/T 51212—2016），指出 BIM 是在建筑工程及设施全生命期内，对其物理和功能特性进行数字化表达，并依此设计、施工、运营的过程和结果的总称。

整体而言，目前 BIM 在国外已被应用于全生命周期，带来了显著的经济效益、社会效益和环境效益，主要应用于制造业、工程建设和传媒娱乐等领域。而国内 BIM 经过近 20 年的发展，从 1998 至 2005 年的概念引入与发展，到 2006 至 2010 年的 BIM 理论研究与初步应用阶段，再到 2011 年至今的快速发展及深度应用阶段，BIM 价值和潜力逐步显现，但受到技术发展的限制，目前其仍处于初级应用阶段，主要应用于设计、施工阶段，实现复杂建筑的造型设计、多专业的碰撞检查、施工进度计划等。BIM 应用在现阶段以专业化工具软件为基础，逐渐从技术管理应用向全面管理应用拓展，向技术管理类业务深化，运用至项目管理各个方面；早期工程建筑领域 BIM 主要应用于基地现状建模、空间规划等阶段，现逐步向更多维度和环节发展，以覆盖工程建筑的全生命周期；同时，BIM 从单纯的技术应用向大数据融合应用发展，以 BIM 技术为依托，将云计算、物联网等新型技术融合到建筑领域中，推动了建筑业以大数据为支撑的精细化管理。

BIM 技术具有信息可视性、共享协调性、仿真模拟性和动态优化性等特点，作为智慧建筑的重要支撑技术，BIM 技术是我们走向智慧时代所必须借助的技术之一。CIM 与 BIM 概念相对应，但 CIM 不再局限于 BIM 对应的单个建筑对象，而是将作用对象从单个建筑物或项目群扩大到城市一级，对城市地上、地下的各要素及其时间、空间信息进行数字化表达。

2015 年吴志强院士提出城市信息化发展的关键是 BIM 技术向 CIM 技术的升级，原先规划管理工作仅落在单体，而未来的城市管理的落脚点一定是单体之外的系统，如果将 CIM 比作人的机体，那么 BIM 就相当于构成机体的单个细胞。从狭义上来说，BIM 是 CIM 有机综合体的组成部分之一，其存储一个个微观建筑物或项目群的点信息，在有限的小空间范围内将建筑物的内外部信息精细、准确地呈现出来。在不断演变、与时俱进的城市发展中，CIM 通过 BIM 构筑城市新型基础设施，集成城市规划、工程项目建设、交通出行等应用，支撑城市向智慧化发展。

2.3.2 地理信息系统（GIS）发展

汤国安教授在《地理信息系统（第 2 版）》提出，地理信息系统（Geographic Information System，GIS）是这样一种空间信息系统，即在计算机软硬件系统支持下，具有对地球表面（包括大气层）空间中和地理分布有关的数据进行采集、存储、管理、运算、分析、显示和描述等功能。GIS 受外界环境不定因素的影响较小，能够保证测绘效果的准确性和实时性，与其他传统方法相比监测水平效率高，可大规模提升实际工作的效率。由于 GIS 可以对整个地球空间上的信息进行宏观的分析与管理，清晰地展示建筑物与地理环境的关系，具有极强的空间综合分析能力，因此常被用来协助工程规划设计，以及城市中与地理空间有关的各类管理分析。

GIS 技术在提出初期主要应用于环境和资源领域。经历了近几十年的研究和发展，GIS 在地理研究中的地位愈显重要，主要的研究内容集中在数据获取、存储、处理与分析等方面，当前更是与全球定位系统和互联网紧密结合起来，应用于生活各领域。目前 GIS 应用大致分为两种情况：一是不对数据进行复杂处理，而是直接进行输入输出，在计算机上成像，输出空间数据与原始数据两种形式；二是通过在海量数据中建立有逻辑的数据结构对 GIS 数据直接管理，相较于第一种情况更关注能够随时访问或者查询所储存的相关数据。在即将到来的智慧时代，随着计算机存储、数据处理和遥感等支撑技术的飞速发展，GIS 技术必将会与更多新兴技术碰撞结合，产生新的挑战与机遇。

为实现吴志强院士在 2015 年提到的城市智慧模型的概念，全面打开 CIM 视野，从单体建筑拉高到建筑群或城市级别，给予智慧城市更有利的支撑，需要 GIS 为 CIM 实现提供四大能力：二维和三维一体化的基础底图和统一坐标系统的能力；各个 BIM 单体之间连接网络管理能力，如道路、地下管廊与管线等；管理和空间分析能力；大规模建筑群的 BIM 数据管理能力。目前的 GIS 技术可以基本满足前三个能力要求，而对大规模建筑群的 BIM 数据管理能力则是 GIS 技术在 CIM 领域面临的最大挑战，只有攻克这个技术难关，才能在 CIM 层面实现对海量建筑物的系统化信息管理。

CIM 的技术发展离不开 GIS 技术，因为 GIS 技术能够对城市尺度上的地形地貌、土地利用等宏观空间环境特征和人群特征、信息资金流动等城市中无形的社会经济活动信息进行结构化、历时性的储存。如果说将 BIM 比喻为城市中独立的建筑岛屿，那么 GIS 技术就是连接这些独立岛屿的桥梁。由于 GIS 支持空间范围广，具有强大的数据管理能力和空间分析功能，CIM 在保留 BIM 技术协同性、可视化等优势的同时，通过 GIS 手段将大场景地理空间元素引入，实现各方并联式审批和监管等业务功能，全面提升城市空间利用价值和协同管理效率。另一方面，BIM 在结合了 GIS 之后，更容易涵盖建筑规划审批、建设期管理、运维管理等全生命周期的应用。BIM 在建设期间只能用几年，结合了 GIS 之后则可以延续使用几十年，大大延长了自身的生命周期。

2.3.3 物联网（IoT）发展

物联网的概念最早出现在比尔盖茨 1995 年《未来之路》一书，后经过长时间的发展，现在的含义指"万物相连的互联网"，是在互联网基础上延伸和扩展，将各种信息传感设备与互联网结合起来而形成的一个巨大网络，可以实现人、机、物三者在任何时间与地点的互联互通。具体而言，物联网通过红外感应器、信息传感器、激光扫描器、全球定位系统、射频识别技术等各种装置与技术，实时采集任何需要监控、连接、互动的物体或过程，采集其声、光、热、电、力学、化学、生物、位置等各种需要的信息，通过各种类型网络接入，实现物与物、物与人的泛在连接，实现对物品和过程的智能化感知、识别和管理。物联网是一个以互联网和传统电信网等为基础的信息载体，它将所有能够被独立寻址的普通物理对象互联互通形成一个完整的网络系统。

物联网产业中主要包括传感器、无线射频识别等感知制造产业。随着物联网行业的不断发展，各种网络设备和通信设备功能正在不断完善，与之相关的产业链也随之不断优化，如运营服务和软件集成服务、基础设施服务等。为形成国际核心竞争力，在全球经济一体化的形势下，越来越多的发达国家重视起物联网产业和其应用并加大对物联网技术的投入与研究。近年来，我国物联网产业也迅速崛起，各企业和科研机构都相继开展对物联网技术研究与应用的尝试。在当前技术水平和发展趋势的综合影响下，物联网形成了三种发展趋势：一是对通信网络持续技术升级，打破信息技术壁垒，推动基于信息传输的物联网应用体验不断优化；二是在目前已涉及智慧交通、智慧安防、智慧医疗等领域的前提下，其应用领域范围仍会持续扩大；三是互联网在信息安全保护方面的技术全面升级，逐渐消除公众对信息安全的担忧，脱离信息风险的困境，为物联网构建安全边界。

物联网作为 CIM 在物理世界的感知源、城市实时数据采集的端口，在 CIM 的建设中的存在如同人体中的"神经网络"一般，运用其泛在的"动态感知能力"，为 CIM 输送实时更新的城市运行数据，使 CIM 由静态向动态转变。结合公共安全、城市运行、环境保护、经济发展等领域的业务模型，物联网与 CIM 相融合，真正实现万物互联、全面感知，复刻了一个客观、实时、精细化的城市模型，生动展示实体空间，将物理城市映射为具备实时感知、监督预测能力的数字空间。

CIM 的实现离不开由 IoT 提供的源源不断的信息数据，包括城市各地主要能源类信息、视频监控信息、诊断类数据和资产属性类数据，在数据海洋中通过 IoT 实现它们之间的逻辑和关联。IoT 作为 CIM 的关键技术之一，作用重大，通过在城市中广泛布设的传感器对 BIM 中建筑物的运营数据进行补充，更重要的是及时捕捉交通流、大气水文等城市开放空间中的微观环境变化，对这些变化数据进行实时感知和收集。IoT 通过融合真实物理世界和虚拟数字世界，改变我们的生活和工作方式，推动 CIM 乃至智慧城市的建设发展。

2.3.4 人工智能（AI）发展

人工智能的概念最早在 1956 年的 Dartmouth 学会由约翰·麦卡锡提出，近年来，人工智能（Artificial Intelligence，AI）全面兴起，被认为是通过人工设定与控制让机器去模仿人类的思维、行动，最终实现人类的智能行为。也就是说，AI 技术赋予计算机以人类的思考和处理事务甚至学习的能力，帮助人类完成原本只能由人的智力胜任的工作。从 AI 概念出现到现在，经历了基础理论补充完善阶段、通过输入数据进行简单机器学习阶段和基于大数据和深度学习等技术的自主学习阶段，已经逐步走向成熟并被广泛应用于生活实际。

从 2015 年我国将"互联网+人工智能"列为 11 项重点行动之一，到 2017 年将人工智能的发展上升到国家战略层面，再到 2019 年详细规划了人工智能在未来三年的重点发展方向和目标，对每个到 2020 年应实现的目标都做了非常细致的量化，足以看出我国对人工智能产业化的重视。在政策和市场发展的推动下，人工智能逐渐发展为城市经济的新引擎，这项技术涵盖了很多学科，除了计算机科学、控制论、信息论等学科知识外还包括语言学、心理学等学科知识，科学家综合运用上述多门学科的知识来编程与模拟构建人工智能系统，将其运用到不同的领域中。其中以机器人产业的崛起为显著代表，2016 年的 AlphaGo 机器人一战成名，让大众对 AI 技术有了一个初步的印象，其后，AI 技术被应用于人脸识别、语音识别、医疗教育、工业制造等方面，其识别速度和精准度已接近甚至超越人类大脑的水平，将来更会凭借其超强的计算能力和响应速度渗透进人类日常生活的方方面面。

在建筑领域，AI 利用其强大的数据处理能力和学习能力，成为处理环境变化数据、建筑实时数据、人群时间空间变量数据的中心，成为智慧建筑领域中人体大脑般的存在，使原本互相独立的各部门、各区域有机融合，形成一个在空间上分离、但在时间上融为一体的协调的整体，使得智慧建筑真正成为一个具有生命力的整合体。从智慧建筑引申至智慧城市，AI 技术目前已成为 CIM 实现与应用的核心关键技术之一。CIM 从狭义上来说可定义为智慧城市最重要的基础平台，从广义上来说等同于"智慧城市"的概念，只有借助 AI 技术将散落在各个城市角落的政务数据、企业数据、社会数据、互联网数据等数据汇集整合起来，并利用这些数据进行大量训练和学习，才能识别相似数据，或进行预判推演。基于 AI 技术构建智慧城市的中枢神经系统，辅助 CIM 不断提升优化数据更新、内部功能及应用场景，使 CIM 在不同时段、区域、过程自动做出感知和预判，实现智能化和自动化管控。

2.3.5 5G 发展

第五代移动通信技术（5th generation mobile networks，5G）是最新一代蜂窝移动通信技术，也是继 4G（LTE－A、WiMax）、3G（UMTS、LTE）和 2G（GSM）系统之后的延伸，其性能目标是高数据速率、减少延迟、节省能源、降低成本、提高系统容量和大规模设备连接。5G 的发展也来自对移动数据日益增长的需求，随着移动互联网的发展，越来越多的设备接入到移动网络中，新的服务和应用层出不穷。

截至 2018 年年底，中国超过 600 个城市已明确提出建设智慧城市或建设工作已经在进行，全球首个 5G 火车站建设启动仪式于 2019 年初在上海虹桥火车站举行，这意味着中国的 5G 技术在智慧化转型应用实践里程碑式的突破。中国的 5G 技术和智慧城市都在飞速发展中取得了骄人的成绩，5G 网络支撑下的智慧城市系统建构推动了中国新型城镇化的发展，5G 已被视为 IoT、人工智能、云计算、视频社交、区块链等新技术新产业的基础。

5G 网络推广和普及之后，之前无法实现的无延迟实时传输在城市中逐渐普及，网络传输速度在历史上实现了重大突破，使 5G 时代的基础设施安全和维护管理逐步实现流程标准化、信息智能化和时效可视化，助力城市信息综合管廊的构建，为 CIM 平台的建设提供了可能性。我国智慧城市通过 BIM 技术和引入"元模型"智能化检测手段，借助 5G 高速实时传输通道，即刻可通过 CIM 中城市基础设施监控、模拟、预警、可视化操作，在所构建的模型上实现各种信息的关联，不仅可以实时查看主体全部位置信息，还可以对任意部位进行剖切查看，使 CIM 管理者和使用者快速掌握主体的结构形式及其位置尺寸信息，将微观与宏观的城市信息实时更新迭代和立体展现。

2.3.6 虚拟现实/增强现实（VR/AR）

虚拟现实（Virtual Reality，VR）技术是 20 世纪发展起来的一项全新的实用技术，其结合计算机、电子信息、仿真技术于一体，是一种可以创建和体验虚拟世界的计算机仿真系统。利用现实生活中的数据，通过计算机技术产生的电子信号，将其与各种输出设备结合使其转化为能够让人们感受到的现象，这些现象可以是现实中真真切切的物体，也可以是我们肉眼所看不到的物质，通过三维模型表现出来。因为这些现象不是我们直接所能看到的，而是通过计算机技术模拟出来的现实中的世界，故称为虚拟现实。随着社会生产力和科学技术的不断发展，各行各业对 VR 技术的需求日益旺盛。VR 技术也取得了巨大进步，并逐步成为一个新的科学技术领域。

2015 至 2016 年间，VR 行业发展势头迅猛，在经历过 2017 至 2018 两年的冷静期之后，目前 VR 的技术已经进入稳步向产业化方向发展的状态。随着动态环境建模、实时三维图形生成、立体显示和传感器技术的高速发展，VR 技术的软件开发系统不断完善，对内容产业进行重构，目前已经在影视娱乐、教育、军事、航空航天等领域得到了有效的应用。VR 技术的升级，可将 CIM 平台的三维城市界面与政府决策者、技术人员、业务管理人员等融合，推动 3D 人机交互图形界面的创新，降低 CIM 平台使用难度，增大沟通效率，实现包括城市总体规划、控制性详细规划、各专项规划、项目 BIM 设计方案的 3D 交互展示。

增强现实（Augmented Reality，AR）技术是一种将虚拟信息与真实世界巧妙融合的技术，广泛运用了多媒体、三维建模、实时跟踪及注册、智能交互、传感等多种技术手段，将计算机生成的文字、图像、三维模型、音乐、视频等虚拟信息模拟仿真后，应用到真实世界中，两种信息互为补充，从而实现对真实世界的"增强"。

作为新型的人机接口和仿真工具，AR 技术可以与现实生活中各类信息紧密结合，实现信息的快速发掘，近几年 AR 技术的成熟，为人工智能、图形仿真、遥感、模拟训练等许多领域带来了革命性的变化。将 AR 技术与携带建筑信息的 BIM 模型、GIS 技术相结合，利用 AR 的实时跟踪和三维注册技术将虚拟的 BIM 模型与真实世界"混合叠加"，可实现同一画面的实时交互查询。同时结合 GPS 与 GIS 技术，引入空间信息，将 BIM 模型与现实世界的真实坐标匹配，保证 AR 跟踪与定位准确性与精确性。

VR 和 AR 技术使用户通过 CIM 对城市有更加身临其境的体验，将城市信息自然且直观地呈现给用户，表现出在城市信息应用方面巨大的潜力，如模拟工程建设项目全生命周期的监控分析、预测和解决方案，支持 CIM 中三维立体数据的访问摄取、交互探索和可视化等。《数字孪生城市研究报告 2019》中提到，为构建"实景三维中国"，提升核心技术，利用 VR/AR 技术等，进行三维渲染，提高对城市地理环境的真实化表达，给人们提供沉浸式体验。未来在 CIM 平台构建的三维城市环境中，也将着力推行 VR、AR 的普及，将其运用于城市交互设计、巡查维护、管控诊断等多个领域中。

第 2 篇

标准体系

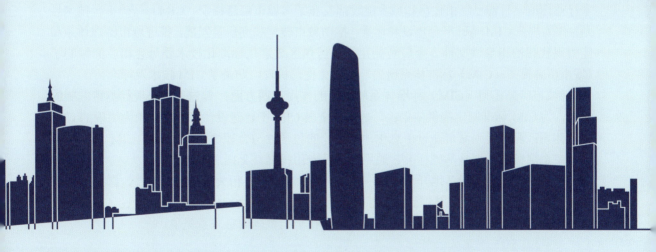

第 3 章 CIM 标 准 体 系

3.1 国外 CIM 标准体系

CityGML 是由德国北莱茵河威斯特伐利亚区地理空间数据基础设施的三维特别工作组（SDI 3D）开始制定，2007 年被 OGC 技术委员会认定为国际通用的 OGC 官方标准。其主要基于 XML 来实现虚拟三维城市模型的数据存储与交换，它是 GML 3 的一种应用模式，GML 3 是由 OGC 和 ISO TC 211 制定的可扩展的国际标准，可以用于空间数据交换。该标准是用以表达三维城市模板的通用数据模型。它定义了城市和区域中最常见的地表目标的类型及相互关系，并顾及了目标的几何、拓扑、语义、外观等方面的属性，包括专题类型之间的层次、聚合、目标间的关系以及空间属性等。通过对虚拟三维城市模型数据的表达，实现模拟、城市数据挖掘、设施管理、专题题查询等多领域的高级分析。

3.2 国内 CIM 标准体系

3.2.1 国家 CIM 标准体系

CIM 基础平台是城市的新型基础设施，是城市建设的基础性工作，是智慧城市的重要支撑。为落实部级城市信息模型平台的工作会议精神，开展了 CIM 配套标准建设，推动形成国家行业标准。目前已经由住房和城乡建设部发布了《城市信息模型（CIM）基础平台技术导则》作为规范 CIM 基础平台建设和运维，推动城市转型和高质量发展，推进城市治理体系和能力现代化的指导性文件。全国智能建筑及居住区数字化标准化技术委员会相应的编制了《城市信息模型（CIM）标准体系研究》成果文件，梳理、归类了 CIM 技术及标准。

《城市信息模型（CIM）标准体系研究》的作用有四方面：首先是梳理现行亟待编制的标准，为 CIM 标准制定提供依据；二是指导全国 CIM 平台建设；三是建立较为明确的 CIM 标准体系；四是增强城市建设信息化顶层设计的科学性与合理性。该文件将 CIM 标准体系分了三个层级，分别是基础标准、通用标准及专用标准（见图 3-1）。

目前为更好地指导各地开展 CIM 基础平台建设，落实相关国家政策文件，国家正组织相关行业专家集中编制 CIM 行业标准（见表 3-1），主要为 CIM 基础平台建设、数据处理及工程建设项目审批应用方面的标准，目前已在全国范围内征求意见稿。

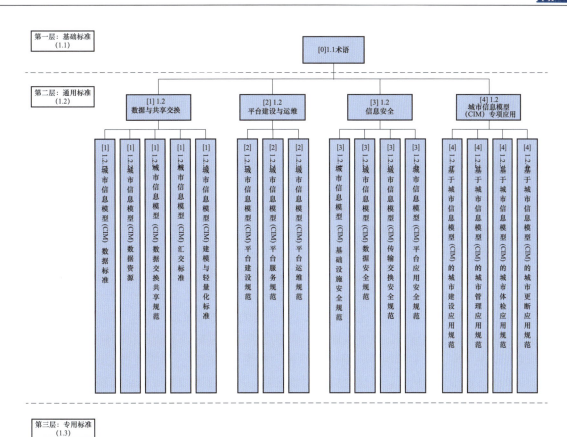

图 3-1 国家 CIM 标准体系

表 3-1   CIM 行业标准（征求意见稿）汇总表

序号	标准名称
1	《城市信息模型基础平台技术标准（征求意见稿）》
2	《城市信息模型数据加工技术标准（征求意见稿）》
3	《城市信息模型平台建设用地规划管理数据标准（征求意见稿）》
4	《城市信息模型平台建设工程规划报批数据标准（征求意见稿）》
5	《城市信息模型平台施工图审查数据标准（征求意见稿）》
6	《城市信息模型平台竣工验收备案数据标准（征求意见稿）》

3.2.2 地方 CIM 标准体系

2018 年 11 月《住房和城乡建设部关于开展运用建筑信息模型系统进行工程建设项目审查审批和城市信息模型平台建设试点工作的函》，北京城市副中心、广州、南京、厦门、雄安新区一同被列为运用 BIM 系统和 CIM 平台建设的试点。

近些年，住房和城乡建设部指导广州、南京市开展了 CIM 基础平台建设试点，各地也探索开展了"城市大脑"的建设，推动将 IoT、大数据、云计算、人工智能等新一代信息技术应用到城市规划、建设、管理的全时空、全要素、全周期各应用场景中，按照"孪生城市"

理念，建立一张城市三维空间数据底板，融合城市多维地理信息、建筑及地上地下设施的建筑信息模型、城市感知信息等，推进城市数据汇聚，推进城市建设领域的技术融合、数据融合、业务融合，推动城市各行业信息数据的共同积累、平台共建共享。并在此基础上，进行了"多规合一"、城市综合管理、工程建设项目审批、智能交通等多场景平台功能开发和应用，增强了城市规划建设管理的统筹能力，提升了公共服务水平。

广州 2019 年通过发布《关于进一步加快推进广州市建筑信息模型（BIM）应用的通知》和《广州市城市信息模型（CIM）平台建设试点工作方案》，进一步加快广州市 BIM 应用推广，为 CIM 平台应用夯实基础。广州市住房和城乡建设厅开展了城市信息模型基础平台的研究工作，集成海量地理空间数据、BIM 模型、IoT 传感器监测数据等多源异构数据的能力，接入了报建项目 BIM 模型、倾斜摄像、三维模型、地下管线、地铁模型、"多规合一"一张图、四标四实、电子地图、遥感影像等数据，以 Web 3D 为核心引擎，构建广州城市信息模型（CIM）系统。以城市设计为抓手，定制开发了城市设计辅助决策应用，辅助城市规划人员对城市设计方案进行编制、审查和监督，并实现了与广州市"多规合一"管理平台的衔接。

南京市城市规划编制研究中心进行了 CIM 平台的研究和探索，构建了南京 CIM 平台来推动工程建设项目智能审查。以"多规合一"信息平台为基础，不断深化构建集现状三维和规划城市设计三维、地上和地下、局部与整体、属性与功能为一体的城市 CIM 平台，优先集成与城市规划相关的信息，在整合城市用地性质、用地范围边界等信息的基础上，逐步将控制线详细规划建筑高度、容积率，城市设计导则限高（低）、退让、视廊、净空以及控规六线等一系列管控信息，构建工程建设项目审批"立起来"的基础和依据。

除广州、南京外，雄安新区、厦门等地也积极开展相关 CIM 平台建设、CIM 标准体系研究的相关工作。

3.3　CIM 标准体系总结

目前国内外 CIM 有关标准编制尚处于起步阶段。随着对 CIM 的研究及各地 CIM 实践应用的不断推进，CIM 标准体系也将日趋完善。现阶段 CIM 标准体系编制思路可参考现有智慧城市、BIM、地理测绘等相关标准内容，实现标准编写的快速推进与编制。

第4章 其他相关标准解读

4.1 多规合一标准概述

目前国民经济和社会发展规划、城乡规划、土地利用规划、生态环境保护规划等多个规划之间自成标准，内容、衔接等问题突出，而"多规合一"标准的关键即是解决不同规划之间数据不融的问题。在智慧城市的大背景下，"多规合一"的相关标准也陆续由各方专家进行研究，标准的主要是三大方面，首先是数据标准的建立，其次则是信息平台的建立标准，也就是协同平台的标准，最后还需要建立智慧监督管理标准。

为实现"多规合一"，形成"一个空间，一本规划，一张蓝图"，必须要有规划数据支撑，因此数据标准的建立至关重要。对于数据的收集和整理，还需要有相应的"多规合一"业务协同平台作为支撑，统筹项目策划实施。2019 年 3 月住房和城乡建设部颁布了《工程建设项目业务协同平台技术标准》（CJJ/T 296—2019），规定以"多规合一"的"一张蓝图"为基础的工程建设项目业务协同平台（即"多规合一"业务协同平台）的建设与管理。

4.2 智慧城市标准概述

面向我国新型智慧城市建设及管理需求，需要建立以标准化为轴心的技术支撑体系规范和引导智慧城市建设工作。国外智慧城市最早可追溯到 1992 年新加坡首次提出的"智慧岛"计划，随着信息技术的不断发展，美国、英国、德国、荷兰、日本等国均开展了智慧城市的实践。在此基础上，各国围绕国家或区域智慧城市标准化工作成立了 CEN/CENLEC（欧洲标准委员会/欧洲电工标准化委员会）、BSI（英国标准协会）、DIN（德国标准化协会）、ANSI（美国国家标准学会）等多家智慧城市标准化机构。其中，BSI 发布了《智慧城市框架：智慧城市和社区决策者的良好做法指南》《智慧城市术语等》相关标准编制；DIN 和 DKE（德国电气电工信息技术委员会）发布了"德国标准化路线：智能城市和社区的可持续发展"报告等。

我国智慧城市标准化工作的历史最早可以回溯至 2011 年，我国国家标准化管理委员会（SAC）开始启动智慧城市标准化工作，积极开展智慧城市的标准体系研究和关键标准的研制。2013 年，全国智能建筑及居住区数字化标准技术委员会颁布了包括基础设施、建设与宜居、管理与服务、产业与经济、安全与运维 5 个大类在内的 《中国智慧城市标准体系研究》，涵盖 16 个技术领域，包含 101 个分支，涉及相关标准 3255 个。2014 年 1 月，我国正式成立了国家智慧城市标准化协调推进组、国家智慧城市标准化总体组和国家智慧城市标准化专家咨询组，统筹协调推进我国智慧城市标准化战略和智慧城市标准体系框架研究工作。2015 年 10 月我国智慧城市标准化工作的第一份指导性文件《国家标准委、中央网信办、国家发展改革委关于开展智慧城市标准体系和评价体系建设及应用实施的指导意见》印发，提出从智慧城市标准体系和智慧城市评价指标体系两个维度开展智慧城市标准化工作，并同步出台了我国智慧城市标准体系总体框架（试行稿），规定我国智慧标准主要包含 7 大类：总体类，支撑技术与平台类、基础设施类、建设与宜居类、管理与服务类、产业与经济类、安全与保障类，以及 53 个子类标准。目前正在实施的国家标准约 40 余项，如 GB/T 33356—2016《新型智慧城市评价指标》、GB/T 36333—2018《智慧城市顶层设计指南》、GB/T 34680.1—2017《智慧城市评价模型及基础评价指标体系 第一部分：总体框架及分项评价指标制定的要求》等。

根据智慧城市标准体系总体框架，智慧城市评价指标体系主要从能力和成效两个维度制定。其中，能力类指标主要用于评价城市运用物联网、云计算、大数据、空间地理信息集成等新一代信息技术，进行城市规划、建设和提升城市管理、服务水平的一系列定性或定量的要素项；成效类指标是指用于评价城市居民、企业及政府管理者本身所感受到的通过智慧城市建设带来的便捷性、宜居性、舒适性、安全感、幸福感等相关的一系列定性或定量的要素项。

此外，国家还发布了 YD/T 3473—2019《智慧城市 敏感信息定义及分类》、YD/T 3533—2019《智慧城市数据开放共享的总体架构》、CH/T 9013—2012《数字城市地理信息公共平台建设要求》多项行业标准。

在国家智慧城市标准体系的指导下，各地也开展了地方智慧城市标准编制。目前实施地方标准约 70 余项，如 DB23/T 2541—2019 《智慧城市建设指南》、DB41/T 1339—2016《智慧城市信息安全建设指南》、DB34/T 3496—2019 《智慧城市电子证照应用规范》等。

4.3 测绘地理信息标准概述

测绘地理信息标准是开展标准化、规范化测绘地理空间信息数据生产、信息共建共享的重要基础。CIM 的建设离不开测绘地理信息数据的支撑。为了更好地研究与制定 CIM 标准体系，需要对国内外现有测绘地理信息标准现状进行梳理与研究。国外测绘标准化工作开展得很早，如德国早在 1923 年就成立了测量标准化委员会，组织制定了大量关于测绘术语、符号、测绘技术等标准，以及仪器和器材的规格、质量以及检定方法等标准；苏联的测绘标准建立的比较齐全，标准内容较细，大多以细则形式发布；美国对新技术、新方法的标准制定及时，并重视标准的修订工作。1994 年 3 月国际地理信息标准化技术委员会（ISO/TC 211）成立，负责数字地理信息领域标准化，包括制定一套地理信息标准，推动地理信息数据采集、处理、分析、查询、表示以及在不同用户、系统、地方之间交换，推动地理信息共享。此外，OGC（Open Geospatial Consortium）作为非盈利、自愿协商的国际标准化组织，主要致力于地理信息行业软件和数据服务标准化，侧重地理信息共享、交换、服务等规范的制定。这两项国际标准化组织都缺乏对测绘技术指标和要求的标准化工作制定。

目前，国内针对测绘地理信息标准化工作主要遵循《测绘标准体系》和《国家地理信息标准体系》两大标准体系，两者关系密切。其中，《测绘标准体系》2009 年发布实施，并于 2017 年重新修订发布，它侧重于整个测绘领域，从信息化测绘技术、事业转型升级和服务保障需求出发，以测绘标准化对象为主体进行分类和架构，构建覆盖整个测绘信息化领域。《国家地理信息标准体系》主要以地理信息标准化为主体，围绕地理信息资源建设集成、开发利用及服务规范等方面制定，于 2009 年发布，目前处于新一轮修订中（见图 4-1）。两项标准体系各有侧重，共同构成了我国测绘与地理信息标准化的技术基础。但国家层面至今还没有一套完整地将测绘与地理信息标准体系融为一体的"测绘地理信息标准体系"。此外，广东、浙江等地从地方特色出发，制定了相应地方省级测绘地理信息标准。

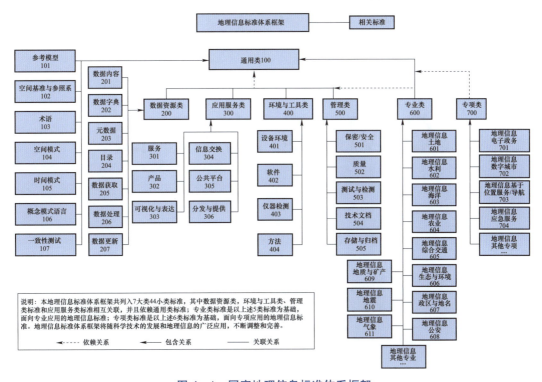

图 4-1 国家地理信息标准体系框架

第 3 篇

CIM 基础平台

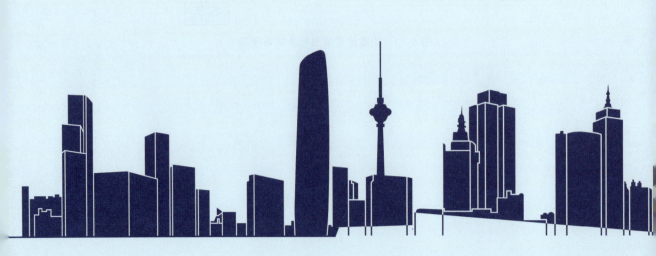

第5章 关键技术

CIM 基础平台作为城市规划、建设、管理、运行工作的基础性操作平台，集成了城市地上地下、室内室外信息模型数据、城市感知数据等海量数据，实现对物理城市的真实复现和决策支持，推动城市精细化管理。为提高 CIM 基础平台多源数据融合、数据加载速度、模型渲染效果、业务支撑能力，须对平台建设的关键技术进行攻克与突破。

5.1 数据集成融合技术

CIM 建设需要整合基础地理数据、三维模型数据、地上地下管线数据、BIM 模型、物联网感知数据、互联网感知数据等多源异构数据，并在此基础上开展平台功能应用建设。高质量的数据集成融合是 CIM 基础平台功能应用支撑的重要保障。传统数据集成融合主要采用异构数据与模式匹配、模式操作、查询应答、Web 数据集成等技术，或采用 ETL 等工具实现数据集成，并按照数据特征、状态、空间位置等方面实现数据融合。其集成融合需经过以下几项处理流程：一是对原始数据进行时空配准、实体识别和数据属性识别等预处理环节；二是通过数据结构转换、代码转换、格式转换和数据清洗等环节，将需进行数据集成融合的数据处理为统一、规范的模式；三是根据前期处理结果，开展实体关联、属性关联，确定融合策略；四是将相关数据按照融合策略进行融合处理后，将新生成的数据存入结果库中，并对其数据结果与原始数据进行关联标记，方便后续数据溯源。

除此之外，在室内室外、地上地下、城市感知运行等方面，CIM 需要以 GIS 数据为基底，融合 BIM 和 IoT 数据，从而丰富城市空间的信息细节，推动 CIM 由静态向动态转变。其中，覆盖多源异构 BIM 数据集成融合、BIM 与 GIS 集成融合、BIM 与感知数据集成融合等方面的数据集成融合是 CIM 建设的技术重点难点之一。

5.1.1 多源异构数据集成融合

1. 地形数据融合

根据基础地形图资料、数字方程模型（DEM）和文档对象模型（DOM），对 DEM 进行加工优化，融合集成不同格网间距的数字高程模型数据，按照瓦片规定的尺寸和计算出的最大等级数，对 DEM 和 DOM 逐级进行切片，将不同等级的瓦片采用分层的方式存储在数据库中，建立三维大场景基础数据，更好地满足数据应用和浏览的需求。大场景地形数据如图 5-1 所示。

图 5-1　大场景地形数据

2. 矢量点线面数据融合

在 CIM 平台建设过程中存在大量矢量数据，包括点、线、面，需要实现对兴趣点数据、路网、行政边界、控规平面等的融合（见图 5-2～图 5-4）。

图 5-2　兴趣点数据

平台可与二维规划管理系统结合，可接入二维规划成果数据，实现项目红线等退让控制线融合到三维地图中，实现控规面快速拉盒子，形象地查看道路退让、限高控制是否符合管控要求（见图 5-5）。

利用多线程管道过滤器机制实现可配置的监理功能，可以对原始数据坐标信息异常、纹理缺失、数据大小、DEM、DOM 坏点等异常数据进行监理。采用直观便捷的交互设计，实现数据属性参数的实时修改；通过拖拽器技术实现场景数据的拖拽移动编辑，达到所见即所得；利用独特的多线程渲染机制保证编辑浏览系统的运行稳定及渲染效率。

图 5-3 路网融合到三维地图

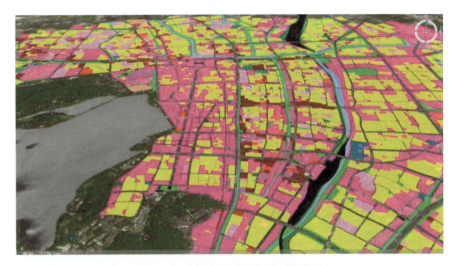

图 5-4 控规平面融合到三维地图

图 5-5 项目红线查看退让管控要求

控规平面快速拉盒子如图5-6所示，海量空间地理数据承载如图5-7所示。

图5-6 控规平面快速拉盒子

图5-7 海量空间地理数据承载

3. 倾斜摄影数据融合

倾斜摄影数据与模型的融合技术，可采用以倾斜摄影模型为基底，在与模型融合时隐藏、切换（见图5-8）。

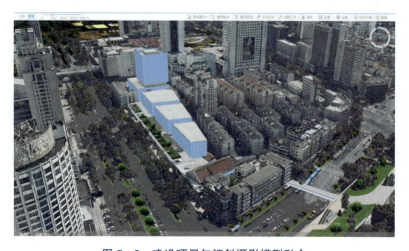

图5-8 建设项目与倾斜摄影模型融合

5.1.2 BIM 与 GIS 数据集成融合

BIM 与 GIS 数据集成融合是 CIM 建设的基础性、重点性工作之一，国内已有多位学者及专家对此进行了研究及论证。朱亮、邓非从语义映射方面提出了详细的 BIM 与 3DGIS 集成方案，即基于 BIM 通用标准格式 IFC 与 3DGIS 通用标准格式 CityGML 的语义模型之间的关系及差异，建立语义映射转换原则，筛选过滤提取 IFC 中语义信息并提取几何关系属性，根据映射对象的特征，采一对一映射、一对多映射或间接映射方式，将 IFC 的几何信息转换为中间 LOD 映射算法并进行必要的语义信息增强，最后根据 LOD 表面模型生成算法，构建可代表 BIM 数据的多细节层次结构的 CityGML 模型，从而实现 BIM 与 GIS 数据的集成融合。在此过程中，也可借助 FME 转换工具、Revit 软件平台等加快数据集成融合效率。由于 IFC 与 CityGML 对空间对象的表达不尽相同，IFC 在集合表达形式、语义信息表达上更加丰富，这种融合方式存在语义信息丢失的问题。

在此基础上，武鹏飞等结合 GIS 与 BIM 融合的最新研究成果，提出了另外两种融合方式，即数据标准扩展和本体论。其中基于标准扩展主要是从两个方向进行，一方面是按照具体的应用场景，确定所需的信息专题类型及数据要求，将 IFC 和 CityGML 中定义的实体按照专题类型进行分类规整，并基于专题集形成新的数据模型，在应用时直接抽取相应专题集中关联的 CityGML 和 IFC 信息，从而支撑具体的业务应用分析决策等。另一方面是基于 CityGML ADE（Application Domain Extension）扩展机制，根据 IFC 实体分类和定义，扩展定义 CityGML 新的实体类型和属性，将其特定的 IFC 实体转换成 CityGML，从而实现 BIM 与 GIS 数据的融合。另外，CityGML 也可通过自身 Link 的功能调用 IFC 定义的实体或待扩展实体的分类结果，实现 CityGML 实体及属性信息的扩展。

在本体论上，一方面基于语义信息特点将 CityGML 和 IFC 相通的空间对象进行语义信息匹配，另一方面通过建立新的本体数据模型和语义信息，分别关联 CityGML 和 IFC 两者在语义、时空表达、数据存储、信息模型等方面的对象，使两者按照新的本体数据模型框架及语义信息层级进行转换，从而构建基于本体数据模型形式的空间对象，推动 BIM 与 GIS 的集成。

此外，通过 GIS 平台提供的数据接口进行二次开发，建立数据转换插件将 BIM 模型转入 GIS 平台，或直接采用现有技术平台也可实现 BIM 与 GIS 数据导入及融合，如 Skyline、World Wind、Super Map 等，从而支撑 CIM 基础平台的建设（见图 5-9）。

5.1.3 BIM 与感知数据集成融合

IoT 作为实现 CIM 基础平台万物互联的重要支持，其采集的感知数据与 BIM、GIS 数据的融合是 CIM 基础平台进一步发展演变的重要方向。目前国内物联网技术与建筑领域的应用范围较窄，主要围绕施工进度管理、施工风险评估与预警、设备管理、建筑设计与施工管理等方面开展研究及应用，缺乏对中大尺度下区域、城市乃至城市群范围内容的数据集成与融合应用的研究。但小尺度上的 BIM 与感知数据、感知设备的集成融合技术在一定程度上也能为未来广泛 BIM、GIS、IoT 数据的集成融合和多种尺度下的数据应用提供建设方向。

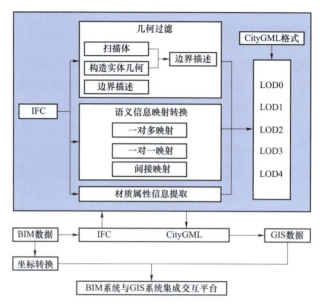

图 5-9　BIM 与 GIS 数据集成融合方式

一方面，姚彬峰、马小军、杨帆等提出借助物联网射频识别技术（radio frequency identification，RFID）实现项目不同阶段信息的有效存储与检索管理，从而实现 BIM 与感知数据的融合应用。即在方案规划和设计阶段，根据编码系对每个 BIM 模型构件或单元随机生成唯一编码，并存储在 RFID 标签上。将 RFID 标签附着至不同阶段的建筑构件实体上，通过扫描读写器获取构件位置、构件材料等相关数据，对获取到的数据进行筛选、处理后，根据唯一编码索引，将对应的数据更新至 BIM 模型构件或单元中，从而支撑建筑全生命周期活动管理与应用开发。同时，通过标签不断地智能识别、替换、更新及存储，形成实时感知数据库，实现与 BIM 模型关联挂接，从而推动 BIM 模型数据由静态向动态的转变。

另一方面，王亭提出基于 IFC4.0 标准（Industry Foundation Classes，国际通用 BIM 数据交换标准）和 IoT 数据的 ModBus 采集协议的解析及静动态数据表信息，建立 BIM 与 IoT 数据之间的映射关系，从而实现数据的实时交互与集成。即对数据集成所需要用到的 BIM 模型中构件名称、构件类型、构件标识数据等信息进行提取，并为每个构件对象随机生成唯一的身份 ID。同时，按照一定的数据组织结构对感知数据进行采集、筛选融合，并根据两者对应的数值进行关联，从而实现静动态数据的交互。

此外，结合国内外对 IoT 与 BIM 的集成研究成果，黄恒振总结提出了五种 IoT 和 BIM 集成模式实现 BIM 与感知数据的集成融合。一是通过将物联感知数据上传至数据库后，通过借助 BIM 应用程序 API 接口进行感知数据调用接入，实现 BIM 与感知数据的集成融合；二是将 BIM 模型转换为不同数据形式后，与感知数据共同接入新的数据库，实现数据的集成融合；三是借助开发新的结构化查询语言，实现不同数据库的感知数据与 BIM 模型数据的集成应用；四是将感知数据、BIM 模型转换为统一的 RDF 数据格式，并存储在不同数据库中，通过建立对应的语义网络结构，实现两者数据的集成调用；五是在统一 RDF 数据格式的基础上，将感知数据和 BIM 模型存储至统一 RDF 数据中，实现数据的集成融合。

5.2　模型轻量化技术

BIM 模型数据作为 CIM 基础平台的重要数据基础之一，可提供丰富的模型几何信息、物理信息、属性信息等，也可作为信息载体，关联物理实体的时空信息、管理信息等。同时，基于 BIM 模型可实现以项目为单位的规划、设计、施工、运维全生命周期动态应用与管理，从而进一步提高 CIM 基础平台对城市精细建设管理的支撑能力。但通常 BIM 模型数据体量都较大，对计算机性能配置要求较高，可能会导致系统平台建设成本较大，平台浏览应用效果不理想等问题。为了实现在 CIM 基础平台上 BIM 模型快速展示及交互应用，需对 BIM 模型数据体量进行轻量化处理，从而降低 BIM 模型数据体量，减少对模型浏览应用对机器的负荷率，提高平台运行效率和模型动态展示效果。

目前 BIM 模型轻量化的方法主要可分为三种方向：一是通过对 BIM 模型的几何体进行简化；二是将 BIM 模型文件格式转换成图形引擎可识别和可解构的文件格式，并进行数据压缩；三是借助已有成熟的第三方公司 BIM 图形引擎产品实现 BIM 模型数据的轻量化处理与高性能渲染。BIM 模型轻量化及文件压缩如图 5-10 所示。

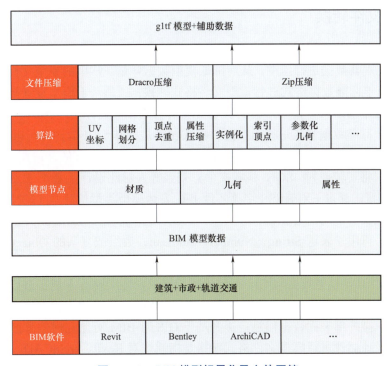

图 5-10　BIM 模型轻量化及文件压缩

5.2.1　几何模型简化

几何模型简化是指在不影响模型完整性与真实性的前提下，对模型的点、面、相同图元的简化实现模型体量的压缩。常用的方法包括边折叠算法、减面优化处理、实例化图元描述等。边折叠算法是指通过对模型的每条边进行折叠，从而计算不影响几何形态的新点，并将新点与模型的边线相连，删除退化的三角形与边；减面优化处理可分为边塌陷和顶点塌陷两类，边塌陷是将模型的边删除，边的原有两个顶点合并为一个顶点，并伴随若干三角面的降解消失，通过连续多次边塌陷操作，可将模型三角面减到目标阈值；顶点塌陷同理，通过删除顶点，顶点关联的所有三角面也会同步删除，通过一系列点塌陷操作完成了模型的简化。在海量的城市模型数据中，往往存在着大量重复性模型，通过减面优化处理去除重复模型，形状相同的模型仅存储一份，可极大地降低模型资源量。实例化图元描述是指以任一几何图元实例为基础，通过添加引用和空间坐标使其代表相同的图元实例，基于相似体的识别算法来减少渲染几何体的数量，从而达到 BIM 模型的轻量化。

此外，在几何模型简化方面，为尽可能地降低因模型多边形面简化而导致 BIM 模型数据精准性下降，周小平等人提出了一种基于构件遍历及标识的模型轻量化方法，从模型构件的唯一性出发，在保证 BIM 数据的精准性的同时，实现 BIM 数据的无损压缩。其原理是对 BIM 模型中有着相同构件类型和构件属性的构件设置相同的构件标识（ID），将构件标识（ID）对应的构件属性作为构件模型存储至构件模型库，从而在保证构件属性不丢失的情况下，实现相同构件最大简化，进而简化 BIM 模型。

5.2.2　模型文件转换

模型文件转换的核心原理是指将 BIM 模型数据格式转换为可被图形引擎快速解析生成的数据格式，并对其数据进行压缩，从而降低模型数据体量。常用的模型文件转换的方式共有三种：一是基于标准数据格式进行模型文件格式转换；二是基于模型设计插件进行模型文件格式转换；三是基于第三方图形转换引擎实现模型文件格式转换。

其中，基于标准数据格式进行模型文件格式转换是指基于 IFC 国际标准，将多种 BIM 设计软件的文件格式统一转换为 IFC 文件格式，并根据模型所包含的几何要素、非几何要素及轻量化流程，将其转换为 JSON 格式文件。刘强等人对此设计了基于 EXPRESS 字典和 JSON 的对象模型，通过 EXPRESS 字典实现 IFC 表达模型类型信息与 JSON 表达实例信息进行对应，实现实例之间的信息耦合。其中，JSON 是一种基于 JavaScript 的存储和交换文本信息的语法，可用于表达 String、Number、Boolean、数组或复杂的 Object 对象数据，其数据结构包括几何信息、材质信息和属性信息。

此外，针对 BIM 模型数据与 GIS 有效集成的需求，陈庆财等人基于 IFC 文件结构，创新性定义了一种新的轻量级 BIM 数据格式结构（LBSF），通过提取模型中必要的几何及属性信息，增加模型外部表面数据信息，提升基于 GIS 对 BIM 对象几何信息的显示性能。

基于模型设计插件进行模型文件格式转换是指通过对 Revit、ArchiCAD、Bentley 等 BIM 设计软件的 API 接口进行二次开发，构建模型文件转换引擎，从而提取 BIM 模型中信息，并进行重组，导出中间文件格式后，如 JSON 文件格式，采用 WebGL 技术和 Three.js 渲染框架解析生成 BIM 轻量化模型。在此基础上，刘北胜提出开发套件 HOOPS Visualize 支撑 Revit、Dassault 等主流 BIM 模型设计软件进行模型轻量化，并依托开发套件提供的 API 接口实现图形的渲染和交互操作。

5.2.3　国产 BIM 图形引擎

国内已有多家 BIM 图形引擎可通过上传 BIM 模型数据实现模型轻量化处理后，由系统平台读取数据并渲染导入浏览器客户端，包括 Blackhole Engine、BimViz、BimFace、大象云等。

以 Blackhole Engine 为例，Blackhole Engine 是秉匠科技自主研发、知识产权自主可控的 BIM 轻量化图形引擎。引擎采用先进的三维渲染技术，可轻松管理多类型、大体量的 BIM 模型数据，并提供精确的空间分析和计算能力，为工程建设行业各阶段的三维可视化应用与管理提供底层技术支撑。

Blackhole Engine 引擎具有强大的模型承载力，使用拥有自主知识产权的轻量化模型技术和实时渲染优化技术，能够承载多专业的 BIM 模型同时浏览，单个模型的构件数可支持 1 亿个以上，三角面数可支持 1000 亿个以上，并可对海量模型数据进行分层分块处理，在中等配置 PC 上，对上亿个三角面、百万构件的模型依然可以达到 60 帧/s 的渲染速度，保证模型浏览的绝对流畅性（见表 5−1）。

表 5−1　　　　　　　　　　　　Blackhole Engine 引擎性能表

性能指标	数值	说明
承载数据大小	10Tb+	模型资源容量，包括了几何信息和纹理数据
承载构件数量	1 亿+	项目中包含的 BIM 模型构件的数量
承载面片数量	1000 亿+	项目中包含的总三角面数量
运行帧率	60fps+	决定了项目渲染和交互时流畅程度
数据响应速度	5s	场景从启动加载到看到模型的等待时间

Blackhole Engine 模型浏览如图 5−11 所示，Blackhole Engine 强大的模型承载如图 5−12 所示。

图 5−11　Blackhole Engine 模型浏览

图 5-12　Blackhole Engine 强大的模型承载力

　　Blackhole Engine 引擎支持多种数据格式，包括地形、矢量、手工建模数据、倾斜摄影、BIM 等海量多源异构数据的高性能加载与显示，对主流的 BIM 建模软件如 Revit、Bentley、3ds Max 等均开发有专用插件，可便捷地从软件中导出完整的几何和属性数据。同时支持3ds、obj、fbx、3dxml、IFC 等常用的模型文件格式，点云、地图、倾斜摄影数据均可同场景呈现。Blackhole Engine 引擎支持数据格式表见表 5-2。

表 5-2　　　　　　　　　Blackhole Engine 引擎支持数据格式表

数据类型	格　式
建模软件类型	Revit，NavisWorks，3ds Max，Bentley 等建模软件
模型文件类型	3DM　3DS*　3DXML　DAE*　DGN*　DWF*　DWFX　DWG*　DXF*　FBX*　IFC*　IGMS*　NWC　NWD　OBJ*　OSGB　PLY*　RFA*　RTE　RVM　RVT*　SKP*　STEP　STL*　STP 等
地形格式类型	通用的 DEM\DOM 数据，包括*.tiff*.jpg*.png 等
倾斜摄影格式类型	带层级的*.osgb 数据
点云格式类型	*.asc*.pts*.las*.e57*.ply 等标准格式
地图服务数据	标准的 WMTS 地图切片服务

　　多格式 BIM 模型+超大场景 OSGB 模型如图 5-13 所示。

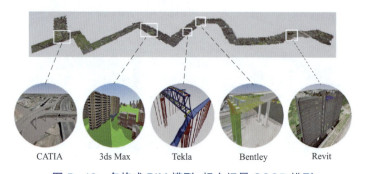

CATIA　　　3ds Max　　　Tekla　　　Bentley　　　Revit

图 5-13　多格式 BIM 模型+超大场景 OSGB 模型

此外，Blackhole Engine 还带有其独特的材质系统、地形系统、植被系统、水面系统，针对不同的渲染场景，采用倾斜摄影、LOD 网格、Impostor 技术、FFT（快速傅里叶变换）模拟等相关技术，结合引擎所支持的矢量元素渲染，可高效地渲染出复杂的特定场景，轻松实现材质、地形、植被、水面的真实效果。大场景地形数据如图 5－14 所示。

图 5－14　大场景地形数据

大场景倾斜摄影数据如图 5－15 所示，植被渲染示意图如图 5－16 所示，水面渲染示意图如图 5－17 所示。

图 5－15　大场景倾斜摄影数据

图 5-16　植被渲染示意图

图 5-17　水面渲染示意图

5.3　三维实时渲染技术

三维实时渲染技术是指采用明暗着色、光线追踪、深度贴图、材质纹理等多种手段对图形数据进行计算与输出，使其计算输出的最终图像尽可能地接近现实世界中肉眼观察的结果。其渲染技术主要是为了解决计算机系统资源的有限性与海量场景数据的可视化之间的矛盾，即在有限的平台计算资源下，采用多种组合的三维渲染手段对 CIM 基础平台场景图形计算输出效果最优化，从而兼顾可接受的渲染误差和良好的渲染效果之间的平衡，是 CIM 基础平台建设的基础性技术之一。

为了突破有限计算资源下图形渲染瓶颈，优化大场景、海量数据下系统平台场景展示效果，国内外诸多学者及专家对其进行了广泛的理论研究和实践论证。陈明娥等从场景剪裁与分级分页调度、基于纹理 LOD 的简化、基于 GPU 与并行架构的可视化等方面提出对BIM+GIS 基础数据的快速渲染与绘制，从而提高渲染效率。姚春雨等提出通过优化三维场景中的组织方式及模型调度算法，从而提高三维渲染效率，并通过西京医院、库尔勒等案例进行验证。刘北胜提出基于 HOOPS 图形引擎开发技术实现三维图形的云渲染，从而降低图形渲染及展示对用户终端的硬件要求，实现多终端的高性能渲染等。

结合诸多学者及专家的理论研究成果，当前三维实时渲染技术主要包括通过减少或控制场景内参与渲染的图形提高渲染效率、依托软硬件性能实现数据绘制同步制渲染与数据调度并行处理、依托云端图形引擎实现图形的高效渲染和快速加载以及 KD – Tree 光线跟踪、流式数据加载、三维瓦片化渲染、PBR 材质、HDR 技术、抗锯齿等技术方法。

5.3.1 图形简化与剔除

图形简化与剔除是在三维渲染之前通过剔除场景内不可见或被遮挡的模型实体，并对可见模型实体的细节层次技术（LOD）纹理进行压缩和简化，从而降低模型实体渲染时对计算资源的要求，减少 CPU 负担，从而提高渲染速度和性能。即基于场景当前相机视域范围，判断场景模型实体的可见性、模型实体间的遮挡关系及模型实体与相机的远近关系，将不可见及被遮挡的模型实体在渲染列队中删除，并根据模型实体与相机的距离关系，选用模型实体不同 LOD 等级的纹理图片，如远处可采用简单的色块替代模型实体纹理等。通过利用 LOD技术，LOD 层级数据生产技术，基于场景图的 LOD 组织管理技术，多任务、多机器、多进程、多线程并行的数据处理技术，解决了三维模型数据资源占用不可控和调度渲染效率低的问题，从而实现计算资源的高效利用。

LOD 指根据物体模型的节点在显示环境中所处的位置和重要度，决定物体渲染的资源分配，降低非重要物体的面数和细节度，从而获得高效率的渲染运算。恰当地选择细节层次模型能在不损失图形细节的条件下加速场景的显示，提高系统的响应能力。通过采用 LOD技术对数据进行处理，构建各个层级不同精度的数据，通过减少场景渲染量，实现在有限的计算资源下图形的简化与剔除，从而达到渲染速度和渲染性能最大化。

5.3.2 并行渲染与数据调度

并行渲染与数据调度是指依托高性能图形工作站、计算机集群或多核微机等设备将平台的三维场景数据拆分成多个数据绘制流线，并将需要参与渲染的数据采用缓存的方式逐步将其从外存调入到内存中，通过数据绘制线程和数据调度线程的并行处理，从而提高图形渲染性能与效率。在并行渲染与数据调度前，需要对场景的可视对象进行识别，判别所需进行渲染的模型实体，将其模型数据划分为多个数据页或数据块，作为数据渲染或数据调度的最小单元，再对其数据页或数据块并行执行数据绘制流线和数据调度流线，从而推动三维场景并行绘制。

并行渲染与数据调度技术是以计算机硬件配置优化升级为支撑的三维渲染技术的突破，可作为图形简化与剔除的补充。在最小化模型实体数据量的基础上，依托计算机硬件设备的性能配置，进一步加速与优化三维渲染效果。数据的存储与调度涉及数据的索引与存储。

CIM 平台采用文件索引目录方式进行数据服务发布，基于金字塔场景组织技术优化和提升了传统的二三维数据存储于数据的模式，经检验文件索引服务发布方式数据请求及渲染效率更高，吞吐量更大，快速响应了前端的应用需求。

文件组织调度流程如图 5-18 所示，并行渲染与数据调度效果如图 5-19 所示。

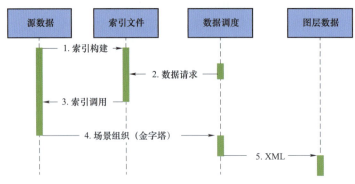

图 5-18　文件组织调度流程

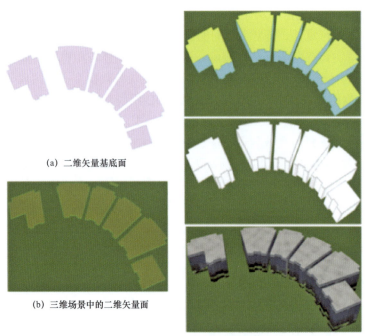

（a）二维矢量基底面

（b）三维场景中的二维矢量面

（c）三维场景中的三维体块模型

图 5-19　并行渲染与数据调度效果

5.3.3　云端图形渲染

云端图形渲染是面向 BIM 模型可视化及交互操作时，文件格式兼容性差、终端设备硬件要求高等问题，刘北胜创新性提出基于 HOOPS Visualize 图形引擎的云渲染技术，实现大体量模型浏览器展示及交互。其原理为用户终端请求浏览场景模型实体时，将当前场景空间坐标下的模型实体及用户识别信息通过消息列队发送给平台服务器端,由服务器终端通过图形引擎对该场景下的模型实体进行渲染,并以图片流的形式返回至用户终端,从而降低大体量模型渲染时的硬件设备要求。这种渲染技术大大降低了对用户终端的性能要求,将其渲染所需的计算资源转移到平台服务器终端上,提高了平台对移动终端、网页端、PC 端等多种终端的三维场景渲染的支持能力。

例如,王磊等提出采用 WebGL 技术,三维模型可直接在浏览器端展示,不需要安装任何插件,这种 Web 端无插件渲染技术基于全新的浏览器 HTML5 标准,使用 Canvas 对象创建 WebGL 图形接口,使得在满足 HTML5 标准的浏览器中无需安装插件即可直接调用 GPU 硬件资源,实现三维图形的实时渲染。该技术是 B/S 架构 CIM 平台的核心底层支撑,相较 ActiveX 等网页插件技术,有更为通用的 API 接口和更广泛的浏览器支持。

针对场景模型渲染数量的提升和用户并发数量的增加,可通过增加平台服务器的图形处理能力予以支持,也为 CIM 基础平台后续的数据量扩容、渲染能力提升提供支撑。

WebGL 渲染流程如图 5-20 所示。

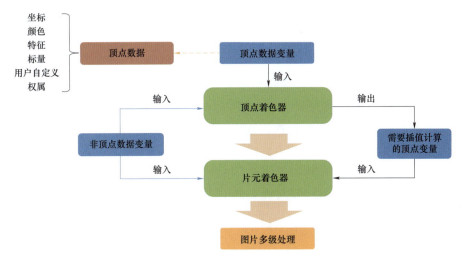

图 5-20　WebGL 渲染流程

5.3.4　KD-Tree 光线跟踪

光线跟踪通过模拟光线的照射过程,在空间中与几何体进行相交得到光线的轨迹,对周围附近的空间进行快速的遍历和判断可以达到光线的快速模拟效果。若光线跟踪无法实时运行,看到的则是二维场景,因此,构建合适的加速结构尤为关键。KD-Tree 具有对空间良好的分割能力,相比于其他加速结构,遍历速度也具有一定的优势。

黄龙江在王征等人八叉树的基础上,在光线技术跟踪上添加了 KD-Tree 中的 BPS 二叉树技术,提出了一个潜在可见光源集的算法,在大规模的室内场景有多光源的情况下剔除了看不见的光源,提高了光线跟踪渲染的效率,通过基于 KD-Tree 的光线跟踪,可以达到快速模拟光线、阴影渲染的效果(见图 5-21)。

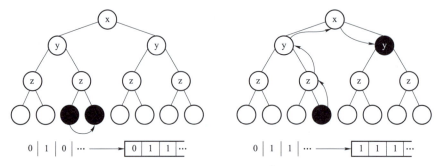

图5-21　KD-Tree遍历

5.3.5　流式数据加载

在常规的模型数据记载中，往往是一次性将数据下载到本地，再加载到内存进行渲染，但对于城市规模海量数据则不可行。需要预先将海量数据流式划分为大量子段，在客户端按相机位置、视场角、分辨率信息动态决定要请求的子段集合，再去请求服务流式传输，避免一次性加载大量数据造成内存溢出或加载延迟，保证CIM平台的稳定运行和良好的用户体验。

5.3.6　多输入终端支持

在CIM平台的用户交互上，应支持多种方式相互协作，在不同应用场景下应有对应的交互支持。在常规PC机上，应支持键盘和鼠标的输入，用它们对相机方位、构件状态、业务切换进行精准、高效的控制。在便携设备中（如平板、手机），应针对多点触控输入进行操作逻辑优化，使用户仅通过手指就可完成一系列复杂的场景互动。在VR/AR设备上，应能够接收体感、加速度、角度传感器等信号，再解析为逻辑控制行为，给用户以全新的沉浸感操作体验。一套良好的输入设备支持是提高CIM平台模型体验的关键。

5.3.7　本地数据缓存

在B/S架构CIM平台中，浏览器内处于沙盒环境，无法访问本地磁盘系统，海量数据均存储于服务器中，每次平台运行均需从服务器中动态获取数据。若不对获取的数据进行缓存，则每次平台启动均要下载大量数据，在多用户、广域网环境下会加大消耗网络带宽，因此需要使用浏览器的本地缓存技术。

根据数据源的不同，第三方数据可使用浏览器内建的HTTP缓存，对数据的缓存和更新均由浏览器自动管理，十分方便，但缓存的数据量和更新时机不可控。对于城市模型数据，应使用浏览器的IndexedDB技术，由平台自身来控制数据的缓存策略、缓存空间的大小、缓存数据的更新，以更合理地利用网络带宽资源。

5.3.8　瓦片化渲染

在B/S架构平台下，优越授权于网络、内存、CPU执行效率等因素，不可能将海量城市规模模型一次性加入内存中渲染，为了让客户端低代价的访问海量模型数据，必须将模型按照空间属性进行层级化瓦片划分。

划分方式应支持选择式和裂解式。选择式是将单体模型唯一性的放入某个空间瓦片中，当模型跨越多个空间瓦片时则强行选择一个作为目标瓦片。而裂解式是将跨越多个瓦片的单体模型强制分割为若干份，每一份严格放入对应空间区域的瓦片中。

瓦片的图片处理应支持烘焙图和全局纹理数组技术。烘焙图是将瓦片中包含的所有模型的所有图片统一集成到一张图片中，然后整个瓦片只使用这一张烘焙图来渲染，它的优点是极大降低了图片传输、渲染负载，但当相机离近后会分辨率不足，所以对于精细级别的瓦片应使用纹理数组技术来将多种图片重复覆盖到单个瓦片上，以表现出亚像素的丰富细节。

5.3.9　PBR 材质

在模型材质的光照效果方面，传统的经验性 Phong 等光照模型无法真实还原模型表面的明暗过渡以及高光分布，是 CIM 平台向渲染真实感图像的一大障碍。

因此要采用基于物理特性的 PBR 光照模型，光照模型基于物理微平面理论，采用材质底色、光泽度、金属性来描述物体表面的材质特性，并将能量守恒考虑进去，最终得到了近似物理正确的光强分布。黄枭根据 PBR 技术的基本原理分析与传统的 PBR 材质制作流程的总结，提出了一个 PBR 材质生成的方法，利用了 cGAN 网格、双面映射等技术方法，通过一条完整的 PBR 生产管线，可以为三维模型快速生成对应的 PBR 材质，生成视觉效果更加优秀的渲染图形，借助通过改进后的 PBR 材质的生成方法，简化了 PBR 材质制作的烦琐流程，CIM 平台所需大量的模型渲染向着突破渲染真实图像障碍迈出了一大步（见图 5 – 22）。

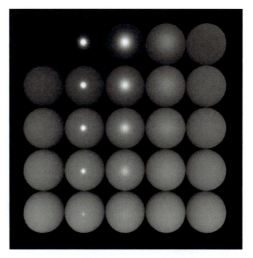

图 5 – 22　PBR 材质

5.3.10　HDR 技术

高动态范围图像（High – Dynamic Range，HDR），相比普通的图像，可以提供更多的动态范围和图像细节，根据不同的曝光时间的 LDR（Low – Dynamic Range，低动态范围图像），并利用每个曝光时间相对应最佳细节的 LDR 图像来合成最终 HDR 图像。它能够更好地反映出真实环境中的视觉效果（见图 5 – 23）。

在真实感渲染领域，模型表面的光强分布与真实世界近似，会出现极低光照值，也会出现太阳光等极高的光强，而显示器只能表达很窄的一个光强区间，所以需要将真实光照环境下的高动态光强信号映射为显示器可表达的低动态颜色信号，使真实感图形得以正确显示。

同时应考虑像素入射光对相邻像素的强度影响，这在相机 CCD、CMOS 传感器中十分明显，可通过多次迭代复合处理，使得光照很强的像素颜色向四周渐进式泛光。还应考虑镜头光圈叶片在传感器上留下的鬼影效果，该效果也可通过高斯模糊来进行模拟。

图 5-23　HDR 技术

5.3.11　阴影系统

在大范围城市场景下，如果没有太阳阴影和局部点光源阴影，则很难分辨建筑物的方位、日照覆盖情况等。所以 CIM 平台需要支持超远视距、足够高效、边缘软化的阴影系统。对于超远视距的阴影覆盖区域，应采用多级阴影图分段覆盖的策略，并对每张阴影图应根据视距设置合理的更新频率，防止每帧大量阴影图的更新代价。并能够支持阴影边缘的锯齿软化，防止阴影图分辨率不足所造成的阴影边缘锯齿现象。

5.3.12　后处理技术

在城市建筑物的展现上，尤其室内场景的展示，为提升画面层次感，需要借助后处理技术来模拟一些增强细节的全局光照效果。在室内场景中，模型褶皱处所接收的环境光强应小于平摊处所接收的光强，可通过屏幕空间法线、位置等信息，在屏幕空间近似模拟出场景中的褶皱分布，通过模型表面环境光强的变化来表现室内建筑的棱角、褶皱信息，提高渲染画面的层次感。

后处理技术作为一类恒定时间复杂度的算法，可以高效的计算复杂场景的光强分布，是 CIM 平台展现真实感复杂场景的重要手段。

5.3.13　抗锯齿技术

由于显示设备的分辨率有限，本是连续的模型边界呈现到屏幕后会出现锯齿现象，尤其在渲染大量细小模型时最为明显，城市场景会存在众多大小不等的建筑、道路、基础设施，在空中俯视时锯齿非常严重。而由于真实感渲染采用了延迟着色流程，GPU 自带的抗锯齿不能有效工作，为了展现大量的细小建筑模型，应基于渲染画面的时域信号连续性原理，对相邻多帧的渲染画面按几何位置进行经验性合成，以去除屏幕分辨率不足造成的空域信号缺失所表现出的模型边缘锯齿现象，该技术可很好展现细小模型的亚像素细节。

在抗锯齿技术的研究和发展方面，王斌等人提出了基于 SPAA 的三维场景延迟渲算法，消除了以往基于像素边界的算法仅依靠像素颜色，容易导致边界缺失，继而失真的影响，同时采用了延迟渲染的方法，将本来需要 3D 化计算的光照数据转化为 2D 计算，因此大大降低了显卡性能的消耗，模型显示取得了良好的抗锯齿效果，抗锯齿的技术能更好地运用在 CIM 平台上。

5.4　数据处理与分析技术

信息化背景下移动设备、社交媒体、交通出行设备、电子商务网站等每时每刻都在生产价值丰富、格式各异的交互数据，其蕴含的内在信息对国家社会发展、城市治理、居民生产生活等各个方面有着重要影响。通过运用大数据技术，深入挖掘大数据在规划、建造、交通、产业、人口、经济等多领域中城市运行发展的深层规律，并以此为基础，预测推演各行业未来发展趋势，拓展 CIM 基础平台智慧应用体系建设，实现以大数据赋能城市规划、建设、管理、运维全周期环节，提高城市治理能力和治理水平。当前，大数据技术主要包括数据压缩技术、数据库金字塔技术、大数据存储与管理技术、大数据挖掘分析技术。

5.4.1　数据压缩技术

CIM 平台所使用的数据往往十分庞大，模型数据和属性数据会随区域范围的扩大而几何级扩张，而这些原始数据为了便于程序解析和加载，内容存储往往以解析效率优先，而非存储效率优先，所以需要使用压缩技术对这些原始数据进行压缩处理，可极大减少存储、传输耗费，压缩技术可分为无损压缩、有损压缩、纹理压缩三种压缩技术类型。

无损压缩常用的算法有 Deflate、LZMA 等，应根据需求在压缩比和压缩/解压缩速度上找到平衡，使得数据可以高效的无损压缩存储和传输，并在客户端多线程实时数据解压使用。

在使用无损压缩技术后 CIM 平台的数据量一般仍旧巨大，所以针对模型数据应进行基于领域经验的有损压缩来进一步减小模型数据量。一般应按照模型顶点数据的视觉敏感程度，分别对位置、法线、UV 分量进行精度降低，减少原始模型数据的大小，并使用字典检索策略，将材质 ID 等属性进行进一步缩减。

海量模型数据中，除了海量几何数据，还存在着海量的纹理图像数据。对于图像数据的压缩已有一系列成熟的解决方案。

在纹理存储方面，无透明通道的图像可使用 JPG 等频域图片压缩格式，从而能最大化地降低存储和传输耗费。存在透明通道的图像可使用 PNG 等常用格式。而在实时渲染层面，应将纹理实时压缩为 GPU 友好的块压缩纹理格式，使用 DXT1、DXT5、ETC2 等格式可以大幅节省纹理显存占用，容纳更多的纹理数据。

5.4.2　数据库金字塔技术

数据库金字塔构建对多源数据融合起着至关重要的支撑，其中数据应用端的 dom、dem、倾斜摄影、BIM 模型数据及 wmts 的地图服务都应用瓦片地图金字塔构建模式，保障了在浏览端分层渲染展示的流程度。构建金字塔原理如下所示：

瓦片地图金字塔模型是一种多分辨率层次模型，从瓦片金字塔的底层到顶层，分辨率越来越低，但表示的地理范围不变（见图 5 - 24）。

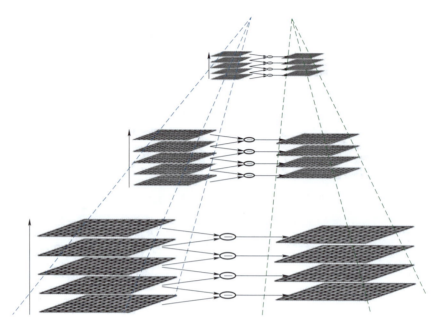

图 5-24 金字塔技术

首先确定地图服务平台所要提供的缩放级别的数量 N，把缩放级别最低、地图比例尺最大的地图图片作为金字塔的底层，即第 0 层，并对其进行分块，从地图图片的左上角开始，从左至右、从上到下进行切割，分割成相同大小（比如 256×256 像素）的正方形地图瓦片，形成第 0 层瓦片矩阵；在第 0 层地图图片的基础上，按每 2×2 像素合成为一个像素的方法生成第 1 层地图图片，并对其进行分块，分割成与下一层相同大小的正方形地图瓦片，形成第 1 层瓦片矩阵；采用同样的方法生成第 2 层瓦片矩阵；如此下去，直到第 $N-1$ 层，构成整个瓦片金字塔（见图 5-25）。

运用金字塔技术构建后的模型处理在数据应用层中模型的节点在显示环境中提高了所处的位置的重要度，优化了浏览数据中物体渲染的资源分配，降低非重要物体的面数和细节度，从而获得高效率的渲染运算。由此图可见：处理后的数据按照场景图结构进行层级组织。组织后索引数据明确，数据层级清晰。层级内按数据在场景图的位置进行合理划

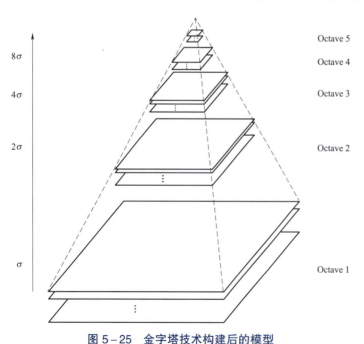

图 5-25 金字塔技术构建后的模型

分，保证了每个文件夹下数据量可控，满足超大数据量图层数据的查找效率，为数据更快地查找调度提供了良好的数据组织支撑。

5.4.3　数据存储与管理技术

CIM 数据主要包括时空基础数据、资源调查数据、规划管控数据、工程建设项目数据、公共专题数据和物联感知数据等，具有多源异构、多行业、多部门交叉融合等特性。CIM 数据类型按照表现特征可以分为图像、图形、文字、音频视频等，按数据结构可以分为矢量、切片、栅格、信息模型、文本、结构化数据等。数据类型多样、来源广泛等原因导致传统的数据存储和管理模式早已无法满足大数据的处理需求。

CIM 各项数据通过数据整合、融合等方法，形成海量的地理空间数据。同时，地理空间数据非结构化和半结构化的数据类型对数据存储与管理提出了新的要求，即需要可扩展且灵活的数据库技术来管理和访问。目前，关于地理空间数据的快速存储、查询等方面已取得较大的进展。基于 Hadoop 的地理空间矢量数据的分布式存储和查询，实现了大数据的实时访问、存储和查询（见图 5 – 26）。

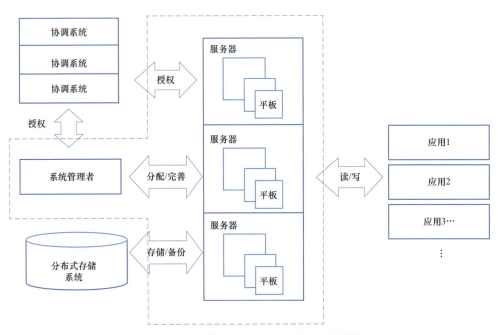

图 5 – 26　基于 Hadoop 的分布式数据存储

NoSQL 具有存储超大规模地理空间数据的能力，且适应各种数据类型。作为 NoSQL 数据库之一 HBase，是一个既支持结构化也支持非结构化数据存储的分布式数据库，采用 MapReduce 计算框架和列/行型矩阵存储，拥有实时读写数据、高效准确存储和管理数据以及高度节约存储空间的优势。

MapReduce 及其开源系统 Hadoop 广泛应用于地理空间科学领域，大量的空间查询和分析算法移植到 Hadoop 平台，并产生了 TerryFly 系统、MIGIS 系统、Meadow 系统一系列成果。范建永等通过对 HBase 分布式数据库的存储模型和集群技术的研究，设计了一种基于

HBase 的地理空间数据存储模型和基于 MapReduce 的并行构建网络空间索引方法，使海量空间矢量数据的网络索引构建分各子节点，大大加快了索引速度，实现了大数据的实时访问、存储和查询。此外，分布式数据仓库（Hlive）、分布式关系型数据库（PostgreSQL）、全文检索引擎以及分布式文件系统（HDFS）等结构化与非结构化数据的混合式存储也是一种不错的数据存储方式。

MapReduce 工作原理如图 5 – 27 所示。

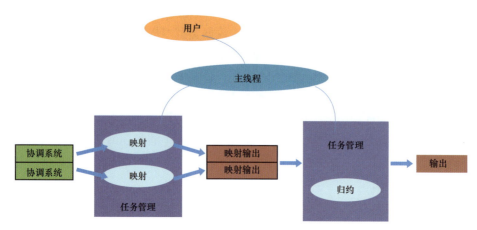

图 5 – 27　MapReduce 工作原理

5.4.4　数据挖掘分析技术

数据挖掘与分析是指从海量数据中提取出未知的、隐含的、有用的信息及知识。充分利用数据挖掘与分析技术，从海量的地理空间大数据中获取对各行业各部门最有价值的信息，为城市治理提供更加准确有效的决策服务。地理空间大数据挖掘与分析涉及概率论、空间统计学、规则归纳、模糊集、云理论、粗糙集、大数据计算、人工智能、机器学习、深度学习、回归分析、聚类分析、趋势分析、关联分析、空间分析、格局分析等理论和方法。与传统的数据挖掘分析相比，地理空间大数据更加强调在隐含未知情形下对空间数据本身分析上的规律挖掘，例如进行各地理要素统计分析、多源信息融合的组织机构空间分布格局分析、顾及时空非稳定性的地理加权回归分析、众源网络地理信息挖掘分析等。

政务地理要素统计分析通过基础地理空间数据、地理国情普查数据、社会经济数据，采用空间叠加分析、聚类分析、网络分析、关联分析等方法，结合基于 Hadoop 的海量数据处理技术可以展现交通网络、居民地与设施、地理单元等地理要素的基本状况；多源信息融合的组织机构空间分布格局分析首先利用中文分词、语义分析和地理编码技术实现海量组织机构信息与空间信息的融合，再采用基于面的空间聚类分析方法、多中心模型拟合方法分析组织机构空间分布格局。多源信息挖掘可以充分挖掘社交网络和社会化媒体中蕴含的有价值的信息，为智慧城市提供了重要支撑。

此外，通过大数据与人工智能的融合技术，将很好弥补传统大数据分析对非结构化数据，如图像、视频、语音的处理能力。在大数据框架下通过不断补充完善与人工智能相关的视频、图像、语音等非结构化数据类型，实现多源异构数据的统一分类、处理与解析，并基于多源异构数据形成统一索引，在各种媒体资源的语义与计算结果之间建立关联，向人工智能大数据智慧应用提供数据服务。空间大数据挖掘技术如图5-28所示。

图 5-28　空间大数据挖掘技术

5.5　仿真模拟技术

仿真模拟即是外形仿真、操作仿真、视觉感受仿真，利用虚拟仿真技术（VR），通过实际操作，使参与者有身临其境的切身体会的一项技术。增强现实技术（AR）是虚拟现实技术（VR）的一个重要分支，是将计算机生成的虚拟信息叠加到用户所在的真实世界的一种新兴技术。目前关于增强现实的定义有两种：一种是由 Milgram P 和 Kishino F 提出的，将真实环境与虚拟环境放置在两端，其中靠近真实环境的叫增强现实，靠近虚拟环境叫增强虚拟，位于中间的叫混合现实；另一种是 Azuma 定义的，以虚实结合、实时交互、三维注册为特点，利用附加的图片、文字信息对真实世界进行增强的技术。

随着 CIM 概念的提出，传统的二维 GIS、单体 BIM 模型等的局限性日渐突出，难以满足智慧城市发展需求。而携带大量数据信息的 BIM 模型、GIS 数据与 AR 结合，利用 AR 的实时跟踪和三维注册技术将虚拟的 BIM 模型与真实世界"混合叠加"，实现同一画面的实时交互查询，同时结合 GPS 与 GIS 技术，引入空间信息，将 BIM 模型与现实世界的真实坐标匹配，保证 AR 跟踪与定位准确性与精确性（见图5-29）。

图 5-29　场景模拟

AR 技术主要包括实时交互、信息识别、三维注册、虚实融合等模块。信息识别的任务是识别设备获取的标识信息，该特性直接影响增强现实系统能否精确地捕捉到特征信息，为接下来虚拟信息的三维注册提供所需的数据。三维注册的任务是通过设备姿态估计、空间坐标等信息将虚拟信息准确的映射到相应的位置上，与此同时不断刷新这些信息在显示器中位置。而虚实融合和实时交互需要在虚拟信息准确且与现实世界进行配准的基础上才能更好地实现。在结合诸多学者的理论基础研究上，AR 技术中关键技术主要包括信息识别、广告牌技术、关键帧插值、骨骼动画、粒子系统和三维注册等。

5.5.1　信息识别技术

　　信息识别是获取的标识信息的过程，识别标识信息的种类数量、准确度直接影响应用场景数量及系统速度和稳定性。张乐等基于 HoloLens 的增强现实识别系统，提高了系统识别的标识信息数量、识别效率及泛化能力，同时改变了人工标识的局限性，让虚拟信息更加合理的与现实世界交互。该系统利用免标识跟踪模型动态加载的方法，以关键字查询的方式动态加载虚拟模型，借助 HoloLens 独特的空间映射功能实现虚拟模型与现实世界的交互，降低了虚拟信息对标识信息的依赖程度，摆脱了对标识信息的跟踪；利用迁移学习方法训练卷积神经网络（CNN）来实现目标信息的识别分类，解决了标识信息识别泛化能力弱，识别效率低的问题。

5.5.2　广告版技术 BillBoard

　　广告版技术 BillBoard 是图形学领域中的一种视线追踪技术，广泛用于在不同视点方向上具有相似性的物体模拟，这种方法也适用于三维云的绘制。该技术的基本原理是利用一个平行四边形，将选取的纹理图片贴在平行四边形上，并设置该四边形总是面向视点的方向，这样无论观察者的视点如何发生改变，贴有纹理图片的四边形总是围绕中心轴旋转，保持观察者的视线方向与四边形平面垂直。在针对大场景植被模型渲染时，对实时性要求较高，采取 BillBoard 技术可以大大加快绘制的速度从而提高画面的流畅性。把 3D 的物体用 2D 来表示，然后让该物体始终朝向镜头。

　　利用 Billboard 技术可以提高绘制的流畅度、节省计算资源、避免失真现象的发生，同时还可高效展现远距细小模型，可很好的表现城市中绿地植被、行道树等自然景观（见图 5-30）。

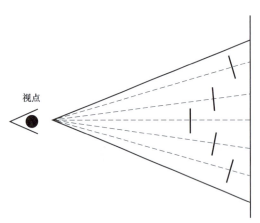

视点

图 5-30　Billboard 技术基本原理

5.5.3　关键帧插值技术

　　在三维计算机动画中，中间帧的生成由计算机来完成，插值代替了设计中间帧的动画师。所有影响画面图像的参数都可成为关键帧的参数，如位置、旋转角、纹理的参数等。

5.5.4　骨骼动画技术

骨骼动画是模型动画中的一种,当前有两种模型动画的方式:顶点动画和骨骼动画。在骨骼动画中,模型具有互相连接的"骨骼"组成的骨架结构,通过改变骨骼的朝向和位置来为模型生成动画(见图5–31)。

顶点动画中,每帧动画其实就是模型特定姿态的一个"快照"。通过在帧之间插值的方法,引擎可以得到平滑的动画效果。

该技术可高效展现远距细小模型,可很好的表现城市中绿地植被、行道树等自然景观。

图 5–31　骨骼动画技术

5.5.5　粒子系统技术

粒子系统表示三维计算机图形学中模拟一些特定的模糊现象的技术,而这些现象用其他传统的渲染技术难以实现真实感的物理运动规律,粒子系统则为这些现象的模拟提供了一条新的解决途径(见图5–32)。其基本思想为:将需要模拟的物体看作是由若干例子组成,这些粒子的分布和叠加构成了物体的形状和表面;每一个粒子在生成的时候都具有一些属性,如速度、颜色、生命周期等;随着外部因素的影响,粒子的属性会随之变化,由于每个粒子都具有生命周期,伴随着新粒子的生成和旧粒子的死亡,整个粒子系统展现出动态变化的过程。经常使用粒子系统模拟的现象有火、爆炸、烟、水流、火花、落叶、云、雾、雪、尘、流星尾迹或者像发光轨迹这样的抽象视觉效果等。

图 5–32　粒子系统效果

5.5.6　三维注册技术

注册就是将计算机生成的虚拟物体与摄像机获得的真实环境进行拼接的过程。三维注册技术可以分为三类:基于计算机视觉跟踪注册、基于传感器跟踪注册以及混合视觉与传感器的跟踪注册技术。其中基于计算机视觉跟踪注册的方法对硬件设备依赖性和要求较低,具有标识易获取、携带方便的优点,且可通过算法的优化提高虚拟信息映射位置的精度。

基于计算机视觉跟踪注册方法是利用计算机视觉方法建立现实世界与屏幕之间的映射

关系，使虚拟信息如同依附在现实物体上一样展现在屏幕上。加拿大国家研究院开发的软件 ARTag 通过基于边界的算法提取特征，提高了标识的抗干扰性和环境适应性。ARTag 使用了两个极性的方形边框（白色为黑色或黑色为白色）和 6×6 方形网格划分内部。整个标记为 10×10 单位，边界厚度为 2 个单位，内部留下 36 个单元格以携带信息，每个单元只有黑色或白色，并带有一位数字数据。用基于边缘的方法来检测四边形边框，边缘像素被阈值化并链接成段，这些段又被分组为"四边形"，而四边形的四个角用于创建单应映射以对标记内部进行采样。这种跟踪注册方法较其他系统（如 ARToolkit）的灰度区域阈值处理方法上进行了性能改进，可以更好地检测到标记，即便在存在遮挡的情况下仍具有检测标记轮廓的能力。

5.6 安全保障技术

《导则》明确指出 CIM 基础平台建设应与网络安全建设"同步规划、同步建设、同步使用"，按照网络安全等级保护标准要求建立安全保障体系，制定平台安全防护策略，建立包含物理安全、主机安全、网络安全、应用安全、数据安全等的安全管理体系，加强安全认证、安全审计等安全管理措施，以保障平台安全、稳定运行。CIM 基础平台的海量数据通过在线共享、离线拷贝和前置交换的方式上传到 CIM 平台，数据来源于多样化终端、多种异构网络，其信息安全风险有别于传统的网络时代。

5.6.1 保密信息保护与处理技术

CIM 平台的建设解决了城市规划、建设、管理、运行工作的全生命周期管理，解决了以往各级政府、部门、行业独立建设政务服务系统等带来的高维护成本、重复建设等问题，特别是在信息共享程度低等方面导致的"信息孤岛"问题，也体现了智慧规划到智慧城市的高效节能可持续发展的理念，极大地提高了各部门办公效率和服务质量。同时，数据的高度共享特性也决定平台高度集中的信息安全隐患。

保密信息的机密性和完整性的实现是信息安全相关的关键问题。机密性是指信息不会被泄密给非授权的用户、实体或过程。完整性是指保护数据免受未授权的修改。为突破传统信息安全密码技术在海量保密信息安全保护问题的瓶颈，Rivest、Gentry、Jung 等学者就同态加密问题进行了研究，并在 IoT、云计算等领域得到应用。全同态密码技术是在不进行解密的情况下，面对用户的明文检索等处理需求时，服务器可直接对相应的密文数据进行分析和处理操作，并将符合条件的密文数据返还给数据使用者，用户使用对应的解密密钥对收到的密文数据进行解密，即可还原出符合需求条件的明文数据。

全同态密码技术将 CIM 平台海量数据按照安全需求进行细粒度分类，对于公开信息可直接传输存储至平台，对于保密信息通过签名、认证密钥、权限设置等方式进行存储与访问，从而降低了对计算和通信的庞大需求，实现了信息保护。

5.6.2 数据分类分级

随着大数据应用日益广泛，数据资源共享和开放已经成为促进大数据产业发展的关键。

由于部分行业或基础信息数据的敏感性，制定相关数据分类分级标准，有利于稳步推进数据开放和共享，为智慧城市的规划发展应用奠定基础。数据分类是指根据数据的属性或特征，将其按照一定的原则和方法进行区分和归类，并建立起一定的分类体系和排列顺序，以便更好地管理和使用政府数据的过程。数据分级是指按照一定的分级原则对分类后的数据进行定级，从而为数据的开放和共享安全策略制定提供支撑的过程。通过数据分类分级能更好地识别数据敏感性，利用数据特性有针对地进行成本投入，充分适用于不同场景，从而实现数据的精细化管理。

5.6.3　数据脱敏脱密

CIM 平台广泛应用于城市规划、工程建设审批等领域，需要与其他平台或者网站进行数据的对接与共享，如何在海量异构数据的录入、输出、挖掘等操作中保证数据在各个环节的安全，成为数据安全的重要环节。数据脱敏是数据安全技术之一，指对某些敏感信息通过脱敏规则进行数据的变形，防止因生产库中的主要数据、明文显示在测试系统中，导致数据泄露问题，从而实现敏感隐私数据的可靠保护。数据脱敏主要通过数据替换、数据随机化、数据偏移取整、数据掩码屏蔽、数据无效化处理等方式进行数据脱敏，主要脱敏算法有 K–Anonymity、K–Diversity、T–Closeness。其中地理空间数据的脱密主要从地理空间数据内容和空间精度两方面着手，对涉及空间地物数据和属性信息数据直接删除，并对空间数据位置进行位移和精度干扰，使脱密后的数据不易纠正，从而避免数据泄露。

第6章 CIM 数据体系

6.1 数据资源目录

6.1.1 数据资源框架

1. 数据资源概述

CIM 数据至少包括时空基础数据、资源调查数据、规划管控数据、工程建设项目数据、公共专题数据和物联感知数据等门类。针对信息化基础较好的省市，可考虑 CIM 基础平台与其他信息系统对接，从而调用 CIM 基础平台所需数据，避免重复建设，提高资源利用率。

（1）时空基础数据

时空基础数据包括行政区、电子地图、测绘遥感数据及三维模型数据四类数据，是对城市空间的真实现状的数字化描述，与资源调查数据一同组成 CIM 基础平台建设的现状数据基础。除政务地图、建筑三维模型和交通三维模型外，其他数据建设内容需根据所建设的 CIM 基础平台的行政服务层级、地方信息化基础及功能应用需求确定。

（2）资源调查数据

资源调查数据包括国土调查、地质调查、耕地资源、水资源、城市部件等数据，是对非城市空间的自然资源现状的补充描述，与时空基础数据一同组成 CIM 基础平台建设的现状数据基础。各地方开展资源调查数据建设时，可考虑与国土空间基础信息平台、国土空间规划"一张图"实施监督信息系统相关系统建设工作联动，补充 CIM 基础平台在自然资源现状数据的缺失。

（3）规划管控数据

规划管控数据是依据国土空间规划体系及土地利用总体规划、城市总体规划、控制性详细规划、专项规划等原有规划成果进行规划管控的依据，包括开发评价、重要控制线、国土空间规划、专项规划和已有相关规划数据。其中，开发评价、重要控制线、国土空间规划的总体规划和详细规划、自然资源行业专项规划、环保规划是 CIM 基础平台建设中必需的规划管控数据，可考虑与自然资源信息化建设工作进行联动建设。

（4）工程建设项目数据

工程建设项目数据是空间范围内的建设项目全流程数据，覆盖立项用地规划许可阶段、建设工程规划许可阶段、施工许可阶段和竣工验收阶段，应统一存储、管理与应用。工程建设项目数据建设情况应根据地方工程建设项目数据收集及建设情况进行梳理，按照工程建设项目数据目录框架规整入库。

（5）公共专题数据

公共专题数据包括社会数据、法人数据、宏观经济数据、人口数据、兴趣点数据、地名地址数据和社会化大数据。其中，民生兴趣点数据宜涵盖制造企业、批发和零售、交通运输和邮政、住宿和餐饮、信息传输和计算机服务、金融和保险、房地产、商务服务、居民服务、教育科研、卫生社会保障和社会福利、文化体育娱乐、公共管理和社会组织等内容。公共专题数据主要来源于区域经济发展年鉴及互联网大数据。其建设内容应根据地方及主导部门建设要求进行确定。如地方存在已建成的时空云平台，可考虑通过系统对接，调用 CIM 基础平台所需的公共专题数据。

（6）物联感知数据

物联感知数据是指通过采用空、天、地一体化对地观测传感网或依托专业传感器感知实时获取的具有时间标识的实时数据，包括建筑监测数据、市政设施监测数据、气象监测数据、交通监测数据、生态环境监测数据和城市安防数据。通过传网或传感网实时获取感知数据的空间位置、影像、视频等信息。其建设内容应根据地方及主导部门建设要求进行确定。如地方存在已建成的时空云平台，可考虑通过系统对接，调用 CIM 基础平台所需的物联感知数据。

CIM 数据构成见表 6-1。

表 6-1　　　　　　　　　CIM 数 据 构 成

门类	大类	中类	类型	约束
时空基础数据	行政区	国家行政区	矢量	C
		省级行政区	矢量	C
		地级行政区	矢量	C
		县级行政区	矢量	C
		乡级行政区	矢量	C
		其他行政区	矢量	C
	电子地图	政务地图	切片	M
	测绘遥感数据	数字正射影像图	栅格	C
		倾斜影像	栅格	C
		激光点云数据	栅格	C
	三维模型	数字高程模型	栅格	C
		水利三维模型	信息模型	C
		建筑三维模型	信息模型	M
		交通三维模型	信息模型	M
		管线管廊三维模型	信息模型	C
		地下空间三维模型	信息模型	C
		场地三维模型	信息模型	C
		植被三维模型	信息模型	C
		其他三维模型	信息模型	O

续表

门类	大类	中类	类型	约束
资源调查数据	国土调查	国土调查与变化调查	矢量	C
	地质调查	基础地质	矢量	C
		地质环境	矢量	C
		地质灾害	矢量	C
	耕地资源	耕地资源	矢量	C
		永久基本农田	矢量	C
	水资源	水系水文	矢量	C
		水利工程	矢量	C
		防汛抗旱	矢量	C
	城市部件	公共设施类/道路交通类/市容环境类/园林绿化类/房屋土地类/其他设施类	矢量	C
规划管控数据	开发评价	资源环境承载能力评价/国土空间开发适宜性评价	矢量	M
	重要控制线	生态保护红线/永久基本农田/城镇开发边界	矢量	M
	国土空间规划	总体规划	矢量	M
		详细规划	矢量	M
		村庄规划	矢量	C
	专项规划	自然资源行业专项规划	矢量	M
		环保规划	矢量	M
		水利规划	矢量	C
		交通规划	矢量	C
		历史文化名城保护规划	矢量	C
	已有相关规划	原主体功能区规划	矢量	C
		原土地利用总体规划	矢量	C
		原城乡规划	矢量	C
工程建设项目数据	立项用地规划许可	项目选址	矢量	C
		项目红线	矢量	C
		选址与用地预审信息	结构化数据	C
		建设用地规划审批信息	结构化数据	C
		证照信息	结构化数据	C
		批文、证照扫描件	电子文档	C
	建设工程规划许可	设计方案BIM	信息模型	C
		报建与审批信息	结构化数据	C
		证照信息	结构化数据	C
		批文、证照扫描件	电子文档	C
	施工许可	施工图BIM	信息模型	C
		施工审查信息	结构化数据	C
		证照信息	结构化数据	C
		批文、证照扫描件	电子文档	C

续表

门类	大类	中类	类型	约束
工程建设项目数据	竣工验收	竣工验收 BIM	信息模型	C
		竣工验收备案信息	结构化数据	C
		验收资料扫描件	电子文档	C
公共专题数据	社会数据	就业和失业登记、人员和单位社保	结构化数据	C
	法人数据	机关、事业单位、企业、社团	结构化数据	C
	宏观经济数据	国内生产总值、通货膨胀与紧缩、投资、消费、金融、财政	结构化数据	C
	人口数据	人口基本信息/人口统计/人口结构	结构化数据	C
	兴趣点数据	引用 GB/T 35648 地理信息兴趣点分类与编码	矢量	O
	地名地址数据	地名	矢量	C
		地址	矢量	C
	社会化大数据	微信、手机信令、浮动车等位置服务大数据	/	O
		城市运行数据（水、电、气、公交刷卡等运营数据）	/	O
物联感知数据	建筑监测数据	设备运行数据		C
		能耗监测		O
	市政设施数据	城市道路桥梁、轨道交通、供水、排水、燃气、热力、园林绿化环境卫生、道路照明、垃圾处理设施及附属设施		C
	气象监测数据	雨量、气温、气压、湿度等监测	/	O
	交通监测数据	交通技术监控信息		O
		交通技术监控照片或视频		O
		电子监控信息		O
	生态环境监测数据	水、土、气等环境要素监测		O
	城市安防数据	治安视频、三防监测数据、其他		C

注：M 为必选，C 为条件具备时必选，O 为可选。

依托时空基础数据，形成全空间的时空化公共专题数据、物联网实时感知数据等，通过管理系统经数据引擎实现一体化管理。在完成表 6-1 中 CIM 数据的基础上，可根据实际情况，扩展应用建设所需要的其他专题数据（如互联网在线抓取数据等），其范围和数量应根据本地的信息化基础、应用需求和智慧城市顶层设计，逐步丰富。

CIM 数据资源架构的形成可概括为四个步骤：资源汇聚、空间处理、数据引擎和分布式管理系统开发，如图 6-1 所示。

2. 资源汇聚

资源汇聚方式：对于时空基础数据、资源调查数据和规划管控数据，可定期采用离线拷贝或在线共享的方式从自然资源相关部门获取可共享的数据；对于人口、法人、宏观经济等公共专题数据，通常源于部门之间的信息共享；对于智能感知的基础时空数据，依照国家相

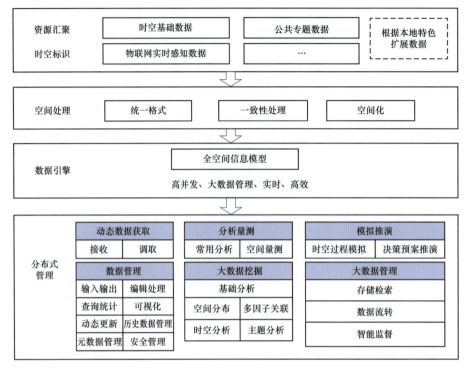

图 6-1　CIM 数据架构

关保密规定，在线或离线共享，行业专题可共享的实时数据，通过有线或无线网络接入；对于互联网在线抓取的数据，面向任务需求实时动态抓取，确有必要时，经时空序化后动态追加至 CIM 基础平台。

数据时空标识：针对数据表现为矢量数据、影像、高程模型、地理实体、地名地址、三维模型、新型测绘产品和感知及抓取数据，对其进行时空标识，即注入时间、空间和属性"三域"标识。时间标识注记该数据的时效性，空间标识注记空间特性，属性标识注记隶属的领域、行业、主题等内容，以便捷后续的平台数据的整理和序化。

矢量数据应按幅增添"三域"标识。影像数据应针对不同类型、不同分辨率增添"三域"标识。该数据采用连续的时间快照模型进行数据重组，将同一分辨率的不同时相影像，构建影像时间序列，形成客观世界的连续快照；对具体一个快照，应采用紧缩金字塔模型进行空间组织。高程模型数据应针对不同格网间距增添"三域"标识。该数据采用连续的时间快照模型进行数据重组，构建时间序列。地理实体数据应面向实体增添"三域"标识。该数据采用面向对象的时空数据模型进行数据重组，将每个地理实体构建具有唯一"三域"标识的时空对象。地名地址数据应逐条增添"三域"标识。该数据采用面向对象的时空数据模型进行数据重组，将每个地名地址条目构建具有唯一"三域"标识的时空对象。三维模型数据应逐层、每一模型增添"三域"标识。该数据采用面向对象的时空数据模型进行数据重组，将每个三维模型构建具有唯一"三域"标识的时空对象。新型测绘产品数据应按类型、批次增添"三域"标识。感知及抓取数据，确有必要追加存储，在注入相对稳定的空间和属性的同时，着重标记时间特性。

6.1.2 数据分级分类

将 CIM 数据从要素、应用行业、数据采集、成果形式、时态、城市建设运营阶段和工程建设专业等角度进行分类，见表 6－2。

表 6－2   CIM 数 据 分 类

序号	分类名称	类目	备注
1	要素	定位基础	参考 GB/T 13923
		水系	
		居民地及设施	
		交通	
		管线管廊	
		境界与政区	
		地形地貌	
		植被与土质	
		其他	
2	应用行业	城乡建设	应用 CIM 的行业
		交通与物流	
		能源	
		水利	
		风景园林	
		自然资源	
		生态环境	
		卫生医疗	
		城市综合管理	
		工业和信息化	
		其他	
3	采集方式	遥感	CIM 数据的采集方式
		航空摄影	
		测绘	
		勘察	
		地图矢量化	
		人工建模	
		其他方式	
4	成果形式	矢量	成果形式
		栅格	
		三维模型	
		建筑信息模型	

序号	分类名称	类目	备注
4	成果形式	电子文档资料	成果形式
		结构化数据	
		其他	
5	时态	规划	三个时态的 CIM
		现状	
		历史	
6	城市建设运营阶段	立项用地规划	六个阶段涉及的 CIM
		建设工程规划	
		施工	
		竣工验收	
		运行维护	
		改造或排除	
7	工程建设专业	勘测专业	可运用 CIM 的专业细分，详见 GB/T 51269 附录 A.0.9
		规划专业	
		设计专业	
		建设专业	
		支撑专业	
		其他专业	

参照 GB/T 35634《公共服务电子地图瓦片数据规范》和 GB/T 51301《建筑信息模型设计交付标准》规定，将电子地图瓦片数据分级从 20 级扩展至 24 级，并采用金字塔式分级管理，以实现 CIM 无缝集成二维地理信息、三维模型和 BIM 等的二三维一体化。CIM 分级见表 6-3。

表 6-3　　　　　　　　　　　CIM 二三维一体的分级规定

级别	分辨率	显示比例尺	数据源比例尺	表达内容
1	78 271.52	1:295 829 355.45	1:500 万	世界平面地图，全球大洲大洋
2	39 135.76	1:147 914 677.73	1:500 万	同上一级
3	19 567.88	1:73 957 338.86	1:500 万	增加重要山脉，水系等
4	9 783.94	1:36 978 669.43	1:100 万	增加国家疆界
5	4 891.97	1:18 489 334.72	1:100 万	增加重要地形等
6	2 445.98	1:9 244 667.36	1:100 万	增加大型山脉，水系等
7	1 222.99	1:4 622 333.68	1:100 万	增加大型山脉，水系等
8	611.50	1:2 311 166.84	1:50 万	增加国家一级行政区，山脉，水系等
9	305.75	1:1 155 583.42	1:50 万	增加国家一级行政区，山脉，水系等
10	152.87	1:577 791.71	1:25 万	增加国家二级行政区，山脉，水系，重要地理要素等

级别	分辨率	显示比例尺	数据源比例尺	表达内容
11	76.44	1:288 895.85	1:25 万	增加重要城市，交通干线
12	38.22	1:144 447.93	1:10 万	增加三级行政区划，一般城市，交通线等
13	19.11	1:72 223.96	1:5 万	增加四级行政区划，总体规划，城市交通线等
14	9.55	1:36 111.98	1:1 万	增加建成区，地名等，Ⅰ级三维模型
15	4.78	1:18 055.99	1:1 万	同上一级，Ⅰ级三维模型
16	2.39	1:9 028.00	1:5000	增加城市水系，建筑，重要设施等，以及专项规划，详细规划等，Ⅲ级三维模型
17	1.19	1:4 514.00	1:5000	同上一级，Ⅱ级三维模型
18	0.60	1:2 257.00	1:2000	增加城市设施（城市部件），地名地址等，Ⅲ级三维模型
19	0.30	1:1 128.50	1:1000	增加工程建设项目规划，建设和竣工等信息，Ⅲ级三维模型
20	0.15	1:564.25	1:500	增加其他城市要素，Ⅳ级三维模型
21	0.075	1:282.125		项目级 BIM 或Ⅳ级三维模型
22	0.045	1:141.0625		功能级 BIM
23	0.015	1:35.2656		功能级 BIM
24	0.003	1:17.6328		功能级 BIM

CIM21 至 24 级的精细度（Level of Development，LOD）与 GB/T 51301《建筑信息模型设计交付标准》中 BIM 精细度一致，可用项目级 BIM、功能级 BIM、构件级 BIM 和零件级 BIM 表达。

CIM14～21 级可侧重三维表达地形、水利、建筑、交通设施、管线管廊、场地、地下空间、植被及其他等要素表面，其精细度应参照 CJ/T 157《城市三维建模技术规范》并符合表 6-4 的规定。

表 6-4　　　　　　　　　　CIM14 至 21 级模型内容及精细度

模型类型	Ⅰ级	Ⅱ级	Ⅲ级	Ⅳ级
地形	DEM	DEM+DOM	高精度 DEM+高精度 DOM	精细模型
水利	符号模型	基础模型	标准模型	精细模型
建筑	符号模型	基础模型（建筑轮廓）	标准模型（建筑室内外框架表达）	精细模型（建筑室内外细节表达）
交通设施	道路中心线	道路面	道路面+附属设施	精细模型
管线管廊	管线中心线	管线体	管线体+附属设施	精细模型
地下空间	分层平面	三维空间	分区分块的标准模型	精细模型
场地	纹理表面	基础模型（立体表面）	分区分块的标准模型	精细模型
植被	通用符号	基础模型	标准模型	精细模型
其他	通用符号	基础模型	标准模型	精细模型

其中，Ⅰ级模型宜对应 CIM14－15 级，应侧重三维符号表达建筑物等体块特征，可采用 GIS 数据生成；Ⅱ级模型宜对应 CIM16－17 级，应表达要素三维框架和表面，重要区域和重要素凹凸结构边长大于 1.0m（含 1.0m）应细化建模，可采用倾斜摄影、卫星遥感等方式采集建模；Ⅲ级模型宜对应 CIM18－19 级，应表达要素三维框架、室内外表面，重要区域和重要素凹凸结构边长大于 0.5m（含 0.5m）应细化建模，可采用激光雷达、倾斜摄影和人工建模等方式组合建模；Ⅳ级模型宜对应 CIM20－21 级，应表达要素三维框架、室内外表面及其细节，要素凹凸结构边长大于 0.2m（含 0.2m）应细化生成精细模型，可采用激光雷达、人工建模和倾斜摄影等方式组合建模。

6.2 数据资源建设

6.2.1 倾斜摄影数据建设及质量要求

倾斜摄影数据是利用倾斜摄影技术所采集到的数据，它是组成城市基础大数据的重要部分。通过倾斜摄影技术，整体采集基础的 3D GIS 地形信息，包括城市地形、路网、建筑物、景观、水域等现状影像数据，能够快速地形成城市现状数据的基础快照。

倾斜摄影技术通过搭载在同一飞行平台的多台相机，同时从多视角（如一个垂直、四个倾斜角度等）采集地物影像，这样获得的数据接近人眼视觉中的真实直观世界。倾斜摄影模型可以获取更加精准的地理信息，给用户带来更加真实的视觉体验。倾斜摄影可一次性获取几十平方千米的城市建筑物及地形模型，传统采用人工方式一两年才能完成的一个中小城市建模工作，通过倾斜摄影建模方式只需三至五个月即可完成，大大降低经济成本和时间代价。因此对于大范围的城区影像数据采集，倾斜摄影有着覆盖面大、效率高等优势。

倾斜摄影采集到的影像数据，在转换为地理信息数据后，可以与业务数据，视频和图片类非结构化数据，地形、白模等空间数据高精度融合，并提供业务层应用展示。在智慧城市领域，将传感器、音/视频采集设备感知到的数据与倾斜摄影形成的数据模型相融合，可以广泛应用于智慧城市、智慧园区、智慧校园、智慧小区。

倾斜摄影数据应符合 GB/T 33453—2016《基础地理信息数据库建设规范》以及 GB 21139—2007《基础地理信息标准数据基本规定》的要求，其格式应符合 T/CAGIS 1—2019《空间三维模型数据格式》的规定。建议的精度要求为影像分辨率优于 5cm。

6.2.2 三维模型数据建设及质量要求

三维模型数据可利用实景三维重建技术获得，可采用车载或机载方式，采集城市街道、房屋建筑等的 3D 信息。实景三维重建技术是依托倾斜摄影测量遥感数据成果，结合摄影测量学、计算机图形学算法，通过自动化处理流程手段，获得三维点云、三维模型、真正射影像（TDOM）、数字表面模型（DSM）等测绘成果的模型构建技术。其建模速度快，位置精度和几何精度高，纹理真实性强，具有非常真实、细致、具体、有冲击力的视觉感受。

传统三维模型建立是采用 CAD 技术、航空摄影测量技术，利用二维信息建立 3D 立方体，其纹理依靠专门的 3D 软件如 3DMAX 等进行人工粘贴，其工作量较大，生产成本也高。

然而在数字孪生时代背景下，需要城市中建筑、景观、设施设备等各种各样的三维模型，传统三维模型的构建方法已经难以满足需求，因此激光点云三维构建技术应运而生。激光点云三维构建技术体现了三维模型自动化构建优势，它是通过三维激光扫描，即通过发射和接收激光束获取被测物表面点的三维坐标值和纹理信息，采集点云数据，再导入专业的工具软件进行逆向建模。这样可以避免了过多的人为干预造成的二次精度损失，从而提升建模速率和精度。

激光点云三维构建技术被称为从单点测量进化到面测量的革命性技术突破。该技术在文物古迹保护、建筑、规划、土木工程、工厂改造、室内设计、建筑监测、交通事故处理、法律证据收集、灾害评估、船舶设计、数字城市、军事分析等领域也有了很多应用。

三维模型数据应符合 GB/T 33453—2016《基础地理信息数据库建设规范》以及 GB 21139—2007《基础地理信息标准数据基本规定》的要求，其格式应符合 T/CAGIS 1—2019《空间三维模型数据格式》的规定。建议的精度要求为平面误差优于 30cm，高程误差优于 15cm。

6.2.3　BIM 数据建设及质量要求

BIM 是建筑设施物理与功能特征的数字化表达，其为建筑全生命周期的各种决策提供可靠的共享信息资源。BIM 内含了多维的数据，包括空间数据、业务数据及实时数据，以用来支持建筑全生命周期多参与方的决策与协同。

对于 BIM 空间数据，具有专业性、唯一性、共享性、相对静态的特点，可按照图纸、测绘信息或相关资料逆向建模获得，也可直接通过 BIM 正向设计创建 BIM 模型获得。除了 BIM 模型外，空间数据还应包括构件、设备等之间的关联关系数据。对于 BIM 业务数据，是生产和管理过程中产生的数据，它与特定行业或特定领域的业务息息相关，并不断增长，需要紧密结合实际情况，梳理各种结构化与非结构化的业务数据。对于 BIM 实时数据，它随时间持续产生，具有动态、实时、海量的特点，可通过对各类 IoT 设备或专项系统等的对接与融合，汇集动态数据。

随着 BIM 技术越来越成熟，BIM 数据的应用也从最初的建筑设计逐步辐射到了建筑全过程，包括勘察规划、建筑设计、施工管理和运维管理等。BIM 的应用领域也从最初的民用建筑扩展到了现在的工厂等工业建筑、高速铁路、高速公路、水利水电等领域，其应用范围也从传统基建扩展到了新基建领域。

BIM 与 GIS 数据的集成与可视化对实际应用具有很大意义。两者的融合能够支撑智慧城市建设及城市精细化治理，例如，3D 地籍、室内/室外导航、设施管理、选址和布局规划、区域环境分析等。不过值得关注的是，当前大规模 BIM 和 GIS 数据的集成与融合技术仍然是一项巨大的挑战。

BIM 数据在 CIM 数据中扮演着重要角色。在充分挖掘了 BIM 数据信息中的潜在价值后，CIM 数据就能够在城市信息化、数字化及智慧化的发展进程中发挥出最大价值，成为助力智慧城市建设的重要力量。

为了规范所收集的 BIM 数据，可采用项目级的 BIM 建模实施标准。同时必须符合 GB/T 51212—2016《建筑信息模型应用统一标准》、GB/T 51269—2017《建筑信息模型分类和编码标准》、GB/T 51362—2019《制造工业工程设计信息模型应用标准》等相关国家标准的规定。BIM 数据需要满足 CIM 基础平台的三维解析以及展示等要求，建议不低于 LOD300 的精度要求。

6.3　数据资源存储

为了满足建筑数据库复杂、易变的数据结构存储要求，CIM 平台需要通过使用 CIM 数据库的数据存储结构解决不同种类 CIM 数据，如 BIM 模型、GIS 数据、结构化数据、非结构化数据和关联数据的存储和管理问题，能够较方便地实现个性化定制的需求。

6.3.1　元数据存储

CIM 数据的元数据由多个元数据子集构成，元数据子集由相关的元数据实体和元数据元素组成。CIM 数据定义了 7 个元数据子集：核心元数据信息、标识信息、数据质量信息、空间参照系统信息、内容信息、分发信息以及负责单位联系信息。元数据子集及其简要说明详见表 6-5，元数据子集实体、元素及其简要说明详见表 6-6。

表 6-5　　　　　　　　　　元数据子集及其简要说明

名称	简要说明
核心元数据信息	关于元数据的信息
标识信息	唯一标识数据集的信息
数据质量信息	数据集质量的总体评价
空间参照系统信息	数据集使用的空间参照系统的说明
内容信息	数据集内容的描述
分发信息	关于数据集的分发者及数据获取方式的信息
负责单位联系信息	负责单位及其联系的地址、电话、电子信箱地址、网址等信息

表 6-6　　　　　　　　CIM 元数据子集实体、元素及其简要说明

子集	实体	元素	简要说明
核心元数据信息		日期	元数据发布或最近更新的日期
	联系	（见负责单位联系信息）	元数据负责单位的联系信息
标识信息	数据集引用	名称	数据集的名称
		日期	数据集的发布或最近更新日期
		版本	数据集的版本
		语种	数据集使用的语种
		摘要	数据集内容的概要说明
		现状	数据集的现状
	地理范围	西边经度	数据集覆盖范围最西边的经度坐标
		东边经度	数据集覆盖范围最东边的经度坐标
		南边纬度	数据集覆盖范围最南边的纬度坐标
		北边纬度	数据集覆盖范围最北边的纬度坐标

续表

子集	实体	元素	简要说明
标识信息	地理描述	地理标识符	说明数据集空间范围约定俗成的或众所周知的地点或区域名
	时间范围	起始时间	数据集原始数据生成或采集的起始时间
		终止时间	数据集原始数据生成或采集的终止时间
	垂向范围	最小垂向坐标值	数据集中最小高程或深度
		最大垂向坐标值	数据集中最大高程或深度
		计量单位	高程或深度值的计量单位
		表示方式	表示信息的方法
		空间分辨率	数据集空间数据密度的参数
		类别	数据集专业或专题内容的类别代码
		影像轨道标识	影像覆盖的列和行标识
	数据集联系信息	（见负责单位联系信息）	与数据集有关的单位联系信息
	静态浏览图	文件名称	静态浏览图的文件名
	数据集限制	使用限制代码	使用数据集时涉及隐私权、知识产权的保护、或任何特定的约束、限制或注意事项
	数据集格式	安全等级代码	数据格式的版本号
数据质量信息		概述	数据集质量的定性和定量的概括说明
		数据志	从数据源到数据集现状的演变过程的说明
空间参照系统信息	SI 基于地理标识的空间参照	名称	基于地理标识的空间参照系统名称
	SI 基于坐标的空间参照	大地坐标参照系统名称	大地坐标参照系统名称
		坐标系统类型	坐标系统类型名称
		坐标系统名称	坐标系统名称
		投影参数	投影坐标系统的参数说明
内容信息		图层名称	矢量数据集所包含的图层名称
		要素（实体）类型名称	具有同类属性的要素（实体）类名称
		属性列表	描述要素（实体）类主要属性内容的文字表述
		栅格/影像内容描述	栅格或影像数据集的内容（属性）描述
分发信息	数字传输选项	在线连接	网络的地址
	分发者	（见负责单位联系信息）	可以获取数据的单位联系信息
负责单位联系信息（可重复使用）		名称	负责单位的名称
		联系人	联系人的姓名
		职责	负责单位的职责
		电话	负责单位或联系人的电话号码
		传真	负责单位或联系人的传真号码
		通信地址	负责单位或联系人的通信地址
		邮政编码	邮政编码
		电子信箱地址	负责单位或联系人的电子信箱地址
		网址	网络的地址

6.3.2 数据存储结构要求

CIM 数据的存储应按适宜的、标准化的数据格式组织入库，流程包括数据预处理、数据检查、数据入库和入库后处理。其中数据检查包括几何精度和拓扑检查、属性数据完整性和正确性检查、图形和属性数据一致性检查、完整性检查等内容。

入库方式包含多种，如人工输入、批量或自动导入等。但不论采用何种入库方式，均需要记录数据入库日志。矢量和栅格数据可采用分区、分层或分幅的方式入库，三维模型可采用分区或分块的方式入库，BIM 数据可采用分专业或分块的方式入库。

对于二三维空间数据，需要采用开放式、标准化的数据格式组织入库，三维模型应建立多层次 LOD 表达；BIM 数据建议建立模型构件库，保留构件参数化与结构信息，并采用数据库方式存储。同时收集并整理相应成果数据与元数据等，对入库前的成果数据进行坐标转换、数据格式转换或属性项对接转换等预处理工作。

6.3.3 数据存储建库要求

CIM 数据库必须为自主研发的多模数据库，支持灵活的数据结构存储方式，并可以混合使用。CIM 数据库与传统的关系型数据库相比，对三维几何数据的处理速度需要更快；与文档型数据库比较，所占用的存储空间需要更少。

数据入库后，应根据数据库设计的要求进行入库后处理，内容可包括逻辑接边、物理接边、拓扑检查与处理、唯一码赋值、数据索引创建、影像金字塔构建、切片与服务发布等。

6.4 数据共享交换

6.4.1 数据共享交换原则

需要通过数据接口服务（主要负责对外提供各类结构化、非结构化数据存取的通用接口）和组件服务（主要对外提供 BIM 三维和 GIS 三维浏览组件），外部业务应用能够方便地调取平台的构筑物数据、关联数据和 GIS 数据等，并进行浏览查看。

同时 CIM 数据库也必须具备对接第三方应用数据的能力（例如，综治云平台、桥梁健康监测系统等），通过对方系统的数据接口、地理信息瓦片服务、数据库视图和原始数据文件等方式，将城市感知和业务相关数据接入到平台。

多级安全的 CIM 数据库进行共享交换需要具备完整性、保密性和可用性这三大要素。

1. 保证数据完整性

需要能够检测到系统管理数据、鉴别信息和重要业务数据在传输过程中完整性受到破坏，并在检测到完整性错误时采取必要的恢复措施；为了保障系统数据完整性要求，对数据库采用多种方法来保证数据的完整性，包括外键、约束、规则和触发器。并针对不同的具体情况来用不同的方法进行，相互交叉使用，相补缺点。

2. 保证数据保密性

采用加密或其他有效措施实现系统管理数据、鉴别信息和重要业务数据传输保密性；采用加密或其他保护措施实现系统管理数据、鉴别信息和重要业务数据存储保密性。为了保障系统数据保密性需求，保障数据库特定表中信息敏感字段的安全，系统采用对该字段进行加密的方式进行存储。

3. 保证数据可用性（备份和恢复）

提供本地数据备份与恢复功能，完全数据备份至少每天一次，备份介质场外存放；提供异地数据备份功能，利用通信网络将关键数据定时批量传送至备用场地；采用冗余技术设计网络拓扑结构，避免关键节点存在单点故障；提供主要网络设备、通信线路和数据处理系统的硬件冗余，保证系统的高可用性。

6.4.2 数据共享交换方式

CIM 数据的共享交换方式包含三种，即在线共享、前置交换和离线拷贝。在线共享是通过浏览、查询、下载、订阅、在线服务调用等方式进行 CIM 数据共享，前置交换是通过前置机以交换 CIM 数据，离线拷贝是通过移动介质拷贝实现数据共享。

CIM 数据共享与交换应可通过 CIM 基础平台直接转换，或采用标准的或公开的数据格式进行格式转换。

数据共享与交换方式（交换内容、要求及交换频次信息）见表 6−7。

表 6−7 **数据共享与交换内容**

序号	一级名称	二级名称	共享与交换方式	共享与交换频次
1	时空基础数据	行政区	在线共享或前置交换或离线拷贝	实时共享、按需交换
		电子地图	在线共享或前置交换或离线拷贝	实时共享
		测绘遥感数据	在线共享或前置交换或离线拷贝	实时共享、按需交换
		三维模型	在线共享或前置交换或离线拷贝	实时共享、按需交换
2	资源调查数据	国土调查、地质调查、耕地资源、水资源、城市部件	在线共享	按需共享
3	规划管控数据	开发评价、重要控制线、国土空间规划、专项规划、已有相关规划	在线共享或离线拷贝	实时共享、按需交换
4	工程建设项目数据	立项用地规划、建设工程规划、施工、竣工验收、运行维护、改造或拆除	在线共享或前置交换	实时共享、按需交换
		设计方案 BIM、施工图 BIM、竣工验收 BIM	在线共享或前置交换	实时共享、按需交换
5	公共专题数据	社会、宏观经济、法人、人口、兴趣点、地名地址、社会化大数据	在线共享或前置交换	实时共享、按需交换
6	物联感知数据	建筑、市政设施、气象、交通、生态环境、城市安防	在线共享或前置交换	实时共享、按需交换

遵循统一的数据互操作规范，通过服务为主的方式提供 CIM 数据读取和共享操作等功能。CIM 数据共享服务应将 CIM 数据的描述、空间数据的图形及属性信息提供给访问者。

CIM 数据及服务类型见表 6−8。

表 6−8   **CIM 数据及服务类型**

一级名称	二级名称	数据类型	宜采用的数据格式或服务类型
时空基础数据	行政区	矢量数据	WMS、WMTS、WFS
	电子地图	切片数据	WMS、WMTS
	数字正射影像图	影像数据	WMS、WMTS、WCS
	倾斜摄影和激光点云	影像数据	WMS、WMTS、WSC 或 I3S、3DTiles、S3M
	数字高程模型	数字高程模型	WMS、WMTS、WSC 或 I3S、3DTiles、S3M
	水利三维模型、建筑三维模型、交通三维模型、管线管廊三维模型、场地三维模型、地下空间三维模型、植被三维模型	信息模型	I3S、3DTiles、S3M
资源调查数据	地质调查、国土调查、耕地资源、水资源、城市部件	矢量数据	WMS、WMTS、WFS
规划管控数据	开发评价、重要控制线、国土空间规划、专项规划、已有相关规划	矢量数据	WMS、WMTS、WFS
工程建设项目数据	立项用地规划、建设工程规划、施工、竣工验收、运行维护、改造或拆除	矢量数据	WMS、WMTS、WFS
	设计方案 BIM、施工图 BIM、竣工验收 BIM	信息模型	I3S、3DTiles、S3M
公共专题数据	社会数据、宏观经济数据	关联行政区的结构化数据	WMS、WMTS、WFS
	法人数据、人口数据	关联位置或行政区的结构化数据	WMS、WMTS、WFS
	兴趣点数据	矢量数据	WMS、WMTS、WFS
	地址数据	关联到坐标的地名地址	WFS−G
	社会化大数据	关联到坐标	WMS、WMTS、WFS
物联感知数据	建筑	信息模型	I3S、3DTiles、S3M
	气象、市政设施、交通、生态环境、城市安防数据	关联坐标或设施的结构化数据	WMS、WMTS、WFS

6.5 数据更新机制

    CIM 数据库更新方式包含要素更新、专题更新、局部更新和整体更新等，更新数据的坐标系统和高程基准应与原有数据的坐标系统和高程基准相同，精度不能低于原有数据精度。数据更新时，数据组织应符合原有数据分类编码和数据结构要求，保证新旧数据之间的正确接边和要素之间的拓扑关系。值得注意的是，几何数据和属性数据应同步更新，并保持相互之间的关联，且需要同步更新数据库索引及元数据。

    根据 CIM 数据的类型归纳总结，本小节详细列出 BIM 数据、GIS 数据和城市业务数据三种数据的更新机制。

1. BIM 数据更新机制

针对已入库的 BIM 数据，新的模型可以通过升版来进行 BIM 数据的更新。后期若能对接 BIM 报建与验收系统，也可直接将验收的 BIM 模型导入到大数据平台。

2. GIS 数据更新机制

GIS 会根据收集到的数据（倾斜摄影模型、矢量地图、卫星影像图等）通过升版进行更新，如果对接的数据是从第三方云平台上提供的，则可以做到实时更新。

3. 城市业务数据更新机制

城市业务数据种类繁多，更新机制归纳有下面两种。第一种是由平台本身提供数据接口，第三方业务系统根据业务定时进行更新。另外一种是平台会定时抽取第三方业务部门的数据（通过视图、数据接口等），以此来保证数据的时效性。

6.6　平台性能要求

CIM 基础平台性能要求应符合 CH/T 9015《三维地理信息模型数据产品规范》、CJJ/T 296《工程建设项目业务协同平台技术标准》等标准以及相关国家政策的规定。

6.6.1　平台响应性能要求

CIM 基础平台宜参照《导则》等技术标准的相关规定，确保服务资源和统计分析的快速访问。数据服务响应时间应符合如下要求：二维瓦片服务加载及响应时间不超过 2s；二维动态矢量服务初始加载时间不应超过 10s，后续响应时间不应超过 3s；基于二维动态矢量服务动态生成三维要素初始加载时间不应超过 10s，后续响应时间不应超过 5s；三维瓦片服务初始加载时间不应超过 5s，高精度显示等待时间不应超过 5s。

针对查询统计服务响应时间，应符合如下要求：简单统计分析查询响应时间不超过 5s；千万级数据量下单项统计的响应时间不超过 10s；大数据统计分析报表的响应时间不超过 50s。

6.6.2　平台用户并发要求

CIM 基础平台宜参照《导则》等标准的相关规定，并发用户数应符合如下要求：当常住人口小于 300 万，允许每分钟最小并发用户数不宜低于 1000 个；当 300 万小于或等于常住人口小于 500 万，允许每分钟最小并发用户数不宜低于 3000 个；当 500 万小于或等于常住人口小于 1000 万，允许每分钟最小并发用户数不宜低于 5000 个；当常住人口大于或等于 1000 万，允许每分钟最小并发用户数不宜低于 10 000 个。

6.6.3　平台渲染性能要求

在平台模型渲染层，相关要求如下：

1）应支持基于物理特性的 PBR 材质，应支持高动态范围光照模型（HDR），以及超远视距的阴影效果，在全视距下增强场景层次感。

2）同时应使用基于延迟渲染的各种后处理技术来增加场景真实度，如泛光、环境遮蔽。

3）在采用大量后处理效果后，应较好地处理模型边缘锯齿问题，使得场景中的各种亚像素的模型细节充分展示。宜采用先进的多帧时域信号滤波的 TAA 抗锯齿技术，以较低的渲染代价获得极高的抗锯齿效果。

4）在所有效果均开启的情况下，平台应具备良好的性能优化策略，保证模型浏览流畅。

5）平台应具备天气模拟、粒子效果、骨骼动画，用以模拟火灾现场、人员疏散等特定场景。

6）模型应做好轻量化处理，保证运行流畅，同时还应能支持较低配置显示硬件下的渲染，降低特定硬件依赖。

7）模型渲染应具备动态场景调度策略。在前端渲染模型数据时，模型引擎会根据当前相机的方位以及视场角信息来实时获取服务端的资源数据。对模型空间块层级树，采用自上向下的降解策略。

8）平台宜采用遮挡剔除加速技术。对于相机主视口的空间块集合，平台采用硬件遮挡查询技术（HOQ）来精确衡量每个空间块渲染到屏幕上后是否绘制了有效像素。若有绘制，则空间块节点进行正常的调度渲染；若没有，则禁止其向下降解，从而被遮挡住的区域仅用低精度模型来渲染。

9）平台宜采用基于物理光照模型，基于微平面理论，通过模型基色、金属性、表面粗糙度等简单的材质参数，真实地表现出模型在不同光照下的渲染效果，更加贴近于物理真实效果。

10）平台宜使用现有的底层技术支撑，以实现跨平台高效渲染构架，包括：① CMake 编译系统；② OpenGL；③ WebAssembly；④ Boost。

6.6.4　平台数据访问要求

CIM 基础平台应符合 GB/T 35634《公共服务电子地图瓦片数据规范》、GB/T 51301《建筑信息模型设计交付标准》、CJJ/T 157《城市三维建模技术规范》、T/CSPSTC 21《建筑信息模型（BIM）与物联网（IOT）技术应用规程》等相关数据建设规范，支持大范围空间数据资源的性能访问要求，相关要求如下：平台应满足城市级精细化三维浏览，支持 100km² 及以上的 CIM 数据存储、索引、计算能力；应满足亿级 BIM 构件的加载和管理；应满足 PB 级数据容量的物联网数据的点位流数据接入、存储和分析计算服务；平台应满足 100GB 以上的 BIM 模型、300GB 以上的倾斜摄影数据、40km×40km 以上地形数据在同一三维场景中的加载；支持承载构件数 1000 万个以上、三角面片数 60 亿个以上；在使用非图形工作站的有独立显卡的个人电脑上运行顺畅，平均帧率不低于 40f/s。

6.6.5　平台数据集成要求

平台应具备基于多源异构的城市信息模型 CIM 的数据集成能力，包括：对多种建模软件的 BIM 数据集成能力，采用通用的数据组织结构，对不同数据来源的模型进行几何和非几何元素的提取、转换、存储和调度；对不同数据来源的 GIS 数据进行统一的解析、转换、存储和调度；对不同格式的倾斜摄影数据和点云数据进行统一的解析、转换、存储和调度；支持主流地理坐标系和投影坐标，也支持用户自定义类型的坐标系，以及不同坐标系之间的转换和精准位置匹配；支持多源异构数据的精准融合和同步高效渲染；可扩展以支持新的要素类型（如几何类型）和第三方平台的数据；可以同时适配本地客户端和网页浏览器应用；宜使用基于浏览器的多线程数据请求。在浏览器的虚拟环境下进行多线程并行资源请求，对接受的压缩资源数据进行解码，可降低网络带宽消耗，充分利用多核 CPU 的性能加速资源加载。

6.7　软硬件与网络环境要求

6.7.1　软件环境要求

根据导则要求，CIM 基础平台应进行统筹规划和统一设计，并充分共享已建政务基础设施资源，具备满足系统运行的软硬件环境，包括城市基础设施、地下空间、道路交通、生态环境、能源系统等。首先，实现 CIM 平台的跨系统应用集成、跨部门信息共享，支撑数字孪生城市的决策分析。其次，CIM 平台应选用成熟稳定、技术领先的基础软件，包含数据库软件、中间件和操作系统等，其选型应考虑满足当前和远期业务及数据扩充的需求，用于三维数据可视化基础图形软件应全国产化、自主可控。最后，CIM 平台软件系统运行稳定性应优于 99.9%。

6.7.2　硬件环境要求

平台应配备稳定可靠的信息机房、网络设备、安全设备、存储设备、服务器设备和终端设备，各硬件指标的确定应考虑满足当前和远期业务及数据扩充的需求。其硬件设备应支持平台实现 7×24h 的连续运行，平均故障间隔时间（MTBF）大于或等于 10 000h，平均故障修复时间（MTTR）小于或等于 1h。硬件系统稳定性优于 99.9%。

6.7.3　网络环境要求

CIM 基础平台需通过网络对外提供各项服务应用，内外部网络环境直接影响到平台的服务质量。网络环境建设应满足平台部署运行、数据协同共享、数据安全可靠等需求，形成纵向互通、横向互联的网络体系。要求包括：平台纵向网络应与省、县（区）网络环境互通，不宜低于百兆光纤网，应能支撑 CIM 资源的管理和数据汇交；平台横向网络应与本级电子政务网互联互通，宜为千兆光纤网，应能支撑本级数据交换与共享。

第7章 CIM 基础平台

CIM 基础平台作为 CIM 概念指引下的具体建设实践，是集成多源数据、融合多种关键技术的信息化载体。其建设环节离不开对 CIM 基础平台建设技术路线的制定、平台架构的搭建、系统平台关系框架的设计和功能应用模块的建设四大方面。为方便各级政府单位、企业组织、科研机构进一步了解 CIM 基础平台的相关工作，进一步推进 CIM 基础平台在全国范围内的建设与推广，本章将结合导则要求，从技术路线、平台架构、系统平台关系及功能应用模块四个方面进行普适性阐述。各地政府及相关企业可根据地方发展基础及工作重点难点，适度调整建设内容，以推进地方性 CIM 基础平台的建设。

7.1 技术路线

技术路线是开展 CIM 基础平台建设的重要索引，其主要是指研究实现 CIM 基础平台建设所需采用的技术手段、具体步骤及解决关键性问题的方法，并制定合理可落实的实施路径。在项目建设前期阶段，通过梳理地方信息化基础及业务重点需求，制定有效的 CIM 基础平台技术路线，确定 CIM 基础平台的建设步骤及工作内容，研究探索建设过程中的建设重点和难点，并提出解决对策和方案，从而保障 CIM 基础平台建设稳步推进。同时，以技术路线为指导，保证 CIM 基础平台建设方向不偏不倚。

由于我国省市之间发展状况、目标政策及工作重点存在差异，各地方开展 CIM 基础平台建设的目的、任务、信息化条件、工作周期、服务公司也不尽相同，因此，难以提出一个统一的技术路线指导大范围、广覆盖的 CIM 基础平台建设。

本节通过梳理 CIM 基础平台建设相关实践案例及结合项目工作经验，提出以技术工作为主的内部循环流程和以管理工作为辅的外部 PDCA（P—plan，规划；D—do：实施；C—check，检查；A—act，改进）的 CIM 基础平台技术路线示意图（见图 7-1）。内部循环路线保证 CIM 基础平台的产出，外部循环路线保障 CIM 基础平台的产出质量。其中，内部循环可分为四个环节：一是需求调研和产品设计，需求调研在前，产品设计在后；二是数据融合、数据库建设、高效三维引擎开发及功能应用开发等，各方面工作可同步进行；三是系统对接和平台测试部署；四是应用建设与平台推广，即对本市级（县级）范围内的各部门进行 CIM 基础平台推广应用，鼓励各行业部门基于 CIM 基础平台开发或定制满足其部门业务需求的 CIM+应用体系。

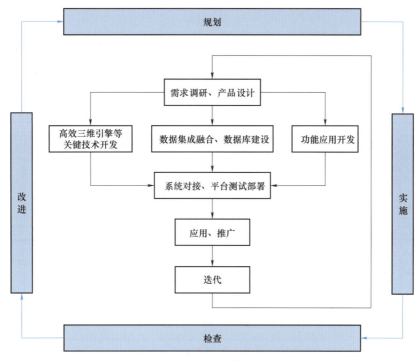

图 7-1　CIM 基础平台技术路线示意图

7.1.1　需求调研

需求调研，是为达到或满足客户需求所进行的调查研究工作。需求调研貌似老生常谈，在城市治理能力现代化、精细化的大环境大政策背景下，CIM 基础平台作为新型城市的必备基础设施，各省、各市均要建设。既然一定要建设，又何必做枯燥的需求调研工作呢？CIM 基础平台作为电子政务产品中的一员，这里强调需求调研的重要性，是因为目前的电子政务产品主要存在系统缺统一规划、地域发展不平衡、服务标准不一致等特征，容易造成投资浪费、行政效率低、产品设计风格陈旧、信息孤岛严重等问题。因此为了避免出现上述的问题，在投入建设 CIM 基础平台之前，进行必要的需求调研就很有必要，为建设 CIM 基础平台的需求调研技术路线（见图 7-2）。

需求调研、分析的主要工作包括需求开发和需求管理。需求开发的内容包括城市治理需求、业务需求、环境需求和平台需求。加强需求管理，选用高效能的分析方法与工具，对 CIM 基础平台开发过程的影响是深远的，可以使 CIM 基础平台更加正确地反映现实需求，更加具有可用性、可扩展性和可维护性，从而降低了 CIM 基础平台项目的风险，提高城市治理的工作质量和效率。下面进行详细的介绍。

1. 城市治理需求

城市治理从广义的角度上是一种城市地域空间治理的概念，为了谋求城市经济、社会、生态等方面的可持续发展，对城市中的资本、土地、劳动力、技术、信息、知识等生产要素进行整合，实现整体地域的协调发展。狭义的城市治理是指城市范围内政府部门、私营部门、非盈利机构作为三种主要的组织形态组成相互依赖的多主体治理网络，在平等的基础上按照

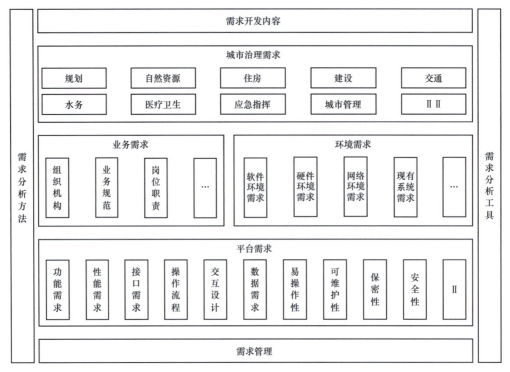

图 7－2　CIM 基础平台的需求调研技术路线示意图

参与、沟通、协商、合作的治理机制，在解决城市公共问题、提供城市公共服务、增进城市公共利益的过程中相互合作的利益整合过程。搭建 CIM 基础平台 1.0 版本，经常是时间紧、任务重、责任大，因此主要是围绕城市范围内一个或多个政府部门的城市治理需求来搭建平台，并在其基础上进行不断的迭代以满足其他政府部门、私营部门、非营利机构等的城市治理需求。政府部门主要包括规划、自然资源、住房、建设、交通、水务、医疗卫生、应急指挥、城市管理等部门，因此 CIM 基础平台 1.0 需要调研上述政府部门的城市治理需求。

2. 业务需求

业务需求包括组织架构、业务规范和岗位职责等方面的需求。梳理这方面的需求最重要的原因是梳理出将来 CIM 基础平台建成后给哪些人使用，每个人需要处理哪些业务，处理某一具体业务时采用什么样的工作流程，以及在工作流程中应遵守的岗位职责等，对于进一步细化城市治理需求到后续 CIM 基础平台上进行实际操作具有很大的意义。

3. 平台需求

平台需求包括功能需求、性能需求、接口需求、界面交互、数据需求、保密性需求和安全性需求等。

功能需求：即在环境需求的基础上，为满足上述城市治理需求和业务需求，CIM 基础平台应具备的功能。如《导则》对平台功能进行了描述和规定，是必备的基本功能。各省市应根据本省、本市的城市治理需求进行功能需求的拓展和深化。

性能需求：CIM 基础平台属于智慧城市的底层平台，为确保平台建设的实用性和可操作性，需要对 CIM 基础平台的性能进行规定。理论上 CIM 基础平台具备大规模存储、高效调用、高逼真渲染、多模式交互、高精度分析、并行计算、多源异构空间数据融合、城市级海量智能感知数据实时接入、流数据处理和统计分析、多用户实时在线协同、运行稳定等能力。《导则》在 "7 平台性能要求" 对 CIM 基础平台的性能做出了规定，各省、各市可依据实际需要扩展 CIM 基础平台性能要求。

接口需求：规定一个系统或系统组成部分与之接口的硬件、软件或数据元素的需求，或由这样一个接口而引起的对格式、时间关系或其他因素提出的约束条件。系统接口主要获取关联系统的业务数据，并按需为这些关联系统提供数据服务接口和二次开发接口。如果不及时协调到位，可能妨碍项目系统平台功能研发的进度，进而影响整个项目的工期。接口是双方（可能是系统、模块、服务等）之间数据交互的一个标准，定制接口方要想让对方没有疑问，接口考虑到的因素一定要全面，一般情况下，主要考虑表 7-1 中三个步骤。

表 7-1　　　　　　　　　　　接 口 定 义 步 骤

步骤	步骤名称	描述	
1	交互机制设计	时机	何时发起？联机接口或批处理接口
		发起	谁发起？需要回调吗？
		返回	同步或异步
		错误应对	重试或对账或反交易
2	接口技术选择	技术	报文或 Remoting 或 JSON 等
		报文	二进制或文本或 XML
		安全性	访问控制、认证、安全审计、加密等
3	接口定义格式	编程通信	函数名、参数、参数类型、返回值
		通信协议	交易码、报文域、域类型、应答报文

界面交互：CIM 基础平台作为城市各类实体孪生的操作性平台，用户群体来源广泛，包括来自政府部门、企事业单位和社会公众的用户，用户的年龄层次也较为宽泛（如刚刚参加城市治理工作的大学生，身在城市治理一线业务骨干，高屋建瓴的领导等），更由于城市治理分散在各行各业，应用场景各有所不同，流程的复杂性不一，所需的时间长短不一，覆盖的范围可大可小。而 CIM 本身就融合 GIS、BIM、IoT、大数据、人工智能等技术，有地图的，有实景三维模型，也有 AR、VR，因此需要继承和发展制定相应的 UI 规范和交互规范。

数据需求：CIM 基础平台既要成为城市的新型基础设施，需要全面地融入城市建设运营管理业务的各个方面之中，因此需要集成甚至积累大量的结构化数据、非结构化数据、地理信息数据、建筑信息模型（BIM）和海量物联感知实时数据等数据，并实现上述数据的有机整合、集中管理、统一服务。数据需求不仅要明确完成上述城市治理需求所需的数据资源，还要明确数据的存储、管理和使用等方面的需求。《导则》在附录中明确了各省级、市级可根据实际情况选择搭建和应用 CIM 基础平台的数据资源，以及数据存储与更新、数据共享与服务等方面规定。除此之外，数据存储上还需考虑数据的兼容性、安全性、并发性和扩展性等方面的需求。数据管理上还需考虑数据库更新、数据库灾备和数据库维护等方面的需求。数据使用上还需考虑数据服务发布等的需求。

保密性需求：CIM 基础平台项目的建设，会涉及一些涉密数据，需要在设计与开发过程中充分考虑系统及数据的保密性需求。同时，要求系统的运行及数据处理应用符合国家及省级测绘主管部门的相关保密规定。

安全性需求：由于 CIM 及其平台的重要性，因此 CIM 基础平台的安全性需求尤为重要，要确定信息系统安全等级，在项目实施完成后由第三方安全测评机构进行独立测评。

7.1.2 数据集成融合

城市信息模型如图 7-3 所示。

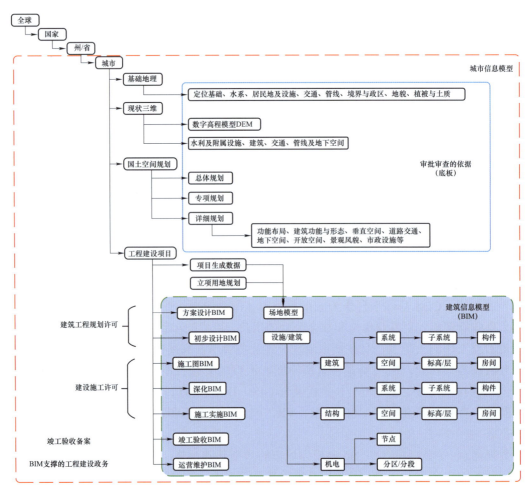

图 7-3 城市信息模型（CIM）组成

数据集成，即是将不同数据源、不同数据模式的数据进行处理，从而提供统一查询服务的过程。数据融合，即是对不同来源的、描述同一对象的数据进行结合的过程。图 7-4 为 CIM 基础平台数据融合参考技术路线示意图。

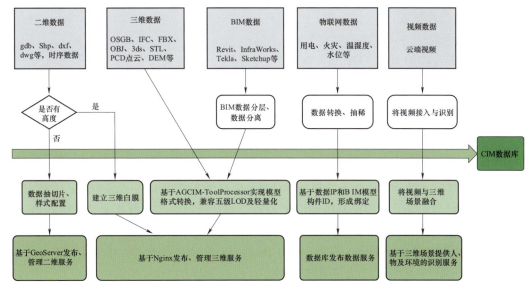

图 7-4 CIM 基础平台数据集成融合技术路线示意图

BIM 与 GIS 融合主要包括 BIM 与 GIS 数据的集成和管理。

1. BIM+GIS 多源数据的集成和管理

提供 GIS 中通用格式的矢量、影像、倾斜和三维场景数据的存储和管理，通过空间位置将 BIM 微观建筑数据与 GIS 宏观大场景数据无缝集成。

2. 轻量三维 Web 浏览交互

基于 WebGL 实现了轻量 BIM+GIS 三维浏览交互功能，以三维地球的形式提供丰富的数据浏览和交互操作功能，包括底图设置、测量、查询、漫游动画、模型编辑、挖洞分析、BIM 构件定位等。

7.1.3 数据库建设

1. CIM 数据库设计原则

结合 CIM 数据库设计的目的与 CIM 项目数据的特点，CIM 数据库数据来源于业务系统的明细数据，数据格式复杂、数据量巨大，CIM 数据库数据关注的是数据源的接口、数据量大小、抽取方式、抽取性能等方面，为了更好地降低数据转换的复杂性，CIM 数据库设计秉承以下原则：

1）数据结构与源系统数据结构保持一致。

2）数据结构与源系统数据逻辑关系保持一致。

3）CIM 数据库为数据中台原始数据的全量保留层。

鉴于 CIM 数据库数据量比较庞大，数据存储的周期建议如下：

1）大量明细数据量比较大，缓存小于 6 月。

2）子系统管理数据，数量小，各系统的数据统计、产生、上报周期不相同，根据数据特点和应用需要，缓存 1 年。

2. CIM 数据库特性

（1）安全可靠

与数据库安全防护服务（DBSS）深度整合；基于网络隔离及安全组规则，保护系统和用户隐私及数据安全；通过高可用设计和数据透明加密，保证数据和系统的高可靠性。

（2）简单易用

统一管理控制台，轻松执行数据仓库管理任务，让用户专注于数据和业务。独有的 Oracle、PostgreSQL、Teradata 兼容模式和一键式异构数据库迁移工具。

（3）快速高效

支持数据实时入库，T+0 业务敏捷分析决策，万亿数据关联分析秒级响应；性能相比开源和传统的数据仓库提升数倍；具备 OLAP 分析，统计分析，自助分析等企业级能力。

（4）入库方式多样

支持从 OBS、MRS 批量导入数据；结合 DIS，CS 或 DLI 让流式数据方便快捷导入；支持第三方 ETL 进行数据迁移；支持通过 JDBC 的 Copy 接口实时写入数据。

可运行标准 SQL：使用 JDBC 和 SDK 等接口运行标准 ANSI SQL 2003，无需关心具体 SQL 引擎的部署和运维，就能基于海量数据进行分析。

Serverless Spark：基于 Apache Spark 生态，提供 Spark Streaming、Spark Batch 等 Spark 全栈能力，能够基于 Spark API 轻松完成 TB～EB 级数据处理分析。

企业级多租户：支持计算资源按租户隔离，保障作业 SLA；支持数据权限控制到表/列，帮助企业实现部门间数据共享和权限管理。

3. 异构数据源联邦分析

支持多种数据格式（CSV、JSON、Parquet、ORC、CarbonData 等），云上多种数据源（OBS、DWS、CloudTable、RDS 等），数据无须搬迁，即可实现对云上多个数据源进行联邦分析，帮助企业快速完成业务创新和数据价值探索。

7.1.4 推广应用

1. 授权直接使用模式

该模式可直接通过政务外网利用浏览器登录市 CIM 基础平台，授权使用市 CIM 基础平台的数据加载、查询统计等直接应用功能开展相关业务工作，如图 7-5 所示。市委、市政府等部门可采用该模式。

2. 数据服务共享模式

对于已建成具备三维数据应用能力业务系统，仅需从市 CIM 基础平台获取三维等数据开展业务应用的"应用需求方"可采用该模式。由市 CIM 基础平台将数据服务的说明提

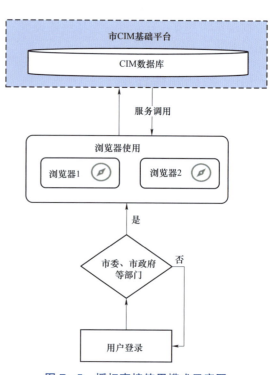

图 7-5　授权直接使用模式示意图

供给"应用需求方","应用需求方"参照数据服务说明将其集成到本部门的应用中，如图 7-6 所示。推荐市直部门采用该模式。

市 CIM 基础平台已加载的三维数据，经过申请批准后可通过政务外网以在线服务调用的方式调用市 CIM 基础平台资源；市 CIM 基础平台未加载的三维数据，按照一事一议的原则开展。若在专题应用中采集或更新了专题 CIM 数据，可通过政务外网向市 CIM 基础平台上报更新。

3. 接口定制开发模式

对于不具备三维应用系统及应用能力，需基于 CIM 基础平台定制开发 CIM 应用系统，以提升自身三维应用能力的"应用需求方"可选择该模式。可选择该模式在市 CIM 基础平台的基础上，利用市 CIM 基础平台提供的二次开发 API 定制开发各专题 CIM 应用系统。如图 7-7 所示。推荐不具备三维应用系统及应用能力的市直政府部门采用。

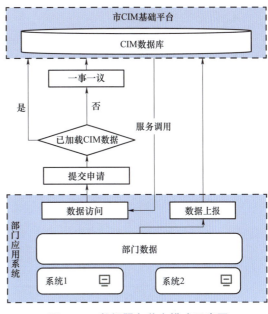

图 7-6　数据服务共享模式示意图

市 CIM 基础平台已加载的三维数据，经过申请批准后可通过政务外网在线调用市 CIM 基础平台接口访问资源，叠加与自身业务相关的 CIM 数据开展专题应用；市 CIM 基础平台未加载的三维数据，按照一事一议的原则开展。若在专题应用中采集或更新了专题 CIM 数据，可通过政务外网向市 CIM 基础平台上报更新。

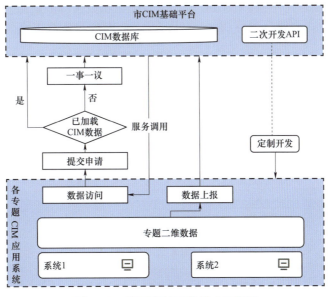

图 7-7　接口定制开发模式示意图

4. 自建平台对接模式

通过自建 CIM 平台搭建各专题 CIM 应用系统，并通过政务外网与市 CIM 基础平台实时对接，上报相关业务数据和物联网感知数据或协同办理业务等，如图 7-8 所示。推荐已建成或正在建设 CIM 平台的政府部门采用该模式。

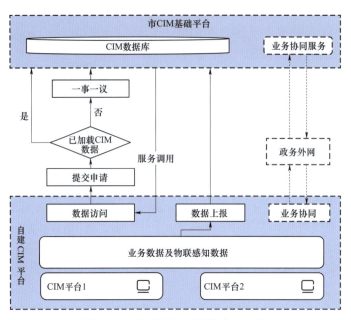

图 7-8　自建平台对接模式示意图

5. 企业自建交换模式

对于企业，可使用由市 CIM 基础平台提供 I3S 等相关在线服务及 CIM 平台开发包开发企业的 CIM 平台及其应用系统。市 CIM 基础平台提供相关接口供企业上报物联网感知数据等相关数据，如图 7-9 所示。如已有智慧社区、车联网等业务系统的企业可采用本模式。

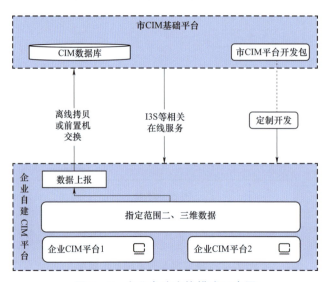

图 7-9　企业自建交换模式示意图

6. 内网离线部署模式

对于不与市 CIM 基础平台进行数据、服务和业务对接，需要搭建 CIM 平台开展业务的"应用需求方"，可选择本模式在内网离线部署 CIM 平台搭建自身的专题应用，如图 7−10 所示。推荐使用公安专网、政务内网的部门采用本模式。

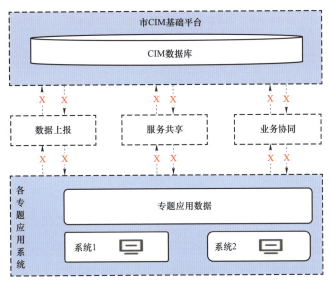

图 7−10　内网离线部署模式示意图

7.2　平台架构

7.2.1　总体架构

住房和城乡建设部《导则》已对市级 CIM 基础平台的总体架构进行了梳理。CIM 基础平台总体架构宜采用 GB/T 32399《信息技术　云计算参考架构》和 GB/T 35301《信息技术云计算平台即服务（PaaS）参考架构》标准，宜符合 PaaS 功能视图的相关规定，可参考。

CIM 基础平台总体架构应包括三个层次和三大体系，包括设施层、数据层、服务层，以及标准规范体系、信息安全体系、运维保障体系。横向层次的上层对其下层具有依赖关系，纵向体系对于相关层次具有约束关系。

1）设施层：应包括信息基础设施和物联感知设备。

2）数据层：应建设至少包括时空基础、资源调查、规划管控、工程建设项目、物联感知和公共专题等类别的 CIM 数据资源体系。

3）服务层：提供基本功能、模型汇聚管理、物联监测和模拟仿真等功能与服务。

4）标准规范体系：应建立统一的标准规范，指导 CIM 基础平台的建设和管理，应与国家和行业数据标准与技术规范衔接。

5）信息安全体系：应按照国家网络安全等级保护相关政策和标准要求建立信息安全保障体系。

城市级 CIM 基础平台总体架构如图 7−11 所示。

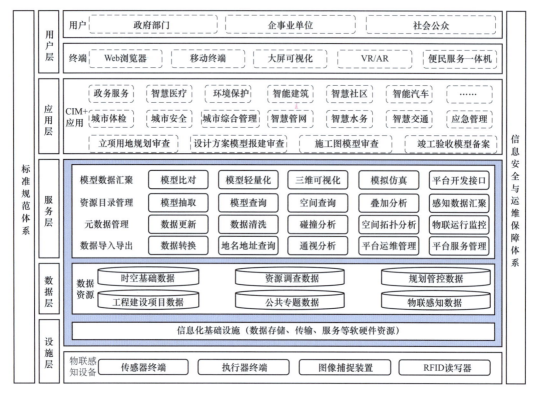

图 7-11 城市级 CIM 基础平台总体架构

6）运维保障体系：应建立运行、维护、更新与安全保障体系，保障 CIM 基础平台网络、数据、应用及服务的稳定运行。

7.2.2 业务架构

每个城市的 CIM 基础平台只有一个，为更方便的开展各政府部门、企事业单位和社会公众的自身特有的业务，由 CIM 基础平台提供城市级的数字底板、数据及功能服务、二次开发服务供各政府部门、企事业单位和社会公众使用。因此 CIM 基础平台的业务流程主要为图 7-12 的 8 个步骤。① 把现实城市的内容分门别类，主要通过制定 CIM 的数据标准，为将遍布城市各地的实体数据化后进入 CIM 基础平台奠定基础。② 数据获取，遍布城市各地的实体，由于不能直接进入 CIM 基础平台，因此需要相应的技术手段来获取，如倾斜摄影、卫星遥感、激光雷达、航拍、人工建模、BIM、地图矢量化等方式。③ 数据处理，原始数据获取回来，为适应 CIM 基础平台的集成浏览和应用，需要对数据进行相应的处理，如数据加工、数据清洗和模型轻量化等。④ 平台搭建，见本书 6.1 节按照该技术路线进行平台的搭建。⑤ 工改应用搭建，工程建设项目阶段会产生设计方案模型、施工图模型和竣工验收模型，这三类 BIM 模型是 CIM 的重要组成部分，结合工程建设项目审批制度改革搭建应用，可将这三类 BIM 沉淀至 CIM 基础平台之中。⑥ 数据沉淀，通过工改，把那些审批后的 BIM 模型、审查信息沉淀到平台上面，丰富城市信息模型。⑦ CIM+应用搭建，各政府部门、企事业单位和社会公众的自身特有的业务调用 CIM 基础平台的数据功能服务、平台开发接口开发满足自身业务需求的城市规划、建设、管理运营等应用。⑧ 解决城市管理需求，建设 CIM+应用，解决城市各方的规设建管需求。城市级 CIM 基础平台业务流程如图 7-12 所示。

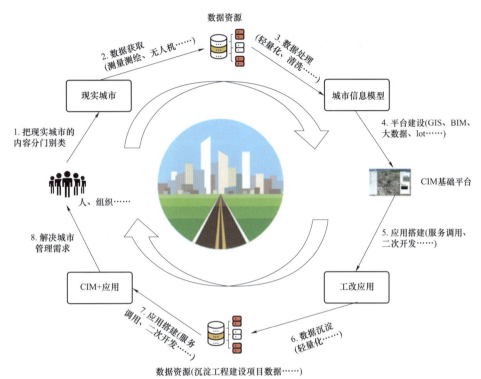

图 7-12　城市级 CIM 基础平台业务流程

因此针对应用搭建的阶段先后以及对应的用户群体，CIM 基础平台的业务架构如下图所示，包括工程建设项目审批、城市建设管理、社会公共服务三大类。各业务的详细描述见本书第 10 章，这里不一一进行展开。CIM 基础平台业务架构如图 7-13 所示。

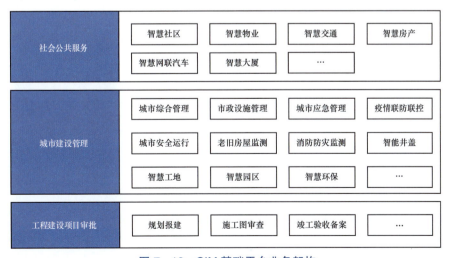

图 7-13　CIM 基础平台业务架构

7.2.3 技术架构

技术架构图如图 7－14 所示。

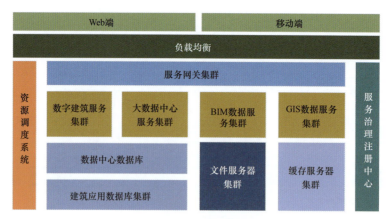

图 7－14 技术架构图

数字建筑服务：包含建筑物数据的所有管理服务，比如文档管理、项目管理、几何模型、设备管理、进度管理等；提供基于 RESTful 的数据接口服务，用户可通过接口访问数据驱动业务应用。

大数据中心服务：包含了大数据中心网站的全部业务服务，比如用户管理、建筑应用管理、注册服务管理等；提供基于 RESTful 完全对应的数据接口服务，用户可通过接口访问数据驱动业务应用。

BIM 数据服务：主要包含 BIM 相关的模型解析、计算模块等功能；支持 IFC、RVT、iModel、OBJ 等国际通用的 BIM 模型的解析；支持将原始模型转换为 glTF 格式导出；针对模型的数据计算完成后，提供模型数据相关的查看和下载功能。

GIS 数据服务：主要包含 GIS 相关的数据管理等功能；提供 GIS 中通用格式的矢量、影像、倾斜和三维场景数据的上传、存储和管理，支持 BIM 数据的上传解析，通过空间位置将 BIM 精细数据与 GIS 大场景数据无缝集成。

建筑应用数据库：主要存储数字建筑的数据，包括模型数据和关联的资源（图片、视频、文件、文本等）。

数据中心数据库：主要存储大数据中心的数据，包括用户数据、数字建筑数据、服务数据等。

缓存服务器：主要用于将需要频繁访问的数据存放在内存中，以提高数据访问速度。

文件服务器：主要存储平台的文件。

服务治理注册中心：是微服务架构非常重要的一个组件，主要起到了协调者的一个作用。

资源调度系统：屏蔽容器细节，将整个集群抽象成容器资源池，支持按需申请和释放容器资源，物理机发生故障时能够实现自动故障迁移（fail over）。

服务网关：是微服务架构中一个不可或缺的部分。通过服务网关统一向外系统提供 REST API 的过程中，除了具备服务路由、均衡负载功能之外，它还具备了权限控制等功能。

7.2.4　部署架构

采用云服务器进行集中部署的方式，个人各类终端设备通过互联网访问云端服务器，有利于降低项目软硬件采购成本，减低系统日常维护工作量，同时避免对区政府网络带宽造成压力及多方访问带来的网络安全隐患。部署架构图如图 7-15 所示。

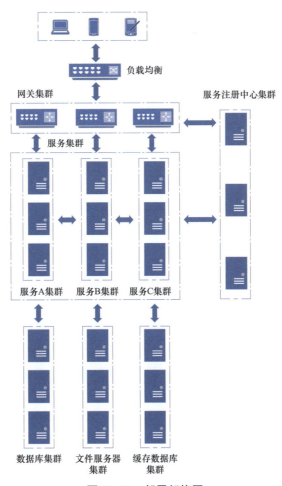

图 7-15　部署架构图

7.3　系统平台关系

7.3.1　基础平台定位

CIM 基础平台是在城市基础地理信息的基础上，建立建筑物、基础设施等三维数字模型，表达和管理城市三维空间的基础平台，是城市规划、建设、管理、运营工作的基础性操作平台，是智慧城市的基础性、关键性和实体性的新型信息基础设施。

CIM 基础平台定位于智慧城市的基础平台，由城市人民政府主导建设，负责全面协调和统筹管理，并明确责任部门推进 CIM 基础平台的规划建设、运行管理、更新与维护工作。

7.3.2 与业务系统关系

CIM 基础平台应实现与相关平台（系统）对接或集成整合，与其他系统关系如图 7-16 所示。

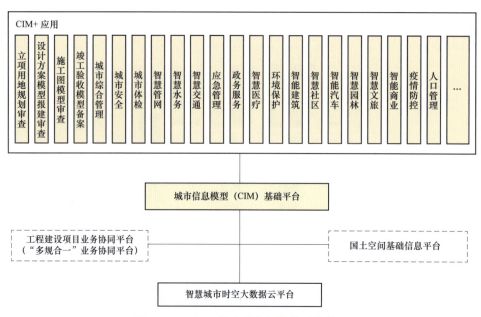

图 7-16 CIM 基础平台与其他系统关系

CIM 基础平台宜对接智慧城市时空大数据平台和国土空间基础信息平台，应对接或整合已有工程建设项目业务协同平台（即"多规合一"业务协同平台）功能，集成共享时空基础、规划管控、资源调查等相关信息资源。

CIM 基础平台应支撑城市建设、城市管理、城市体检、城市安全、住房、管线、交通、水务、规划、自然资源、工地管理、绿色建筑、社区管理、医疗卫生、应急指挥等领域的应用，应对接工程建设项目审批管理系统、一体化在线政务服务平台等系统，并支撑智慧城市其他应用的建设与运行。

7.4 功能应用模块

7.4.1 数据汇聚与管理

平台应提供工程建设各阶段项目二维 GIS 数据、三维模型数据或 BIM 数据汇聚的能力，实现模型检查入库、碰撞检测、多版本管理、模型轻量化、模型抽取、模型比对与差异分析等数据汇集功能；平台应提供资源目录管理、元数据管理、数据清洗、数据转换、数据导入导出、数据更新、专题图制作、数据备份与恢复等管理功能。平台数据交换宜采用前置交换或在线共享方式进行，前置交换应提供 CIM 数据的交换参数设置、数据检查、交换监控、数据上传下载等功能；在线共享应提供服务浏览、服务查询、服务订阅、消息通知等功能。

7.4.2　数据查询与可视化

平台应提供地名地址查询、空间查询、关键字查询、模糊查询、组合条件查询、要素查询、模型查询、模型元素查询、关联信息查询、多维度多指标统计、查询统计、结果输出等数据查询功能；平台应提供 CIM 资源加载、集成展示、图文关联展示、分级缩放、平移、旋转、飞行、定位、批注、剖切、几何量算、体块比对、卷帘比对、多屏比对、透明度设置、模型细度设置等可视化功能；平台应具备模型数据加载、可视化渲染、图形变换、场景管理、相机设置、灯光设置、特效处理、交互操作等可视化辅助能力。

7.4.3　平台分析与模拟

平台应提供二三维缓冲区分析、叠加分析、空间拓扑分析、通视分析、视廊分析、天际线分析、绿地率分析、日照分析等平台分析功能；平台应具备从建筑单体、社区到城市级别的模拟仿真能力，可支撑城市设计、绿色建筑、智慧社区、智慧管网、城市体检等典型场景应用。

7.4.4　平台运行与服务

平台应提供组织机构管理、角色管理、用户管理、统一认证、平台监控、日志管理等功能，以及 CIM 资源、服务、功能和接口的注册、授权和注销等；平台宜支持物联感知数据动态汇聚与运行监控，实现对建筑能耗、气象、交通、城市安防和生态环境等指标监测数据的读取与统计、监测指标配置、预警提醒、运行状态监控、监控视频融合展示等功能；平台服务应具备 CIM 数据服务发布、服务聚合、服务代理、服务运行（服务启动、服务停止）、服务调用（访问控制、协议解析、服务路由）、服务监控、负载均衡等能力。

7.4.5　平台开发接口

平台应提供丰富的开发接口或开发工具包支撑智慧城市各行业 CIM 应用，应提供开发指南或示例 DEMO 等说明文档。

平台开发接口宜以网络应用程序接口（Web API）或软件开发工具包（SDK）等形式提供，应包括如下类别：

1）资源访问类：提供 CIM 资源的描述信息查询、目录服务接口、服务配置和融合，实现信息资源的发现、检索和管理。

2）项目类：管理 CIM 应用的工程建设项目全周期信息，包含信息查询、进展跟踪、编辑、模型与资料关联等操作。

3）地图类：提供 CIM 资源的描述、调用、加载、渲染和场景漫游，提供属性查询、符号化等功能。

4）三维模型类：提供三维模型的资源描述、调用与交互操作。

5）BIM 类：针对 BIM 的信息查询、剖切、开挖、绘制、测量、编辑等操作和分析接口。

6）控件类：CIM 基础平台中常用功能控件的调用。

7）数据交换类：元数据查询、CIM 数据授权访问，上传、下载、转换等功能。

8）事件类：CIM 场景交互中可侦听和触发的事件。

9）实时感知类：物联感知设备定位、接入、解译、推送与调取。

10）数据分析类：历史数据的分析，按空间、时间、属性等信息的对比，大数据挖掘分析。

11）模拟推演类：基于 CIM 的典型应用场景过程模拟、情景再现、预案推演。

12）平台管理类：平台管理如用户认证、资源检索、申请审核等。

第8章 保障体系

8.1 组织保障

CIM 平台建设工作的推进，需要规范健全的组织保障作为后盾。组织团队的建立应从明确工作要求、落实职责分工、加强组织协调等方面入手。

8.1.1 明确工作要求

CIM 平台建设涉及多部门、企业的共同参与，应制定项目工作手册，有针对性地制定时间计划表，把目标任务分解落实到具体环节、具体企业和具体责任人，并同步建立与之匹配的实施管理和考核机制，保障平台建设工作落地。

8.1.2 落实职责分工

明确团队职责边界，分别建立 CIM 平台领导团队、CIM 平台项目监督团队、CIM 平台项目专家顾问团队和 CIM 平台用户反馈调查团队，保障项目开展。

1. 建立 CIM 平台领导团队

CIM 平台建设项目领导团队由牵头单位派出核心管理人员担任，企业、政府部门、学校、科研机构等单位选出负责人为成员，主要负责处理 CIM 平台建设中的问题处置、任务分配、资金分配、进度管理等方面的事务，形成共同探索 CIM 平台建设的合力。负责承担平台日常管理协调工作。

2. 建立 CIM 平台项目监督团队

CIM 平台项目监督团队主要由政府部门派出相关负责人担任领导职务。学校科研团队、审计单位、会计单位派负责人为成员。主要负责监督 CIM 平台建设的资金使用情况、项目质量以及项目实际进度等工作。

3. 建立 CIM 平台项目专家顾问团队

CIM 平台项目专家顾问团队主要由业内公认的技术专家组成，并通过选举选出负责人。主要负责解决在 CIM 建设过程中遇到的困难、问题，同时给出解决建议，并为 CIM 平台未来的发展提供实际参考案例。

4. 建立 CIM 平台用户反馈调查团队

CIM 平台用户反馈调查团队主领导人由 CIM 平台项目牵头单位派选出负责人负责。平台建设各方选调人员为成员。主要负责收集 CIM 平台用户的反馈问题，帮助整个项目组优化 CIM 平台的功能。

8.1.3 加强组织协调

CIM 平台的建设涉及多个部门、企业协作，在项目开展实施前应明确项目建设的领头单位和负责人，在项目开展中需多个部门或企业协作配合的事项，一般由牵头单位协调安排，事权不在本级或本级难以处置的事件应及时上报，并由牵头单位分派给相关部门或企业处置，各参与部门和企业之间加强交流、协作配合，齐心协力，稳步推进。

8.2 安全保障

以可实施性、可管理性、安全完备性、可扩展性和专业性为原则，依据《信息安全等级保护管理办法》，确定 CIM 基础平台在系统安全上应满足计算机信息系统安全等级保护三级的相关要求，从安全技术角度出发，明确 CIM 基础平台在网络安全、运行安全、数据安全、政策制度保障四个层次的安全保障方案，从安全管理角度出发，对管理制度、机构、人员等内容进行规范。

8.2.1 网络安全

平台建设应与网络安全建设"同步规划、同步建设、同步使用"，综合评估各类安全风险、设计安全方案，开展网络安全等级保护定级和备案，明确 CIM 平台建设应符合 GB/T 22240《信息安全技术网络安全等级保护定级指南》安全等级保护要求。

8.2.2 运行安全

面向平台日常运行安全，应对登录操作系统和数据库系统进行身份标识和鉴别，采用两种或两种以上组合的鉴别技术，为不同用户分配不同的用户名，确保用户名具有唯一性，要求与用户身份标识对应的密码及口令有一定复杂度，并定期更换。同时，平台管理人员还需定期对平台的服务器、网络设备、安全设备、存储设备、应用系统等进行安全审计，并形成审计记录。

8.2.3 数据安全

1. 数据使用安全

CIM 平台的数据采集、处理、传输、存储、交换和共享应符合 GB/T 37988《信息安全技术数据安全能力成熟度模型》、GB/T 36073《数据管理能力成熟度评估模型》、GB/T 35273《信息安全技术个人信息安全规范》、GB/T 37025《信息安全技术物联网数据传输安全技术要求》、GB/T 31916.1《信息技术云数据存储和管理》、GB/T 36092《信息技术备份存储备份技术应用要求》等标准以及相关国家政策的规定，提高数据在传输、存储和使用过程中的完整性和保密性。此外，根据国家相关规定，凡用于互联网中发布的地理信息数据，均要通过地方测绘管理部门进行审图，通过审查的地图，发放审图号。因此，CIM 平台所涉及的地理信息数据在发布前也必须经过审核，获得审图号。

2. 涉密数据安全

采用国家认可的脱密软件对需要共享和发布的各类涉密数据进行脱密处理和使用。

二维数据的脱密，考虑从地理要素及属性、空间精度和空间位置等方面着手，通过删除数据中涉密的地理要素及其属性信息，将空间位置精度降至国家安全要求范围以外，并在满足拓扑关系不变、地物间距离变化不可逆的前提下，进行投影转换和非线性空间变换等操作，完成数据脱密处理工作。同时，通过设置对应的数据使用权限，采用按需申请调用的方式，进一步提升数据使用的安全性。

三维数据的脱密从数据内容和空间位置两方面着手。通过对涉密数据中可能涉及的重要属性信息进行删除，对数据的空间位置进行位移和精度干扰等操作，在避免数据涉密的同时，确保其不易进行脱密恢复。在数据共享及服务方面，提高三维脱密数据的权限管理级别，以图片形式在平台进行三维数据展示，要求用户提交数据申请，签署保密协议后，开放对应数据使用权限，责任到人。

3. 数据容灾备份

在数据存储备份方面，利用备份一体机，将备份软件、服务器、磁盘存储介质整合在一起，缓解由业务发展扩大带来的数据积累问题，同时降低了传统备份模式下管理和维护的复杂性。应对由人为错误操作、软件错误、病毒入侵等"软"性灾害及硬件故障、自然灾害等"硬"性灾害，采取异地容灾备份措施，实现系统和数据的同时备份，尽可能避免由灾难导致的业务瘫痪、数据丢失问题。利用网络专线实现 CIM 基础平台部署网络与异地备份中心的网络直连，最大限度地保障备份安全。

8.2.4　政策制度保障

当前与 CIM 平台相关的政策制度建设明显滞后于 CIM 平台建设。CIM 平台的建设是新探索、新模式、新事务，与其配套的政策制度也应与 CIM 建设同步进行。

以安全法律制度为例，CIM 平台是公开运营对外提供服务的平台，其在建设过程中如若不当使用互联网、物联网、云计算和大数据技术，都将带来信息泄露的问题。为保障其能够安全推广使用，应有针对性地出台与 CIM 相关的安全法律政策，回应保护个人信息安全、保护数据资产价值等敏感问题。在保护个人隐私和信息安全问题上，可以出台针对个人数据采集和使用安全的相关法律政策，面对个人数据的采集，体现个人的预先合意，赋予个人行使相关合意的撤回权，并且在个人数据匿名化技术并非成熟的情况下，出台相应政策约束个人信息被识别以及再识别的行为。在数据开放使用过程中，也应对 CIM 平台下涉及海量个人信息的数据，如政务服务数据、各类传感器摄取的数据的所有权、处置权进行明确。

此外，还可针对平台日常运行维护过程中面临的恶意软件和个人侵害问题，制定与平台运行维护相关的政策制度，保障平台日常运行。

8.3　人才培养

8.3.1　明确专业人才的培养目标

根据金忠明、肖鑫等人的研究，智慧人才培养可分为以下三类：① 核心技术引领者，通过他们才能实现人与物的智慧连接，能为 CIM 平台的建设打下坚实基础。② 协调构建 CIM 平台的管理者，他们可以综合统筹、管理协调 CIM 平台各个信息系统，实现同构、异构系统的有机衔接、互联互通。③ 顶层设计统整者，他们可以指定 CIM 平台发展规划纲要，明确 CIM 平台中长期的发展目标和任务，统筹推进智慧城市的发展。

因此，在 CIM 平台的人才培养方面，应首先注重对此三类智慧人才的阶梯式培养。明确人才的培养目标，从基础技术到管理规划全方位保障人才的供给，可以为后续的 CIM 平台建设中提供源源不断的动力。

8.3.2　注重技术人才引进和培养

在人才培养方面，可以考虑组织开展与 CIM 相关的专业技术协会，建立 CIM 技术交流平台，通过线下举办技术学习活动，线上发起专题技术交流，为 CIM 技术人才提供信息渠道获取最新技术资讯，促进政府、企业和人才之间相互交流学习。

在人才引进方面，做到以商引才、以政引才、以才引才。切实将人才引进与招商引资相互衔接，做到招商引资与其他引才政策并举，充分发挥留学回国人员创业园等培养高层次人才的重要基地载体作用。其次，通过政府扶持重要 CIM 建设平台项目等优惠政策，为高层次技术人才创造良好的工作条件和环境，吸引行业领军人才，并在此基础上做到"以才引才"，通过引进高知名度的技术专家，吸引更多的智慧人才。

8.3.3　加大对高校基础研究投入

以目前国内高校现状看来，需加大对高校基础研究的投入，改善高校硬件和环境建设。目前国内大部分高校中，其资金的来源主要是来自政府的财政拨款以及学生的学杂费用。单一的资费来源方式在一定程度会使资金造成紧张，学校正常的项目和科研活动也因此受到影响，特别是在 CIM 平台这种隐性收益大大超过其显性收益的工程学科的基础科研项目中，资金往往得不到保障。研究团队不得不依靠与外部企业进行项目合作来补充科研经费，但这样一来也无形中增加了科研团队的负担，形成恶性循环。

因此，对于高校的基础投入一方面是资金上的投入，另一方面更重要的是政策上的投入。只有改变高校的运营策略，才能从根本上解决资金短缺的问题。如通过设立高校科研运行基金的方式，鼓励高校对于基础科学的探索，同时也可以补偿高校承担国家科技项目费用。

8.4 资金投入

8.4.1 资金预算管理

项目申请单位在编制 CIM 基础平台投入费用预算时，应当以批准的概算为基础，按照实际需求进行投入资金需求编制，并将资金控制在批准的概算总投资规模、等级和标准范围内。项目主管部门也需按照财政预算管理相关规定，督促和指导项目财政预算资金编制、执行和调整，严格审核平台项目财政资金总预算、细化预算和预算调整，及时掌握预算执行动态情况，绩效评价结果作为资金管理考核的重要依据，提高国有资产投资效益。

8.4.2 投入费用构成

具体投入费用的金额应从技术性费用、管理性费用、税赋及其他费用等方面进行综合考虑。

技术性费用。包含软硬件购置费用、数据建设费用、平台开发、平台运维及支付相关技术人员的薪资费用。软硬件购置费用一般指购买电脑、RFID、芯片等物联网感知设备的费用；数据建设费用用于图纸采集、资料收集、数字化建模、数据集成处理等环节；平台运维费用包括年度运维费用、平台功能升级费用以及后期保障平台数据和运行安全所必需的费用；薪资费用应重点关注产品开发人员、平台运营人员、平台维护人员三类关键技术人员，并根据技术难度、工作内容综合考虑。

管理性费用。具体包括项目前期的研究与测定费用、设计费用、方案评审费用、技术论证费用、项目招标投标费用、联合试运行费用、平台应用培训费用等，以及运行期内的各项管理要素费用，例如运行人工费、能耗费、器材采购费等。

税赋及其他费用。主要包括增值税及附加税、规费、资金筹措费、流动资金等，以及支撑各城市开展本地化特色建设所需要的其他费用。

8.4.3 资金渠道保障

资金落实到位是扎实推进 CIM 基础平台完善和改革政策落地的重要保障，CIM 基础平台的建设可通过以下三种资金投入方式开展：

（1）政府财政预算资金。地区政府每个财政年都有一定的高科技信息化专用资金预算，用于智慧城市项目建设。经济越发达地区，该项项目拨款金额越高，以保证跟上最前沿技术。

（2）省直属单位资金。每年省直属单位都会有支持地方政府科技产业发展资金，需要地方政府和省直属单位进行直接沟通获得拨款，发展 CIM 平台。

（3）中央部委资金。住房和城乡建设部每年也会有配套资金，以此来支持各个城市的 CIM 平台及智慧城市的发展。并且，科技部、国家发展改革委、民政部、国家旅游局、文化和旅游部、工信部等单位也会就具体项目提供资金支持地方政府。

8.5 平台运行维护要求

8.5.1 运行维护策划

运行维护策划包括人员管理、岗位结构和运维工具三个方面。

CIM 平台运维机制应从以下方面进行人员管理：首先应建立与 CIM 基础平台运行维护服务相关的人员储备计划和机制，确保有足够的人员，以满足与需方约定的当前和未来的运行维护服务需求。其次，应建立与 CIM 基础平台运行维护服务相关的培训体制或机制，在制定培训计划时应识别培训要求，并提供及时和有效的培训。最后，应建立与 CIM 基础平台运行维护服务相关的绩效考核体系或机制，并能够有效组织实施。

对岗位结构应有以下方式：应对 CIM 基础平台运行维护服务中心的不同角色有明确分工和职责定义，为了保障 CIM 基础平台运行维护服务交付的顺利实施，需方也应提供必要的接口。一个完整的运行维护服务团队应包括管理、技术支持、操作等主要岗位。

宜使用有效工具实施和管理 CIM 基础平台运行维护服务，包括但不限于：监控工具，对运行维护服务对象进行数据的采集和监控，评估可能导致运维服务对象故障的因素；过程管理工具，包括日常运行维护管理、记录、测量、监督和评估等功能；专用工具，根据服务要求配备的安全工具和用于特殊要求的工具。

8.5.2 运行维护过程

为了确保 CIM 基础平台运行维护服务具备相应的服务管理能力并发挥其效能，应建立包括服务级别管理、服务报告、事件管理等以下七个过程：

（1）服务级别管理。包括建立服务目录、签订 SLA、建立 SLA 考核自评估机制（包括 SLA 完成情况、达成率等）、在 SLA 评估后制定改进内容及改进措施。

（2）服务报告。应通过及时、准确、可靠的报告建立起有效的信息沟通渠道，为管理层提供决策支持，包括：与服务报告过程一致的活动，包括建立、审批、分发、归档等；服务报告计划，包括提交方式、时间、接受对象等；服务报告模板，包括格式、提纲等。

（3）事件管理。确保 CIM 基础平台运行维护方有检测事件、尽快解决事件的能力，该过程要求建立：与事件管理过程一致的活动，包括事件受理、分类和初步支持、调查和诊断、解决、进展监控与跟踪、关闭等；事件分类、分级机制；事件升级机制；满意度调查机制；事件解决评估机制，包括事件解决率，事件平均解决时间等。

（4）问题管理。CIM 基础平台运行维护方通过识别引起事件的原因并解决问题，预防同类事件重复发生。CIM 基础平台运行维护方应根据问题管理的过程要求建立：与问题管理过程一致的活动，包括问题建立、分类、调查和诊断、解决、关闭等；问题分类管理机制，包括问题的影响范围、重要程度、紧急程度并确定优先级；问题导入知识库机制；问题解决评估机制，包括问题解决率、问题平均解决时间等。

（5）配置管理。维护 CIM 基础平台的必要记录，并保证配置数据的可靠性和时效性，关联支持其他服务过程。CIM 基础平台运行维护方应根据配置管理的过程要求建立：与配置管理过程一致的活动，包括识别、记录、更新审核等；配置数据库管理机制；配置项审核机制。

（6）变更管理。CIM 基础平台运行维护方通过管理、控制变更的过程，确保变更有序实施。CIM 基础平台运行维护方应根据变更管理的过程，要求：建立与变更管理过程一致的活动，包括请求、评估、审核、实施、确认和回顾等；建立变更类型和范围的管理机制；对变更完成情况进行统计分析，包括未经批准变更数量及占比、不同类型的变更数量及占比、不成功的变更数量及占比、取消的变更数量及占比、变更关联的配置数。

（7）发布管理。为确保一个或多个变更的成功导入，CIM 基础平台运行维护方应根据发布管理的过程，要求：建立与发布管理过程一致的活动，包括规划、设计、建设。配置和测试等；建立发布类型和范围的管理机制；制定完整的方案，包括发布计划、回退方案、发布记录等；对发布完成情况进行统计分析，包括发布成功率、发布及时率、是否更新位置管理数据库等。

8.6　风险保障措施

8.6.1　风险识别与分析

1. 规划阶段风险

规划阶段可能会面临政策风险、战略风险和可持续性风险。

第一，政策风险。国内外矛盾近年陡增，各种高科技行业也成为斗争焦点，市场整体形势瞬息万变。国家宏观经济形势如若发生倾斜，导致智慧城市下游行业的产业政策导向发生变更，下游行业发展变缓，会对行业内企业的发展环境和市场需求造成负面影响。

第二，战略风险。智慧城市对于不同城市的建设思路、方案和目标应根据城市自身的基础条件而定。如若智慧城市规划者在制定规划阶段，不加分析地借鉴其他城市建设经验，会造成不同城市规划存在战略趋同性风险，将加剧城市之间的恶性竞争。此举不仅影响智慧城市的有序发展，也会对多数中小型城市建设智慧城市带来不利的影响。

第三，可持续性风险。智慧城市不是"一步到位"的建设项目，需要经历梯度推进的过程，其依赖的技术也是需要梯度成熟。规划者如若急功近利，在开始就致力于规划出完美统一的方案，会使整体规划陷入路径依赖，失去可探索改进的机会。智慧城市的建设也会出现早期无法投入使用，晚期难以升级的困境。

2. 建设阶段风险

建设阶段可能会面临技术风险、人才风险和资金风险。

第一，技术风险。在建设阶段，一方面表现出的是城市信息技术水平不足。智慧城市的实现需要通过计算机和网络对海量数据进行整理分析，但以目前技术储备现状来看，绝大多数城市对于此类技术的掌握还没达到成熟的程度，成为限制智慧城市实现的瓶颈。另一方面，智慧城市往往是由政府主导，但受限于自身技术，需通过外包交由专业机构进行技术项目的实施，此举会面临项目外包风险，表现为：对外包商形成不同程度的依赖，其技术能力、服务支持等会成为风险源；政府对外包商的监管力度，监管手段也会成为风险因素。

第二，人才风险。智慧城市从业人员的技术能力、职业道德、健康安全状况等都可能成为潜在风险因素。由此产生的风险包括但不限于：智慧城市项目参与者的技术能力掌握不足，以及相关管理人员的决策能力和管理能力不足；人才流失，包括自然灾害、人为灾害和疾病等对人员健康安全的损害以及在人才争夺中的人才损失；智慧城市技术和管理骨干无序跳槽、泄密等行为引起核心技术流失。上诉情况会对智慧城市建设带来严重的影响。

第三，资金风险。资金风险主要包括：技术研发投入风险、技术购买投入风险、设备购买投入风险、人才培养以及产业风险。在智慧城市起步阶段，需要拥有强大的城市经济能力作为支撑，构建起以信息产业为核心的完整产业体系。只要产业链中某一个环节存在薄弱或者缺失，都可能使智慧城市的整体资金投入付之东流。

3. 运维阶段风险

运维阶段可能面临技术可靠性风险、社会环境风险、经济风险和文化风险。

第一，技术可靠性风险。首先，智慧城市所依托的计算机、网络、服务器都可能因为自然灾害或者人为破坏而失效，造成部分信息丢失，信息处理无法传递等风险。其次，智慧城市所提供的服务器平台无法避免黑客和病毒对所有可能漏洞的供给，此类非法行为也会影响智慧城市系统的正常运行。

第二，社会环境风险。支持智慧城市正常的运转基础保障必须要有宽松的政策环境、完善的法律体系、必要的制度供给等。智慧城市运转要求建立统一的技术标准和社会规范以调节不同社会主体的利益关系，如果与智慧城市匹配的技术标准没有统一，有关信息安全责任、个人信息保护、知识产权保护等法律法规未完善，智慧城市中各行为主体的行为界限、风险与责任承担等将缺乏刚性约束，智慧城市的运行维护将会陷入混乱状态。

第三，经济风险。首先表现为产业结构调整风险，大部分城市短期内难以完成从传统产业结构向以信息产业为核心的新产业结构的调整。即便某些城市可以通过大量的资金投入来缩短产业结构的调整时间，但也会因此占据其他产业的资金、人才资源，影响城市整体经济效能。另外，在市场竞争环境下，资金、技术、人才、教育、医疗、交通等资源会向少数发达的中心城市聚集。其他中小城市能否获得有限的资源，保证在竞争中获得优势，将会是一个考验。

第四，文化风险。智慧城市的发展在一定程度上改变了传统隐私、人权的观念，使社会舆情的监管难度加大。智慧城市既可以成为思想文化传播的集散地，又可以成为文化观念激烈交锋的场所，强势文化有可能逐步否定并取代弱势文化，使城市原有多元化丧失。

8.6.2　风险对策与管理

第一，进行科学规划。应以群众、政府、企业等为主体进行需求分析，充分论证智慧城市各个发展阶段是否能满足群众提升生活质量的需求，是否能为政府实施改革提供新的方向和条件，是否能为企业发展带来新的市场机会。应充分调动各方力量参与规划的设计讨论，使规划方案成为各方支持的共同愿景。应高屋建瓴，站在客观的立场上以城市现有资源为约束条件，优选智慧城市项目，以有限投资获得利益最大化；应考虑城市的文化、历史、制度、区域等特征，寻求一条符合城市现有发展条件的特色化道路，为之后的城市发展规划创造空间；应构建一个让智慧城市可持续改进的机制，可以从探索智慧城市规划和建设的知识与经验累积反馈机制、市民参与规划修正、检讨和监督民主参与机制等方面着手。

第二，进行科学管理。搭建一个支持创新的智慧平台，积极整合企业、高校、科研机构，建立起产学研结合的创新体制，实现智慧城市核心技术的突破，形成政府和企业良性合作机制；构建良好的融资渠道，为智慧城市建设提供充足的资金保障，建立较为完整的产业链，凸显智慧城市的商业价值，实现投资和收益的良性循环；保障充足的人才供给，与高校建立起良好的合作关系，用新思路、新体制去培养发现人才，构建优良的人才结构，优化现有的人才培养体系，重视职业教育，开展职业品德、职业纪律和职业责任为主的培训；政府应明确自身在智慧城市发展中的地位和作用，正确发挥职能、完善公共服务、推动法律建设，为智慧城市产业发展奠定基础；建立科学的管理体制，拥有良好的反馈机制，保证各个参与主体的利益一致，完善监督机制，保证智慧城市建设按照科学规划实施。

第三，保障信息安全。加强智慧城市信息系统的容灾能力，实现关系信息安全技术的突破，保证智慧城市可靠稳定运行；智慧城市的信息安全必须建立在自主、可信、可控的基础上，必须依靠自主创新构建完整的信息安全技术体系来提高自主防控能力；构建智慧城市建设运行风险评估的社会参与机制，完善社会公众参与技术项目决策的民主机制，充分发挥社会公众的自主性；积极推进信息时代的道德规范建设，完善维护智慧城市社会秩序的道德规范体系，切实保障市民的基本权利。

第 4 篇

基于 CIM 基础平台的应用

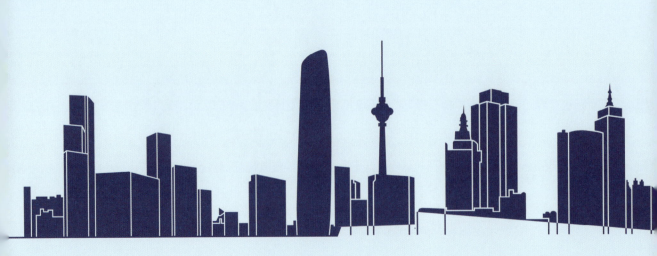

第9章　工程建设项目审查审批应用

传统的工程建设项目审查是基于二维图纸的人工审查模式，而各专业的交圈检查也只是依靠专业技术交流会的形式，存在人工审查时间过长，各专业之间问题容易忽略，审查质量难以保障的问题，影响了工程建设项目的进度及质量。同时随着我国建筑行业的高速发展，建筑的功能越来越复杂，工程规模不断扩大，工程的精细化管理需求越来越迫切，传统基于二维图纸的人工审查模式已经难以满足当前规模的工程建设要求以及大数据时代发展背景下的建筑行业数字化需求。

在这样的行业背景下，住房和城乡建设部提出数字化交付、数字化审图的理念，推广将BIM技术运用到工程建设项目的设计和审查审批环节。BIM审查系统的推广将推动设计院进行全面的数字化转型，搭建BIM技术团队，开展基于BIM的方案设计，辅助政府部门利用计算机判别设计模型中的设计信息与国家、行业和地方标准之间的符合情况，提高数字化审图的效率，最终推动整个工程领域的数字化、信息化、智能化建设进程。

为了实现工程建设项目在建筑设计质量上的智能化管控，早在1995年国外就基于BIM展开建筑设计质量的智能化审查的相关研究，在《BIM Handbook》一书中对BIM的应用范围的描述中提到了基于建筑信息模型进行建筑设计的规范合规性检查的应用。现在国外在基于BIM技术的建筑设计合规性检查、建筑规范信息语义分类、建筑设计质量评价管理、自动化系统建立等方面都已经有了深入的研究。但是国内的规范条文比国外更加复杂，约束的条件更多，国外的研究成果无法直接应用于国内的数字化审图的研究。我国香港和台湾地区最先展开基于BIM模型进行规范检查的探索。2014年台湾地区提出了在工程领域实现无纸化审查的设想，谢尚贤、南方英等人在基于Revit API二次开发技术探讨了规范信息自动化录入数据库，并根据数据库信息自动生成建筑设计的三维模型，为台湾地区工程建设领域的BIM技术应用提供了新的想法。2015年香港科技大学也尝试利用BIM技术和激光扫描技术对建筑物的混凝土构件的尺寸信息进行智能化的合规性检查。随着BIM技术的不断发展，内地学者也开始对基于建筑信息模型的建筑设计质量的智能化审查技术展开相关的研究，目前已经在BIM建筑设计质量检查方法体系、规范信息的代码转移、建筑信息的语义分类以及基于参数设置的规则建立等方面有了一定的研究与实践。

面向工程建设项目审查审批，BIM聚焦建设项目本身，能够对建设项目内部涉及的构件级对象进行数字化设计和量化分析，实现建筑、市政、交通专业智能审查，CIM则负责为建设项目提供周边三维场景的审查新视角，打破单个BIM项目审查的场景局限性，完成与建设项目周边设施和其他要素之间的审查。

目前国内北京城市副中心、雄安新区、广州、厦门、南京等试点城市和地区已经展开应用 BIM 进行工程项目审查审批和 CIM 平台建设工作。总结试点城市建设经验，各地 BIM 审查系统多由设计和审查两部分组成，服务于设计人员和审查人员，其系统工作流程图如图 9-1 所示。

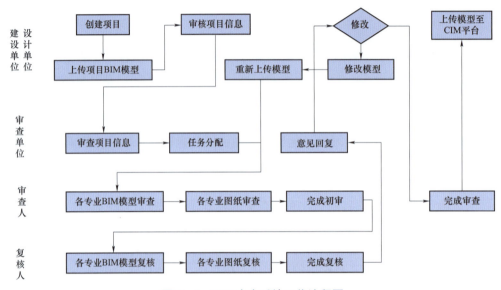

图 9-1　BIM 审查系统工作流程图

在设计部分，设计软件集成了市面上主流的几款 BIM 设计软件，具备辅助设计、属性自检、格式转换、模型导出等常规操作，弥补了以往 BIM 软件在模型设计和属性挂接方面的不足，支持设计人员按照交付标准要求对模型数据进行规整和自检，对缺失必要属性的构件进行汇总和修改，提高了 BIM 设计模型的完整性和规范性，再通过数据导出工具对 BIM 模型文件进行地理坐标配置和轻量化处理，解决了 BIM 到 CIM 的 GIS 体系不一致的问题，方便将通过审查审批的 BIM 数据直接上传到 CIM 平台中，成为 CIM 平台管理的单元，为智慧城市的建设补充源源不断的数据基础。

在审查部分，审查软件具备模型导入、模型浏览和智能审查模块，针对不同审查内容提供自动判别或辅助人工判别方式，通过智能审查结果可以快速地对不同专业的 BIM 模型进行复核，大大提高了审图人员的工作效率，减少了人为因素出现的错漏情况，提高了审查质量。

此外，智能审查对一些简单、可量化的条文审查结果的准确率较高，针对判定条件较为复杂的审查项（见表 9-1），一般只提供辅助审查建议，后续还需进行人工复核，以保证审查的科学性和合理性。

表 9−1　　　　　　　　　　**广州 BIM 施工图审查系统准确性说明**

序号	规范审查条文	是否强条	条文内容拆解	审查状态	解释说明
1	GB 50096—2011《住宅设计规范》5.1.1 条	是	住宅应按套型设计，每套住宅应设卧室、起居室（厅）、厨房和卫生间等基本功能空间	准确	
2	GB 50096—2011《住宅设计规范》5.4.4 条	否	卫生间不应直接布置在下层住户的卧室、起居室（厅）、厨房和餐厅的上层	准确	
3	GB 50096—2011《住宅设计规范》5.6.2 条	是	阳台栏杆设计必须采用防止儿童攀登的构造，栏杆的垂直杆件间净距不应大于0.11m，放置花盆处必须采取防坠落措施	需复核	放坠落措施需复核
4	GB 50096—2011《住宅设计规范》5.6.3 条	是	阳台栏板或栏杆净高，六层及六层以下不应低于 1.05m；七层及七层以上不应低于1.10m	准确	栏板用"栏杆扶手"建模
5	GB 50096—2011《住宅设计规范》6.1.2 条	是	公共出入口台阶高度超过 0.70m 并侧面临空时，应设置防护设施，防护设施净高不应低于 1.05m	需复核	（1）公共出入口需复核（2）侧面临空判断不准确

同时，面向工程建设项目中立项用地规划审查、规划方案审查、施工图审查、竣工验收等不同审查审批环节，BIM 和 CIM 技术应用方向和审查重点也将有所差异。

9.1　面向立项用地规划审查

在立项用地规划审查阶段，CIM 将对接"多规合一"空间信息平台获取多规合一的"一张蓝图"，辅助建设工程项目合规性审查，实现空间规划编制成果与建设工程项目建设的逐层落实。一方面以"一张蓝图"为基础，整合现有国土空间规划、土地利用总体规划、城市设计等编制成果中用地性质、用地面积、容积率、退让、限高、建筑密度等管控要素及用地周边环境信息，按照标准化、规范化的规划条件表格式进行条件信息自动化填写，支持生成并导出相应的规划条件，辅助建设用地规划条件出具。

另一方面在用地智能审查工作中，以"一张蓝图"为基础，通过导入建设工程项目用地红线，核查建设工程项目用地位置、用地面积、用地性质是否符合国土空间总体规划成果要求，并审核项目边界是否与生态保护红线、永久基本农田保护红线和城镇开发边界发生冲突，从而判断项目的合规性。

用地合规性审查如图 9−2 所示，立体规划管控盒子如图 9−3 所示。

此外，依托"一张蓝图"可分析提取各用地的建筑限高、建筑退让、容积率等各类定量指标阈值，生成对应规划管控盒子，实现对各类管控要素的可视化展示，并为后续规划报建智能化审查提供支撑。

图 9-2　用地合规性审查

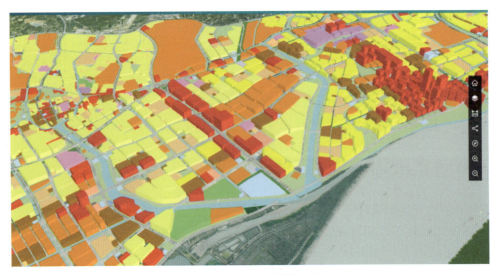

图 9-3　立体规划管控盒子

9.2　面向规划报建

　　在规划方案审查阶段，通过对建筑工程、市政工程和轨道交通工程等相关专业规范条文中可量化的指标进行梳理和拆解，将规则转换为计算机可识别、可计算的机器语言，分别搭建基于 BIM 和 CIM 的智能审查规则库，为建设方案提供立体化、可视化、智能化的审查工具。

　　围绕建筑总平面、建筑单体等审查内容，BIM 提供包括总用地面积、容积率、建筑密度、绿地率等综合经济技术指标的审查，完成建筑形式审查、建筑布局分析、建筑面积核算、建筑疏散审查、公共空间审查、配套设施分析等复杂应用分析。在市政管线审查方面，BIM

提升了对立体管线空间的审查力度，在满足管径核查、路由分析、管井数量审查等基本内容的同时，增加了对管道管线的净距、埋深、流向和碰撞等可视化分析；在市政道路审查方面，BIM 满足道路、交叉口、立体交通的横断面形式、道路平纵曲线审查要点，实现道路坡长、绿化率及红线宽度等智能审查工具。针对特殊的轨道交通工程类项目，BIM 能够自动统计区间线路长度和纵面坡度，分析车站用地范围、面积、敷设方式和覆土深度等内容。

BIM 建筑审查如图 9-4 所示，管线最小距离审查如图 9-5 所示，管长管径审查如图 9-6 所示，BIM 道路路由审查如图 9-7 所示。

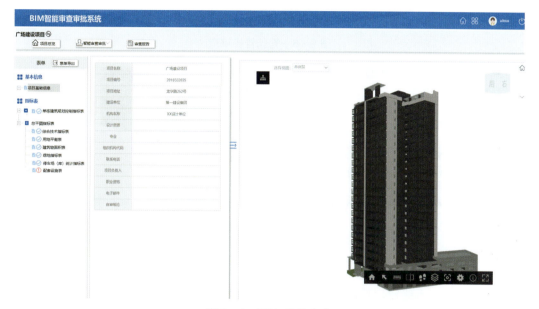

图 9-4 BIM 建筑审查

图 9-5 管线最小距离审查

图 9-6　管长管径审查

图 9-7　BIM 道路路由审查

CIM 更多应用于建设项目规划设计前期的方案研究，以及正式报建阶段基于三维大场景除构筑物以外的建设项目周边配套设施审查。面向规划设计方案研究，CIM 支持对建筑及建筑群的布局、形体及造型等方面的设计进行景观分析，对建筑与城市空间和环境的协调性、连续性进行综合考虑；在正式规划报建阶段，依托 CIM 技术可以将项目红线内的审查范围扩展至项目红线外，对项目与周边邻避设施、城市规划"六线"之间的位置关系审查。规划指标审查如图 9-8 所示，合规性审查如图 9-9 所示，贴线率分析如图 9-10 所示，天际线分析如图 9-11 所示，地下空间审查如图 9-12 所示。

图 9-8　规划指标审查

图 9-9　合规性审查

图 9-10　贴线率分析

图 9-11　天际线分析

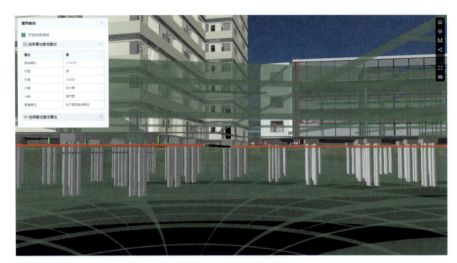

图 9-12 地下空间审查

9.3 面向施工图审查

在施工图审查阶段，CIM 中的 BIM 发挥着主要作用。目前 BIM 技术在施工图方面的审查应用主要集中在建筑工程上，包括建筑、结构、电气、暖通、给排水、人防、消防、节能等专业，实现对建筑内部构件级对象的智能审查。

针对单体建筑，在完成建筑高度、面积、功能分区及建筑层数等基本信息核查以外，还可对建筑内部的内/外墙、幕墙、栏杆、雨棚、楼梯、阳台、飘窗、屋顶等单体构件的位置和尺寸进行审查。

在结构审查方面，通过在设计阶段预先录入梁、柱、斜杆、墙体、悬挑板等构件的位置、截面、材料、荷载、配筋等信息，与 BIM 模型关联挂接，方便在施工图审查时提取对应的信息，依据规则库中解析条文进行智能审查。

在给排水审查方面，BIM 用于实现对弯头、水管三通、水管四通、消防水箱等构件位置和尺寸的核查，分析管道流向。在暖通方面，能够对风口、风管、软风管、风机等暖通构件的标高、截面、管材类型等信息进行核查。在电气方面，完成对安全供电设备的数量、位置，以及消防电气设备如配电箱阀、备用照明、消防应急照明等数量和布设情况的审查。

在消防审查方面，BIM 支持对消防工程涉及的建筑高度、建筑间距、建筑类型、避难层的面积和高度等信息的自动读取，核查避难层是否设置消防电梯出口、消火栓和消防软管卷盘等设施，并对防火隔墙、疏散门、消防救援窗等消防构件的耐火等级、耐火极限进行信息提取和比对。

在人防审查方面，BIM 能够实现对施工模型中人防工程涉及的安全出口、人防通道、人防地下室及人防构件等相关指标的自动读取和核查。节能审查更多是通过读取设计阶段录入墙、门、窗等构件的材料类型、材料名称、导热系数等信息，评判落实建筑的节能审查。

未来，随着 BIM 技术更多应用于市政、轨道交通的设计施工领域，对应基于 BIM 的市政、轨道交通施工图审查应用也将会逐步发展起来。

9.4 面向竣工验收备案

在竣工验收阶段，BIM 主要负责施工过程中的设计变更管理，完成实物模型与竣工模型、施工模型、规划模型的比对分析，根据构件数量和属性信息对项目工程质量进行预估和判定，并对竣工环节涉及的不同类型的验收文件进行归集和模型挂接，辅助项目验收和归档。

首先，在设计变更管理中，BIM 模型可以根据实际施工情况，对施工过程中的设计变更次数和工作量进行及时记录，关联相关设计变更图纸或文件，出具设计变更说明，并在初始 BIM 施工模型上进行模型更新，在完工时生成对应的竣工信息模型。

之后，可通过对实际建造的建筑外形进行扫描，形成建筑实物模型，并将该模型与规划模型进行比对分析，核查工程范围、外形、高度、尺寸有无不符合设计要求的问题，辅助规划核实环节的验收。同时，还可将最终的竣工信息模型与施工模型进行比对分析，通过对建筑及建筑内部构件的精细化审查，辅助建设项目消防、人防工程的联合审查验收。

面向工程质量验收的需求，依据竣工信息模型中的构件数量、分类、属性等设计信息，自动判定建筑构件所使用的材料、数量、荷载等是否符合设计及相关规范要求；评估水、电、暖通等安装工程是否符合设计及规范要求，满足布设位置要求。

围绕工程项目竣工验收相关要求，还可将竣工验收需要的施工设计图样、设计说明书、设计变更通知单、设计变更图纸以及勘察、设计、施工、监理单位提交的质量检查或评估文件，与规划核实、消防验收、人防验收结果关联在同一个竣工信息模型中，为建设项目的验收备案提供业务支撑。

第 10 章 城市建设管理应用

基于数据驱动、虚实交互、先知先觉和共生共智的 CIM，使数字城市与现实城市同步规划、同步建设，实现过程、全要素数字化，做到城市全状态实时化、可视化，以及城市管理决策与服务的协同化和智能化。

同时，CIM 也是城市信息化建设不断发展的产物，是城市信息化发展的高阶阶段，充分利用前期形成的城市全域大数据，为城市综合管理、应急管理、设施管理等提供平台、工具和手段。

10.1 城市综合管理

基于 CIM，将各行业数据进行有机整合，构建城市管理的"神经中枢"，可以让城市各领域运行态势可感、可知、可控，帮助城市管理者提高城市运营管理水平、驱动城市管理走向精细化，为城市的可持续发展奠定基础。

城市管理"一张图"。基于 CIM，加载显示高精度地形数据、三维建筑结构数据、车辆、人员、摄像头、基础设施、事件数据等要素信息，与交通流量、教育医疗、气候环境、城市能耗等动态业务数据打通，完整、详尽地对城市管理态势进行全方位复现，实现管辖区域内"人、车、地、事、物"的全面监控。借助智能大屏、城市仪表盘、领导驾驶舱等展现形式，一张图全方位展示整个城市空间和运行态势，并根据不同主题分级分类呈现，帮助城市决策者、管理者、普通用户从不同角度观察和体验城市发展现状、分析趋势规律。城市综合管理平台总体架构图如图 10-1 所示。

城市感知"实时化"。基于 CIM，融合城市摄像头、监测仪、传感器等物联网设备，提升强大的全局态势感知能力，可以改变以往信息割裂、数据碎片化的局面，满足城市管理日常监测监管的需求，对城市管理各领域的核心指标进行态势监测与可视分析，全面描绘城市发展现状，并可对细分领域的数据指标进行查询分析。从宏观到微观，实现城市各类数据的融合贯通与直观可视，辅助管理者从各个层面洞察城市运行态势，提升监管力度和行政效率。支持基于时间、空间、数据等多个维度，为各类焦点事件建立阈值告警触发规则，自动监控各类焦点事件的发展状态，对来自不同部门和不同系统的告警信息进行关联分析，结合预警模型进行风险研判，确定告警信息的风险级别，以启动相应的应急预案。通过整合信息、事件与工作流，实现从城市日常整体态势感知到突发事件应急联动指挥的无缝对接，辅助管理人员提升安全风险管控力度和处置突发事件的效率。

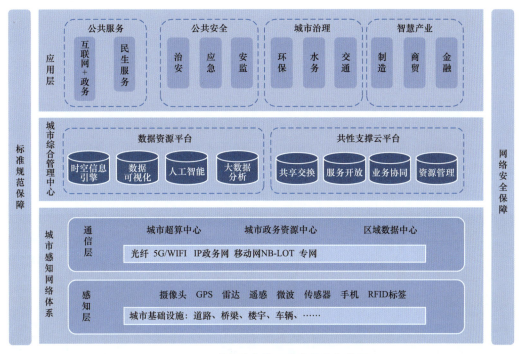

图 10-1　城市综合管理平台总体架构图

联合指挥"跨部门"。除了城市日常运行态势监测,基于 CIM 的城市综合管理还能够满足应急情况下跨部门联动资源的协同指挥。支持深度整合各级别、各部门、各地区联动资源,对大规模联动资源进行可视化管理,并通过集成视频会议、远程监控、图像传输等应用系统或功能接口,实现突发应急情况下,按照既定的应急预案,一键直呼、协同调度多方人员、物资、设施等联动资源,实现跨组织部门、跨地域、跨行业的联动协同作战,实现"一张图"指挥。

城市分析"仿真化"。CIM 建立了一个与现实城市同步的数字虚拟城市,通过收集城市各个方面的动态数据,实时监测和模拟分析,建立一个基于物联网和服务的城市管理架构。虚拟城市能够在任意角度和观察场景中实时体验已存在的道路交通体系,还可以在虚拟城市中整合仿真。运用城市仿真技术,可进行自然现象、物理力学规律、人群活动、自然灾害等仿真,比如可预测台风灾害、优化应急预案;可进行城市风、水、污染物、热岛等现象进行仿真和演进态势预测。通过城市仿真可以实现问题诊断、解决方案辅助设计、方案验证、未来预测等,从而为城市智慧管理提供数据、决策支持。

城市决策"智能化"。CIM 贯穿城市规划、建设、管理全生命周期,城市在规划、建设和管理过程中产生的数据,如政府数据、企业数据、互联网数据、物联网数据等,能够反映出城市运行过程中的特点、规律和变化,通过整合不同部门、不同领域的数据,将数据按主题成体系地加以分析研判,可以为城市的智慧化以及精细化管理提供决策依据,还能够为智慧城市的服务系统提供新的洞察力,为城市管理决策提供全面、客观、科学的依据。

10.2　市政设施管理

　　城市道路、桥梁、照明设备、下水道、地下管网等公共设施统称为市政设施，是充分发挥城市载体功能的先决条件，也是发挥城市综合管理功能的基础，是城市经济、科技、社会发展水平高低的重要标志，也是城市防灾、救灾的必要保证。市政设施管理一直是城市治理的重点和难点。在 CIM 中，基于标准统一的市政设施数字编码标识体系和空天地全方位立体部署的物联感知设施，能够为各类市政设施等赋予独一无二的"数字身份证"，支撑对市政设施的智能感知、精准定位、故障发现和远程处置。

　　基于 CIM 的市政设施管理系统如图 10-2 所示。

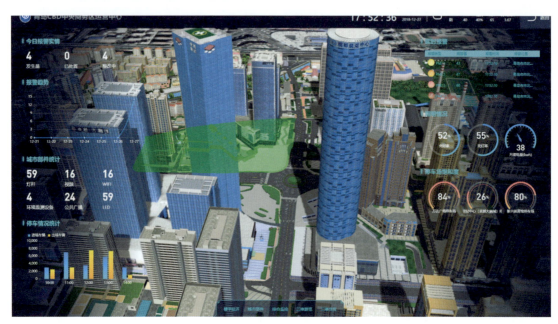

图 10-2　基于 CIM 的市政设施管理系统

　　市政设施全生命周期管理。基于 CIM，为各类市政设施等赋予独一无二的"数字身份证"，收集市政设施规划、建设、使用、维护，直至报废拆除全生命周期的信息资料，实现市政设施的一体化、精细化、实境化管理，真正做到"一处设施、一套档案"，使市政设施管理"底数清、情况明"，实现市政工程档案信息由信息孤岛、形式单一的台账式管理到全程联网的、形式多样的、标准统一的大数据管理的转变。在 CIM 上，展示所有市政设施，如管线、路灯、道桥、井盖、垃圾桶等，宏观上展示市政设施的空间分布，微观展示市政设施的 BIM 模型，支持市政设施及相关属性信息、资料查询、统计以及各种报表输出等管理功能，提高市政设施日常管理水平。

　　市政设施监测预警。基于 CIM，应用物联网技术，实现市政监测状态一目了然，可以调取现场视频进行检查确认，做到了快速反应、精确定位、及时报警。

　　通过物联网监控采集设备，对道路、桥梁、隧道进行动态监测，在 CIM 上，实时展示设施分布、监测数据，一旦数据超过报警阈值，系统产生报警信息，并快速精准地定位到报警构件，提醒相关人员采取相应措施。管理人员结合市政设施规划、建设历史信息，实现快速分析和决策。

基于 CIM，结合物联网路灯，实时展示城市路灯分布，单个路灯的电流、电压、功率等数据，对路灯在线、离线、故障状态等进行监测，实现路灯故障智能分析。当发生灯具故障、终端故障、线缆故障、断电、断路、短路、异常开箱、线缆、设备状态异常等异常情况时，实时报警。同时，CIM 支持对照明设施实施集中控制，实现对全城照明设施的统一开关灯、故障监测处理以及节能管理，改善城市照明整体形象，方便市民日常生活。智慧路灯感知监测如图 10-3 所示。

图 10-3 智慧路灯感知监测

通过智能感知设备、无线网络、污水处理设施、给排水管理、智能井盖、水质水压表等在线监测设备实时感知城市供排水的运行状态，并采用 CIM 整合城市水务管理部门与供排水设施，将海量水务信息进行及时分析与处理，并做出相应的处理结果辅助决策建议，以更加精细和动态的方式管理城市水务系统的整个生产、管理和服务流程，保障居民用水安全，全面达到数字化智能应用的状态。

基于 CIM，直观显示地下管线的空间层次和位置，以仿真方式形象展现地下管线的埋深、材质、形状、走向以及工井结构和周边环境。与以往的管线平面图相比，极大地方便了排管、工井占用情况、位置等信息的查找，帮助用户对综合管线以标准化的方式进行管理，并提供丰富强大的各类查询、统计和辅助分析等功能。将 CIM 中管线的 BIM 模型与物联网相结合，实现对地下管线运行状态的实时检测管理，通过 BIM 模型对管网的实际运行情况进行检测显示，及时分析预报存在或可能存在的风险，一旦发生险情，管理人员可以立即通过 BIM 模型获取事故管段的位置以及事故性质等其他关键参数，为及时疏散和检修处理提供信息。智慧巡检示意图如图 10-4 所示。

图 10-4　智慧巡检示意图

市政设施分析模拟。以 CIM 为支撑，透彻感知桥梁、燃气管网、供水管网等市政设施运行状况，对市政设施进行分析模拟，为市政设施管理部门提供决策依据。在虚拟三维的管网系统场景中进行实时数据动态模拟，形象直观地观察管网中输水配水的状态，掌握管网中的压力、流量、流速、水头损失等各种状态，模拟用户用水时供水的时变化系数和日变化系数。此模式下模拟满足用户用水量、水压的条件下，综合考虑水泵的运行特性、运行时间、阀门调度、蓄水设施调度，结合用水时变化系数的不同，得出高效低耗的供水方式，减少供水的运行费用。对设施事故（燃气泄漏、桥梁坍塌、道路塌陷等）影响范围及趋势分析，制订相应的事故应急计划，实现设施事故风险的及时感知，早期预测预警并高效处置应对。

10.3　城市应急管理

现代城市具有人口高度密集、流动性强、人机交往频繁等特点。一旦发生城市灾害及重大公共危害事件，会危及市民生命和财产安全，还会带来严重后果，同时严重影响城市经济社会的健康发展。基于 CIM 的应急管理可有效应对各种风险，预防和减少自然灾害、事故灾难、公共卫生和社会安全事件及其造成的损失，保障人民群众生命财产安全、维护社会稳定。CIM 可在应急处置过程中，可提供预案、监测、预警、处置、跟踪、追溯、分析等服务。

基于 CIM 的城市应急服务示意图如图 10-5 所示。

应急可视化。CIM 可以通过可视化的界面形象的实时展示各种应急资源的位置、状态以及交通和建筑分布情况，并可基于空间实际地理坐标对可用应急资源进行查询。根据事故发生地点的具体位置，CIM 帮助快速选择和按照最优路径调配营救力量，将应急物资、救援人员，以及救援车辆的实时分布位置展现在 CIM 地图上，结合事故发生现场的情况，

图 10-5　基于 CIM 的城市应急服务示意图

指挥和调度人员和物资快速到达事发现场。

基于 CIM 的应急可视化功能示意图如图 10-6 所示。

图 10-6　基于 CIM 的应急可视化功能示意图

应急预案。基于 CIM，根据重大危险源及周边信息、应急处置力量和资源的空间分布等信息，利用网络分析、空间分析等功能，生成综合预测分析结果，制订应急事件的处置预案；基于 CIM 标绘应急资源位置、生成救援物资的分布、救援人员的行进路线、人员的撤离路径等方案，生成实战化的作战指南。根据事件现场反馈的信息、新的预测分析结果，结合空间分析功能，对已生成的方案进行评估和实时动态调整，调整内容包括避难场所配置、人员疏散策略、救援力量调度、应急资源保障等；根据应急机构和救援力量的反应能力、疏散能力和效果、医疗救护能力和效率、方案实施时效性等指标对预案进行调整。

应急演练。基于 CIM，对应急预案制定的救援过程进行模拟演练，提前预演突发事件的警力部署、资源呈现、辅助决策、决策指令展现。结合已有预案，根据传感设备数据以及危险源类型和等级划分等信息，在基于 CIM 中以人员动画、烟雾、火焰等效果来模拟重大事件处置的整个过程，实现重大事件的救援演练及推演。通过预案演练，检验预案的合理性和有效性，并对预案进一步完善，提高应急人员的熟练程度和技术水平，提高各级预案之间的协调性，以保证在突发事件发生时能够迅速、有效地采取对应措施，最终提高整体应急反应能力。基于 CIM 的应急演练功能示意图如图 10-7 所示。

图 10-7　基于 CIM 的应急演练功能示意图

风险隐患监测与评估。通过 CIM 表现重大危险源的地理位置、周围重点建筑物、人口分布、商业建筑等，并可将接收的监控视频、图像及传感信息展现在 CIM 上，使用户清楚地了解重大危险源的位置、周围环境以及实时监控信息。对于固定场所重大危险源，可基于 CIM 建立固定的安全实时监控系统，将实时采集的监控数据展现于 CIM 中，方便用户了解危险源的地理位置以及实时监控信息。结合危险源的监控信息以及气象、人口分布、交通状况等辅助空间信息，利用高级空间分析功能预测危险源的危险性和事故的后果，对重大危险源进行风险等级评估，实现对行政区域的安全规划。根据管辖区域内所有危险源的数据进行的风险评估分析，能够根据所有危险源的位置以及危险等级来综合的评估整个管辖区的风险等级，并以专题图的形式展现给用户。

应急处置与救援。通过 CIM 综合分析天气因素、环境因素、周边人口、危险品物质类别，事发时间段等各类因素，将各类影响因素进行综合分析，对事故的进展进行态势感知，为应急指挥辅助决策提供支持。将 CIM 与危险品扩散、综合预测预警、衍生次生灾害预警、智能研判、评估等分析模型相结合，将突发事件的发展过程和针对该事件的处置过程以时间的先后顺序展现在 CIM 地图上，模拟出事件的发生、发展、结束的状态，根据时间的推移事件发展态势的变化，实现态势展现、态势推演及事件回放等功能。根据事件接报及周边信息、专业部门预测分析和综合预测分析的结果，与事件相关的应急预案、类似案例以及处置经验和知识，可供利用的应急处置力量和资源等信息，制订出应急指挥和救援方案。根据应急指挥和救援方案，CIM 快速选择和按照最优路径调配营救力量，将应急物资、救援人员，以及救援车辆的实时分布位置展现在 CIM 地图上，结合事故发生现场的情况，指挥和调度人员和物资快速到达事发现场。

10.4 疫情联防联控

以 CIM 为基础，整合智慧医疗、物联网、云计算、人工智能、大数据分析等数字健康服务资源，汇聚疫情防控医疗物资产业数据，在城市级和社区级两个尺度上进行信息、人员和空间的高效管理，支撑主管部门决策部署与资源调度，支援抗击疫情的一线医疗机构和医务人员。

快速汇聚发生疫区城市与其他城市间往来人员的数量和信息。提早预测疫区周边潜在的疫情暴发城市，以及城市中的疫情重灾区域，进而建立人员-空间-时间的疫情预测模型，有利于医疗物资和人员的提前调配，避免恐慌，保障秩序。

基于 CIM 疫情联防联控系统的展示图如图 10-8 所示。

精确反向绘制传染源的出行轨迹。借助 CIM 技术对已确诊或疑似病例人员的出行轨迹和接触人员进行反向寻踪和精准定位，有利于更快速地锁定暴露人群，提前进行人为干预和控制，避免疫情加速扩散。

辅助医疗资源和物资设备的高效调配。根据 CIM 理念汇聚的医疗机构和相关组织、医务人员、床位、设备物资等医疗资源数据，基于疫情现状与大数据预测分析，辅助城市范围内的医疗资源调配决策，及时精准支援第一线的救治防控工作，提升就诊效率，充分调动全社会可用资源和力量，有效缓解病患聚集、群众恐慌等问题的发生。

图 10-8　基于 CIM 疫情联防联控系统展示图

辅助决策疾病传播紧急处理预案。通过获取完善的城市分布信息以及准确及时的病源、病例传播、路径跟踪等信息，通过基于人工智能的大数据分析手段，辅助决策临时紧急处置预案，第一时间控制病源传播。

社区重点病症人员跟踪。充分发挥 CIM 理念汇聚时空大数据的优势，与医疗机构业务协同。对于康复出院、身体状况异常等需要实行居家隔离的居民，可及时通过平台按周期上报更新居家生活情况数据，包括隔离周期、体温等病症变化情况和饮食活动等健康状况。对于上报数据异常、未及时上报、隔离期越界、紧急情况举报等情况由社区网格员监督管控。通过社区内监控摄像头对人脸、动作和体态的识别，对未按规定在家隔离人员外出情况自动上报预警，由社区志愿者借助无人机等智能设备，负责主动提醒和劝归。

定点定向物理隔离控制。通过 CIM 技术的网格化功能，对于病毒的传播方向进行准确预报，根据传播方向的可能性，利用"复杂网络"分析等 AI 技术手段，在传播路径上进行重点隔离、定向控制，是低成本、早防控和严隔离的有效手段。

护航城市应急设施保质保量建设。以武汉建成的火神山和雷神山两座医院为例，需要在极短时间内完成建设。规划建设阶段可通过 CIM 技术协调建设人员和物资，高效地管理施工建设过程，保障应急设施及时投入使用。

后疾病时期的长期管理和跟踪监控。以 2003 年非典为例，非典过后疾病虽然得到了基本控制，但大规模传播后个体发病的可能性仍然存在，而且病毒的潜伏期往往长久，并有可能在"合适"的环境条件下重新发病。此外，以"野生动物"为传播源的 SARS 虽然得到了控制，但其他病毒类型疫情也有可能再次发生。借助 CIM 技术的有效监管，长期对市场等敏感区位进行管理规划，对于靠近居民和人口密集区的市场进行后期管理和跟踪监控，将对类似疫情的发生起到有效的控制作用。

10.5　城市安全运行

城市作为一个开放的复杂系统，时刻面临着自然灾害、事故灾害、突发公共事件等因素干扰。随着经济的发展、城镇建设速度加快，安全问题已经延伸到生产、生活、环境、技术、信息等社会各个领域。借助 CIM 能够高效识别、控制和处理危及城市生存与发展的各类安全风险，预防各类事故灾难发生，提高城市应对各种灾害的能力，保障公众生命和财产安全。

城市安全运行如图 10-9 所示。

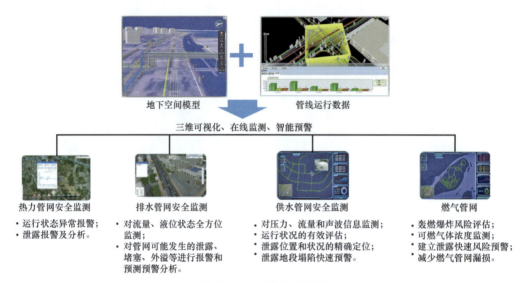

图 10-9 城市安全运行

城市安全"一张图"。依托 CIM，整合市政设施、建筑物、地质环境、物联网监测等贯穿城市规划、建设、管理全生命周期的数据资源，梳理城市安全风险隐患，构建城市安全管理一张图，汇集相关行业安全风险源、减灾救灾资源、物联感知监测设备等信息，并在时间和空间两个维度上在一张图上进行可视化管理并呈现，同时进行重点风险源评估定级工作，实现各类风险源分级的精细化管控。在灾情发生后，及时对各类警情、灾情、生态破坏、道路违章、环境卫生等数据进行精准可视化展示，为安全管理防范防治、抢险救灾提供有力的数据支撑，使城市安全运行管理有的放矢、重点突出。

风险感知"实时化"。基于 CIM，结合公安、交通、消防、医疗市政等多部门实时数据，实现管辖区域内"人、车、地、事、建筑"的全面监控。结合人工智能、大数据、物联感知等新一代信息技术，对监测内容实时分析、对隐患信息深度挖掘、对风险隐患精确预测，进而自动识别燃气爆炸、桥梁垮塌、路面坍塌、城市内涝、交通事故等事件，为城市安全装上"雷达"，在锁定事故发生点位后，可以快速分析统计就近距离范围内的次生安全风险源及减灾救灾资源，从而实现城市安全防范预警、提示、资源优化管理，提高城市安全运行动态监控、智能研判以及突发事件现场感知和快速反应能力，提升智慧城市管理的辅助决策水平。

城市安全"仿真化"。依托 CIM，建立城市安全风险评估体系，收集筛查对应指标数据，并对数据进行量化处理和风险赋值，构建多源异构的城市安全风险评估预测模型，如火灾风险模型、地震风险模型、洪灾风险模型等。在此基础上，引入人工智能深度学习技术，以城市各区域的灾情数据作为样本训练和检验模型，不断调整模型参数优化模型，模拟追踪灾情全流程，预测各个环节内人员财产损失和城市部件损坏情况，用以评估模拟灾害可能造成的危害及可接受的灾害风险，寻求灾害的最优解决方案。

指挥调度"跨部门"。依托 CIM，建立指挥调度系统，集合视频监控、无线通信、坐席管理、公安 GPS、政府视频会议等功能，实现救灾应急指挥中心与 119、120、区呼叫中心及政府其他职能部门在语音、图像、数据等方面的互联互通，全面整合了人员、卡口、视频、车辆、设备和其他社会资源信息，使指挥调度有一个先进的媒体工作平台，对各管辖区域的信号可实时进行调取上屏实时显示，随时掌握管辖区的实时情况，在灾害发生后，按照既定的应急方案，跨部门调度可用资源，实现快速精准指挥调度救援。

灾后恢复"智能化"。基于 CIM，建立灾后恢复管理平台，采集灾后城市部件设施损坏、人员财产损失等信息，与灾前 CIM 进行对比分析，为主管部门提供精准的灾害损失评估报告，进而高效准确地进行灾民救助、损失补偿、次生灾害预防等灾后协调管理工作。通过灾害所积累的经验，在灾后重建过程中，利用 CIM 进行灾害仿真建模与负载测试，对城市防灾体系基础设施进行优化和改善，不断提高综合防灾能力，形成循环渐进发展的城市综合防灾模式。

10.6　老旧房屋监测

随着城镇化快速发展，房屋的保有量逐年增加，建筑的结构构件、设备设施因使用年限增加而逐渐老化，极易产生安全隐患。基于 CIM，构建真实、系统、完整的老旧房屋动态监测体系，实现对老旧房屋动态情况的数据采集、远程传输、分析评估、量化考核，建立健全安全隐患排查整治长效机制，确保房屋安全。

老旧房屋"可视化"。通过 CIM 宏观展示老旧房屋的外观、坐落、环境、结构、安全鉴定等信息，将监测信息与 BIM 中的建筑构件关联，将抽象晦涩的数字化信息进行三维可视化的方式表达，实现建筑结构各部分性状在线交互展示，显示监测设备的运行状态、房屋安全评估等信息。

基于 CIM 老旧房屋"可视化"功能示意图如图 10 – 10 所示。

图 10 – 10　基于 CIM 老旧房屋"可视化"功能示意图

房屋监测"智能化"。通过 CIM，结合水平仪、倾角仪、裂缝仪等物联网监测设备，实时接收传感器的监测数据，对监测数据进行相应的预处理，并可通过分析图表等形式在 CIM

进行可视化表达。对每类设备设置预警策略，即预警分级，并对每一个分级设定阈值，当监测数据超过预警阈值时，在系统中进行预警，通过三维模型快速定位异常传感器位置、异常读数等内容实现快速预警，快速感知，让管理人员快速了解老旧房屋真实状况，提升管理水平。

房屋数据"共享化"。运用 CIM 自身信息整合功能将监测过程中的各方参数与监测数据进行互联互通，提高监测信息交互的即时性和准确性。对于历史保护建筑来说，在修缮阶段该功能作用尤为突出。设计方可以根据测点位置、历史监测数据等分析了解房屋的相关信息，为后续设计方案提供充分的信息基础。施工方也可以通过平台实时了解施工工程对房屋的影响，以便实时了房屋状态，预防施工对房屋造成的隐形危害。管理部门则可以通过平台了解修缮过程中房屋在各个时间段的动态信息数据，在监测、保护过程中协同各专业的工作。

10.7 消防防灾监测

基于 CIM，集成 GSD、IoT、AI 等技术，围绕消防安全相关的人、车、事、物、数等要素，融合房屋、地理等基础数据，构建全域覆盖、全时可用、全局可视的消防防灾监测体系，通过多维的物联感知、智能分析手段，对消防安全状况进行实时监测、及时预警、智能研判，形成事前预防保护、事中应急处置、事后追溯总结的一体化管理体系，全面提升城市消防安全防控水平。基于 CIM 消防防灾监测系统架构图如图 10-11 所示。

图 10-11 基于 CIM 消防防灾监测系统架构图

消防设施全生命周期管理。基于 CIM，包含贯穿建筑全生命周期的消防信息模型，能直观显示消防系统中的空间布局和逻辑关系，并把各种信息数字化和集成化，使工程项目设施和整体布局实现数字化的表达。前期在工程设计阶段可对后续的工作进行有效预测与把控，保证整个建设工程的有序进行；建设期各参与方基于模型协同更新、修改、查询和应用各项信息，提高工作效率；竣工期可将实际消防施工情况画面与三维模型进行比对，竣工模型可作为验收资料进行存档；运营期可实时监测消防设备分布、运行异常、能耗消耗等情况，从而对消防资源进行有效管理和规划，降低安全隐患的发生概率，节约消防系统的运行成本。

智慧消防"一张图"。基于 CIM，以城市空间数据为载体，将城市街道、地标点、建筑物、机动目标、基础设施、视频数据等要素信息进行详细的展现，实现管辖区域内"人、车、地、事、物"的全面监控，并结合公安、交通、医疗、市政等多部门实时数据，完整、详尽地对城市消防管理态势进行全方位复现，实现对消防警力、消防设备、火灾预警点位等消防要素进行可视化管理。宏观对城市消防态势进行综合监控，微观展示建筑内部详情，包括电力电缆、燃气管道、热力管道等管线的位置、分布、走向等，同时可自动筛选报警地周边监控视频和警力资源，为指挥人员对周边情况进行判定和分析，对报警事件进行前期的处理及分配。

设备感知"实时化"。基于 CIM，打造智慧消防数字底板，融合设备的压力、液位、温度、双电源、手自动等物联网设备信息，提升城市消防态势感知能力，满足城市消防管理日常监测监管的需求，对消防管理各领域的核心指标进行态势监测与可视分析，全面描绘城市消防管理现状，并可对细分领域的数据指标进行查询分析。从宏观到微观，实现城市各类消防数据的融合贯通与直观可视，辅助管理者从各个层面洞察城市消防运行态势，提升监管力度和行政效率。支持基于时间、空间、数据等多个维度，为各类消防焦点事件建立阈值告警触发规则，自动监控各类告警时间的发展状态，对来自不同部门和不同系统的告警信息进行关联分析，结合预警模型进行灾情研判，以启动相应的应急预案，使得消防安全管理看得见、可计算、可感知，全面保障区域内消防安全的发展。

消防解危"自动化"。通过 CIM，对建筑内部场景进行实景还原，以虚拟化的形式展现火灾报警点位。CIM 平台可统一发布指令对疏散照明系统及喷淋系统进行远程控制，并结合空间信息实现精确的喷淋灭火以及疏散通道规划。同时，CIM 平台可实现对建筑内防火门开闭状态的监测，根据火灾报警情况及时调整防火门状态。

紧急疏散"仿真化"。通过 CIM 中的虚拟建筑构件表达现实中建筑物的构件，依据建筑分类、耐火等级、灭火救援设施、建筑平面布置等可进行火灾模型搭建、火灾模拟预演，一旦火灾发生，根据三维数据模型，可以快速地计算出人员疏散和逃离的时间、线路，从而有效地配合消防部门指导人们进行疏散，保证人们在最短的时间内逃离火灾现场，减少人员伤亡。

应急指挥"智能化"。基于 CIM，支持对消防安全场所周边环境、建筑外观和内部详细结构进行三维显示，并集成视频监控、楼宇管控、电子巡更、移动执法终端等系统数据，对场所重点部位、警力资源、告警事件等消防要素的实时状态进行可视化监测，辅助管理单位掌控微观消防态势。同时整合各类警用移动终端回传的数据，可实时监测消防警力的数量、位置、运行轨迹以及联动资源部署情况等信息，为大规模警力资源的管理和调配提供支持。支持各类火灾警情、抢险救援警情等报警事件的态势显示、快速定位并标示报警内容。同时可自动筛选报警地周边监控视频和警力资源，方便指挥人员对周边情况进行判定和分析，对报警事件进行前期的处理及分配。

10.8　智能井盖

随着我国智慧城市建设步伐的加快，城市中各种井盖数量逐渐增加，目前大部分城市都是人工巡检来管理，存在信息不对等、检修滞后等问题。基于 CIM 的全域感知技术，赋予井盖智能化感知功能，可为市政和交通管理者打造一款能够远程监测井盖状态、井下液位高度等信息的智能井盖，以及能对井盖告警进行实时监控、井盖故障自动派单处理的智能井盖管理系统，完成道路井盖实时全生命周期的系统管理、安全管理及数据决策分析。基于 CIM 智能井盖系统架构图如图 10－12 所示。

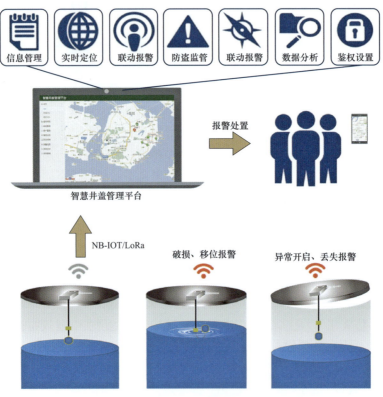

图 10－12　基于 CIM 智能井盖系统架构图

可视化管控。基于 CIM 对现实基础设施信息数据的完整映射与模型模拟，采集每个井盖的地理位置、性能、破损程度等实时动态信息，实现"一井一卡"，形成精确、高效，全时段、全方位，强大的井盖"身份证"信息库，以"智慧井盖一张图"的形式对井盖进行可视化管控，直观展示井盖布局及对应的运行状态，随时搜索，便捷查询。同时能对井盖进行质量跟踪追溯，实现井盖全生命周期统一管理，提高井盖养护效率。

预警联动。基于 CIM 技术的管理平台，实现对井盖状态（开启、位移、倾斜、破损）、井下液位高度、井内有害气体浓度等进行监测，实时报警、联动处置等功能，确保城市安全运行。一是当井盖被打开（产生 15°以上倾角）以及发生位移（有加速度产生），发生被盗、遗失等情况，及时预警；二是通过对水流状态进行数字化动态监测，当水位超过预警水位会发生城市内涝风险时能及时预警；三是 CIM 平台将安防视频画面与真实的地理位置实时联动，当出现预警时，平台能够及时响应，进行远程派工、自动派工、施工跟踪等，做到早发现、早响应、早处置，实现对井盖安全和城市内涝风险的全方位直观动态监测。

自动巡检。基于 CIM 的物联网感知技术，井盖可定期上报自检状况，遇故障自动报警，所有巡检结果将形成每天巡检报告图表化报表分析展示数据。同时支持自动派工、人员轨迹跟踪、现场资料（文档、照片、视频）上传，处置方案和结果备案，实现"全部警情在平台内流转、全部工作在平台内显示、全部结果在平台内反馈"，切实形成工作闭环。

风险预判。基于 CIM 平台的数据中心，对井盖状态（正常、被盗、遗失）、井下水位高度、历史报警信息进行统计和分析；借助 CIM 平台模拟仿真功能，进行深度学习，自我决策，预判城市井盖重点安防区域和城市内涝风险易发生区域，为城市基础设施脆弱性研究和科学性规划提供重要依据，助力城市精细化管理融入城市的每个细节，大力提升我国公共安全预防准备能力。

10.9　智慧工地

基于 CIM，依托移动互联网、物联网、云计算、大数据等新一代信息技术，围绕人、机、料、法、环等各方面关键因素，对工程项目进行精确设计和施工模拟，围绕施工过程管理，建立互联协同、智能生产、科学管理的施工项目信息化生态圈，并将此数据在虚拟现实环境下与物联网采集到的工程信息进行数据挖掘分析，提供过程趋势预测及专家预案，实现工程施工可视化智能管理，以提高工程管理信息化水平，从而逐步实现绿色建造和生态建造。智慧工地如图 10-13 所示。

图 10-13　智慧工地

智慧工地"一张图"。基于 CIM，围绕数字建设、工程安全两大核心需求，以城市空间数据为载体，融合工程建设周期内的人员信息、设备信息、物料信息、计划进度、环境信息，完整、详尽地对智慧工地管理态势进行全方位复现，实现对施工现场的人、机、料、法、环等要素信息进行可视化管理。基于 CIM 智慧工地系统展示图如图 10-14 所示。

图 10-14　基于 CIM 智慧工地系统展示图

设备感知"实时化"。基于 CIM，融合工地摄像头、监测仪、传感器等物联网设备，将施工企业现场视频管理、建筑起重机械安全监控管理、现场从业人员管理、物料管理、进度管理、扬尘噪声监测管理有机、高效、科学规范的结合起来，实现工程项目业务流与现场各类监控源数据流的有效结合与深度融合，助力政府有效地降低的监管成本，提高监管效率，解决政府监管人手不足、监管手段落后、监管信息化建设短缺等问题。

场地布置"可视化"。施工场地布置阶段，基于 CIM，对施工场地内各功能区的划分，通过塔吊的定位、场区道路的布置进行建模，通过模型对塔吊的工作范围、吊重、塔吊的利用率，工作人员和车辆的入场、出场路线进行模拟，实现三区分离、人车分流，塔吊能满足施工的需求，在用人高峰期及车辆进出场高峰期，保证施工场地能井然有序地运行。

基于 CIM 智慧工地系统展示图如图 10-15 所示。

图 10-15　基于 CIM 智慧工地系统展示图（场地布置可视化）

施工现场"仿真化"。通过 CIM，通过收集施工现场各个方面的动态数据，运用虚拟工地仿真技术，可进行施工工序、施工进度、质量安全管理等仿真，比如可推演施工现场技术标准及施工工序，有效保障项目质量；可针对施工过程中的主体施工、建渣清理、砌体放线、砌体施工、砌体收尾、内墙抹灰、外墙螺杆洞封堵、屋面工程、装饰工程等阶段进行时间节点可视化管理，保障施工进度有序进行；可对施工过程中质量、安全等现象进行追溯和趋势预测。

工地决策"智能化"。CIM 贯穿工地立项、招投标、施工图审、施工许可、质量安全、竣工验收的全生命周期，工程在建设和管理过程中产生的数据，如现场施工人员、机具、设备、物资材料、外部环境、内部环境等数据，能够反映出施工过程中的特点、规律和变化，将人员动态、环境及微气象、实时动态影像、大型机具设备行为、风险动态分布、现场巡视和施工进度等数据进行整合，构建智慧工地大数据分析模型，进行施工现场质量、安全、风险、进度等大数据分析，为施工管理的智慧化以及精细化管理提供决策依据。

10.10　智慧园区

基于 CIM，结合云计算、物联网、音视频等技术，构建智联、互联、物联的智慧园区生态体系，打破现有园区信息系统数据孤岛，通过促进园区内技术融合、资源共享、业务协同以及实时状态反馈，打造以园区管理、服务业务为主导，以人为本的智慧园区，全方位重塑园区安全、体验、成本和效率，重塑园区管理运营模式，重塑园区发展与创新模式，引领区域产业集聚与发展。基于 CIM 智慧园区架构示意图如图 10-16 所示。

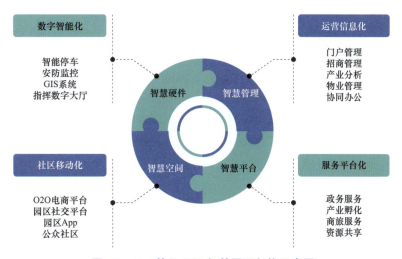

图 10-16　基于 CIM 智慧园区架构示意图

智慧园区"一张图"。基于 CIM，构建园区建筑、市政设施、企业设施、管线、机电设备设施等三维建模，真实还原园区整体环境。以三维场景为依托，融合基础设施、公共管理和服务、信息服务与经济发展、人文感知等数据，完整、详尽地对智慧园区管理态势进行全方位复现，实现对人、车、物、环境、能源、事件等园区管理要素信息进行可视化管理。借助智能大屏、园区仪表盘、领导驾驶舱等展现形式，一张图全方位展示整个园区空间和运行态势，并根据不同主题分级分类呈现，帮助园区决策者、管理者、普通用户从不同角度观察和体验园区发展现状、分析趋势规律。

基于 CIM 智慧园区系统展示图如图 10-17 所示。

图 10-17　基于 CIM 智慧园区系统展示图

规建管服"一体化"。基于 CIM，构建从规划、建设、管理、服务等阶段的智慧园区信息模型，改变现有园区信息割裂、数据碎片化的局面，促进园区内技术融合、资源共享、业务协同以及实时状态反馈，实现园区规建管服一体化智慧应用。规划期基于地面建筑、地下管线及周边环境模型，通过日照分析、碰撞检测、可视化方案比选等功能，为园区选址提供辅助决策；建设期各参与方基于模型协同更新、修改、查询和应用各项信息，实现对施工方案、施工进度、成本管控、质量安全等问题进行有效管控；管理期接入各项智能化应用、管理系统数据，实时监测园区楼宇、环境、能耗、客流等数据，满足园区管理方监控管理、招商管理、物业管理、协同办公管理等一系列管理需求，提高园区的管理效能；服务期园区内的企业与商户可基于园区三维模型查看、咨询、发布各项服务信息，为园区入驻企业发展提供高质量的服务支撑。

园区感知"实时化"。基于 CIM，以物联网、传感网等现代技术为依托，同时整合环境监控、智能交通、安防控制、楼宇自控等系统数据，全面感知和监测园区基础设施、环境、安全等基础信息，提升园区综合管理态势感知能力，满足园区日常管理的需求。通过对各领域的核心指标进行态势监测与可视分析，并可对细分领域的数据指标进行查询分析。从宏观到微观，实现园区各类数据的融合贯通与直观可视，辅助管理者从各个层面洞察园区运行态势，提升监管力度和行政效率。支持基于时间、空间、数据等多个维度，为各类园区焦点事件建立阈值告警触发规则，自动监控各类告警时间的发展状态，对来自不同用户和不同系统的告警信息进行关联分析，结合预警模型进行风险研判，确定告警信息的风险级别，以启动相应的应急预案。通过整合信息、事件与工作流，实现从园区日常整体态势感知到突发事件应急联动指挥的无缝对接，辅助管理人员提升园区安全风险管控力度和处置突发事件的效率。基于 CIM 智慧园区系统展示图如图 10-18 所示。

图 10-18　基于 CIM 智慧园区系统展示图（风险感知）

招商选址"可视化"。基于 CIM，整合园区招商资源，包括环境、产业、配套优势、政策扶持等数据，构建基于室内外的智慧园区招商生态圈，完整、详尽地对园区招商管理态势进行全方位复现，提供面向品牌商、客商、管理方的可视化招商管理服务。从周边环境、招商业绩、产业分析、政策匹配及区位优势等多个角度宏观综合展示园区价值及核心竞争力，吸引品牌商入驻；微观展示招商空间铺位信息，业态布局、内部实景等，提升招商过程中客户参与的沉浸感，同时辅助管理人员整体把握招商成效。

园区决策"智能化"。CIM 贯穿园区规划、建设、管理、运营全生命周期，园区在规划、建设、管理、运营过程中产生的数据，如政府数据、企业数据、互联网数据、物联网数据等，能够反映出园区运行过程中的特点、规律和变化，通过整合不同部门、不同领域的数据，将数据按主题成体系地加以分析研判，可以为园区的智慧化以及精细化管理提供决策依据，还能够为智慧园区的服务系统提供新的洞察力，为园区管理决策提供全面、客观、科学的依据。

10.11　智慧环保

智慧环保以 CIM 为核心，融合物联网技术、云技术、多网融合等多种技术方案，搭载数字化监控、在线监测监控、环境应急指挥、环境移动执法等功能，通过实时采集污染源、环境质量、生态、环境风险等信息，构建全方位、多层次、全覆盖的生态环境监测网络，推动环境资源高效、精准的传递。以更精细动态的方式实现环境管理和决策智慧，从而构建感知测量更透彻、互联互通更可靠、智能应用更深入的智慧环保 CIM 体系，实现环境保护的智慧化。

智慧环保"一张图"。基于 CIM 构建智慧环保一张图管理系统，打通环保局、气象局、交管局及其他环保业务相关部门各个系统壁垒，多渠道采集与生态及环保有关的海量数据，同时广泛收集接入来自农林、气象、交通、物联网等第三方数据。基于丰富的数据资源，以动态全息的地图形式全方位为管理部门展示包括生态红线、污染源分布、城市内河湖、排污口、水质监测断面、空气自动监测点位、环境监察信息、市政管线管点、湿地保护范围、饮用水源地、水体蓝线在内的多个图层，帮助管理部门直观快速地了解辖区生态环境情况，进而实现对生态环境重点污染源、生态环境动态变化的有效监管，为城市圈环境质量、污染防治、生态保护、辐射管理等协同业务提供更智慧的决策。基于 CIM 智慧环保系统展示图如图 10-19 所示。

图 10-19　基于 CIM 智慧环保系统展示图

智慧环保"动态监测"。以 CIM 为基础，引入遥感、无人机及专业环境物联网监测设备，多角度连续自动监测采集环境空气、环境水、废气污染源、废水污染源、污水处理厂、噪声等环境要素，构建全方位、立体式的"天空地一体化"生态环境监测网络，建立潜在污染源全生命周期的监管机制，实现对水、大气、土壤等多种类环境要素质量进行自动连续在线的实时监测与监控，及时发现污染源并制定处理方案进行针对性处理，建立问题发现及时、分析研判精准、案件查办高效的全流程、闭环式、智能化环保问题查处体系，实现环境污染问题及时、精准、科学、有效的管控。

智慧环保 "模拟预警"。依托 CIM，通过对环境背景空间数据、风险源数据、危险品数据、监测分析方法数据、应急监测人员设备数据等多个环境监测数据进行连续性检查、分析、排查、更新，构建多源环境质量模型，如流域水环境污染模型、空气质量模型等。以环境质量模型以及大数据分析等智慧化技术为支撑，辅助快速确定定位目标，及时发现警情，预测演进态势，推测特征污染物的浓度时空变化过程，比如劣Ⅴ类水体的扩散程度、燃煤烟气的飘散方向等，可进一步为可能出现的超标区域做出预警以减少污染危害，用更加精细和动态的方式实现城市环保治理和决策，从而改善环境，提升居民生活环境的质量。

智慧环保"应急指挥"。根据当前环境安全预警与突发事件处理的现状与要求，采用 CIM 技术为核心，建立环保应急指挥管理系统，实现对环境突发事件及时、准确应对及处置。以应急指挥调度为核心，建立数据协同共享机制，提高各个部门、上下级之间的数据互联互通，综合管理存在于废水企业、废气企业、污水处理厂、河流、城市空气等的风险源信息，通过应急资源、车辆定位、短信平台等实现环境应急事件的预警、接处警、辅助决策、应急指挥、信息发布，从环境安全的预防、预警、应急处置三个方面实现环境安全的全过程监管，实现对突发环境事件的有效遏制，尽可能地降低突发环境事件给社会和公众造成的危害和损失。

智慧环保"污染溯源"。在 CIM 基础上引入温度、湿度、气压、风速、风向等传感器实时和历史数据，构建污染源扩散溯源模型，引入各类环境问题的历史数据验证修正模型算法，提升模型的精准性、稳定性。利用点监测或线监测设备的时间序列监测结果，计算污染物在空间中的概率分布，结合路线推演技术实现污染物来源识别、污染内外部贡献计算，达到精准溯源治理的目的，提升了监管效率和执法精准度。

10.12　智慧房屋管理

智慧房屋管理是智慧城市的重要组成部分之一，建立在数字房屋管理的基础之上。数字房屋管理更侧重于同一系统内部房产信息的共享和政府内部行政管理应用，主要运用到 GIS 技术、VR/AR 技术等进行二维展示，而智慧房屋管理则更侧重于不同部门之间系统房产信息的共享和协同，关注政府房产管理部门外部的公众服务，主要运用云计算、物联网等信息技术，进一步提升物业小区 GIS 管理系统、房产 GIS 决策支持系统、房产测绘二三维一体化平台等相关系统平台的三维应用能力，依托 CIM 平台提供的全息底图、分析模拟、场景渲染等功能，使传统的二维房产转为三维房产应用。结合"信息数据化、操作图形化，管理网格化"要求，通过 CIM 平台建设，实现室内室外三维模型的自动化生成、楼栋建模的自动化生成，实现 BIM 相关房屋三维模型的构建和应用。以房屋的生命周期管理为主线，通过丰富和升维房屋安全监管、危房治理监管、应急处置、预警预报等功能，实现房产资源合理配置和节约集约使用，加强房产精细化、智能化管理。

智慧房产"一张图"。智慧房产的数据信息整合过程十分复杂，涉及房产数据种类多、数据量大、数据变化频繁。基于 CIM 平台，对全市存量房屋历史数据进行清理、检查、筛选，保证房产数据的全面性、准确性和实时性。依托 CIM 平台，提供全息一张底图功能，以楼盘表为基础采集相关业务系统和房地产市场相关信息，实现房产测绘数据库、房产电子档案数据库、房产权属登记数据库进行集中的管理，将二维的房产信息三维可视化。利用 CIM 平台强大的数据收集和更新功能，以静态登记向动态管理转变，建立实时交互的"大数据"库。

智慧房产"三网一库"。借助 CIM 中物联网、大数据和云计算等前沿信息技术，实现全市房产相关业务管理平台的统一，即形成"三网一库（专网、内网、外网和房地产资源数据库）"。打通各部门之间的信息壁垒，使各部门在统一的房地产业务管理平台上进行信息查询、业务流输送，如办公用房调配、资产经营管理、日常维护管理等，在"三网一库"的部署下既保障了信息安全，又实现了业务办理效率的增速提效。

智慧房产"动态监管"。依托 CIM 平台，将整个房产生命周期的管理和使用紧密融入日常管理活动之中，把握房产变动、调剂、处置、经营、维修等重点环节，支持通过 CIM 平台立体化查看房产信息并做出变化标识，基于 CIM 中的自动化房产建模等功能实行全流程审核，实现整个过程动态监管。通过搭建公开透明的网页版和手机版房产信息平台，实时公布信息，完善外部监督反馈机制，促进主管单位及使用单位自我约束合理使用，服务社会公众、政府管理部门和其他相关部门，提供更智慧化的全方位、多角度的统计分析和查询服务。

智慧房产应用场景如图 10 – 20 所示。

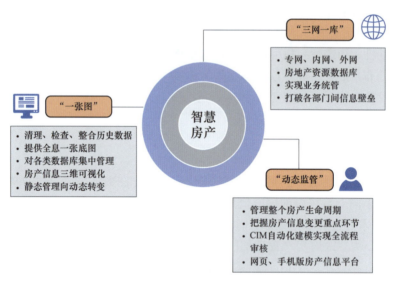

图 10 – 20　智慧房产应用场景

第11章 社会公共服务应用

11.1 智慧社区

随着社会经济的发展，居民生活社区的智慧化也开始得到重视，智慧社区以 CIM 为基石，结合大数据、人工智能、IoT 等先进的信息技术，把居民社区生活息息相关的社区安全、儿童教育、居民健康、社区服务、邻里关系等多方面有机结合在一起，通过智能化、信息化手段及完备的智慧社区管理体系为社区居民提供一个更加安全、舒适、便捷的新时代生活环境，进一步保障居民的身心健康，提升社区管理与服务的科学化、智能化、精细化水平，从而实现共建、共治、共享管理模式。智慧社区如图 11-1 所示。

图 11-1 智慧社区

邻里关系智慧营造。未来的邻里关系将不再是传统的邻里关系，基于 CIM 融合多种信息化技术，组织社区内老人、儿童活动，搭建情感"沟通桥梁"，解决社区内人际陌生问题，改善邻里关系，使社区居民感受到社区和社会的温暖，满足老人沟通需求和儿童的社会交往需求，及时高效处理社区居民情感生活问题，使所有社区居民的心灵都阳光明媚，营造出一个更加交融和谐的新型邻里关系。还可基于 CIM 建立居民互助换取积分的机制和平台，居民之间可以互相提供生活所需的各项服务（如代购、看护、租用等）来获取积分，积分可以换取其他居民的服务或兑换物品，用积分激励来促进邻里之间的和谐共助。

教育学习智慧成长。基于 CIM 建设未来社区教育场景，通过整合社区内部及周边的教育资源，打通各种优质教育资源进入社区的渠道，为居民打造一个满足全社区人群教育需求的智慧教育管理体系。针对 3～12 岁的儿童，家长可以随时通过便携式智慧社区终端查看儿童的学习与生活情况，加强教师与家长的互动沟通，让家长轻松地捕捉各种教育咨询、通知及活动。此外，CIM 平台可通过信息化手段加强社区内文化智能体验和线上服务功能，为公众提供数字图书馆、多媒体文化馆、数字娱乐体验馆、数字科普馆等公共数字文化体育场馆及设施服务，利用移动互联网终端随时随地提供演出、展览和门票优惠等信息服务，在有条件的社区可建立数字娱乐体验馆，打造社区共享学堂，实现居民之间的知识、技能共享，满足社区居民终身学习的需求。

居民健康智慧养护。建立一套关联到户的社区居民全生命周期健康电子档案，CIM 与社区居民生命周期健康电子档案相关联，可以对具体到户的社区居民的生命健康状况进行查看，同时可以通过智能健康穿戴设备，实现对患有心脏病、高血压等疾病的关键人群或者独居老人的健康实时监管。同时，智慧社区将与医疗资源优秀的医院进行全面的深入合作，提供线上查诊、预约上门查诊等服务，在社区居民生命健康电子档案的依据下，线上诊断可以降低误诊概率，缩短就诊时间，为社区居民的健康养护带来极大的便捷。

社区安全智慧保护。随着物联网、大数据等新技术的进一步发展，带给社区安全进一步完善的机会，多种社区安全产品也应运而生，如智慧门禁、智慧电闸、智慧监控、智慧消防器等，各种安全产品通过 IoT 技术与 CIM 相连接，能够实现社区安全管理人员对社区居民安全精细化管理监控，CIM 平台通过集成视频监控系统、电子巡更系统、卡口系统等社区安全防范管理系统数据，提供社区的安全态势监测一张图，支持社区重点部位、人员、车辆、告警事件等要素的实时监测，安防报警事件的快速显示、定位，实时调取事件周边监控视频等功能，支持从时间、空间、处理状态等多个维度对突发事件警情管理，实现警情的分类、分级管理，支持信息发布包括向应急相关机构和人员以及公众发布经过审批的突发公共事件预警信息、事件信息、处置信息、公众防范信息、公众培训信息等服务，并可根据三维数据模型，快速地计算出人们疏散和逃离的时间、线路，从而有效地配合消防部门指导人们进行疏散，保证人们在最短的时间内逃离火灾现场，减少人员伤亡，大大增强了管理效率，为社区的安全保驾护航。

社区服务智慧优化。基于 CIM 平台实现超市、便利店、菜场的在线销售服务，水电煤缴费、交通违章查询及缴费、手机和网游充值等便民缴费服务。以 RFID、视频监控、IC 卡为载体，通过智能设备使感应卡记录车辆及持卡人进出的相关信息，实现社区车辆的车位管理、停车引导和反向找车等功能，提升社区停车的智能化管理，推动"互联网+"的社区社工服务的社区治理模式，通过智慧服务平台有效及时解决居民反馈的问题，逐步推动智慧物业服务满足社区居民的生活需求，通过低成本的商业触达居民，更高效地对居民进行服务，打造"10 分钟社区治理圈"和"10 分钟便民服务圈"。

社区管理智慧保障。基于 CIM 平台通过对社区内楼栋房屋信息、房屋与登记入住人员详细信息关联结果等信息进行查询统计，对社区供暖、供排水、供气、供电等各个子系统能源消耗的运行态势进行实时监控，对能源调度、设备运行、环境监测、人流密度等数据指标进行多维可视分析，对消防隐患智能监测设备信息进行详情查询、浏览展示，对社区供水、供电、供热、空调、新风、照明等各类设备设施的位置、分布、运行环境、状态进行实时可视化监测监控及设备信息查询，对消防隐患事件进行追溯检查、二三维地图浏览与展示、预警、警情处置流程管理、隐患事件统计分析等辅助社区管理。

老旧社区智慧改造。在我国新型城镇化全面推进的大背景下，如何从过去片面追求城市规模扩大、空间扩张转向城市经济结构调整和城市空间重构，改造老旧社区是当前城市发展建设中面临的重要难题。老旧社区改造涉及问题多且复杂，涉及面广，是一项非常细致的系统工程，需要掌握大量能反映现状的资料，而这些资料大多分散于各相关部门，用常规方法处理这些资料，既费时、费事，又不够准确，且很难及时地反映最新的变化。而将 CIM 平台引入老旧社区改造管理，不仅可以有效地解决上述庞杂信息的有序管理问题，还可将改造工作中需要的改造范围、地形、土地、道路与基础设施、建筑、相关规划和设计方案等进行三维数字化处理和表达，并结合社区经济情况、人口资料、土地房屋权属、设施运行状况等数据，实现多要素的统一管理和加载；同时基于 CIM 平台梳理形成老旧社区改造评价指标体系，辅助分析老旧社区改造优先级和改造时序，筛选改造优先级较高的老旧社区目录，形成老旧社区改造最优决策。此外，还可以利用倾斜摄影和激光雷达扫描实现改造前后的实景对比分析。最后应用 BIM 模型利于改造工程的工程量统计、投资成本控制等精细化管理与控制，分析拟改造方案的技术经济指标，支撑改造方案比选。在老旧社区"微改造"过程中应用 CIM 平台将大大提升改造决策的科学性，改造方案的合理性、改造全过程管理的规范性，同时通过连接城市管理平台、社区公共服务平台和物业服务平台，有利于增强社区治理能力和综合服务能力。

11.2 智慧物业

智慧物业广泛运用 5G、互联网、物联网、云计算、大数据、区块链和人工智能等技术，基于 CIM，实现分层分户建筑的水电能耗的统计，提供智能、精准的物业管理费收取服务，同时针对日常运维管理要求，实现社区或园区内部建筑、安防设备的自动巡检与远程故障维修，环境卫生、安全消防、清洁绿化等公共区域的可视化管理，构建社区（园区）生活服务生态，为居民/企业提供智慧物业服务，提高物业管理水平，提升用户满意度。

智能在线缴费。基于 CIM，社区物业管理可清晰地看到以企业、以户乃至以个人为单位的相关费用缴纳情况，实施精准化的缴费管理。企业与个人可以通过移动终端实现在线缴费，支持包括租金物业费、水电费、停车费、保洁服务费等。

智能访客管理。针对企业/园区的智慧物业可实现智能访客管理。通过互联网和移动终端实现访客邀请、访客申请、批量申请等，满足企业/园区的各种不同的访客管理场景要求，实现对访客的智能精细化管理。

智能设施设备。CIM 的使用能有效地提高设施设备的智能管理水平，可对设备的全流程运行与安全进行有效监管。同时，基于物联网、网络监控等信息化技术，能够关联到设施设备的具体位置，并通过大数据智能对设施设备的质量状况进行实时监控管理，可以有效地进行动态监测预警，高效地识别消防、燃气、电梯、变压器等设施的安全隐患，及时派遣相关的工作人员提前消除风险。

智能停车管理。引入无人守道阀、车辆识别摄像机、智能取卡桩等智能设施，通过互联网、物联网等信息化技术与 CIM 相连接，可实现停车场的自动运行管理，实现自助扫码缴费，减少所需要的管理人员，降低运营成本，也大大提高了汽车的通行效率。通过城市信息模型，可以准确地把握停车场的停车位数量，能对停车位进行统一的统筹管理，提高车位的使用率。

智能物业服务。基于 CIM 推动建立完善的智能物业服务体系，为用户提供优质的服务，如对楼房设施、公共设施的维修和养护；对楼道、公共区域进行清扫和保洁；对绿化区域进行定期修建和养护；对小区/园区进行治安巡逻和监控等。用户可以通过智慧平台对相关的服务业服务进行定制，并查看完成情况，并给予评分，通过大数据综合分析，不断优化提升物业服务的质量水平。

11.3 智慧交通

随着交通强国战略的不断推进，城市交通迎来快速发展。AI、IoT、CIM、大数据、云计算、5G、高精度地图、互联网通信等技术的发展和应用，有力助推城市交通管理实现数字化转型，构建智慧交通生态体系。

智慧交通作为智慧城市的重要组成部分，是在交通领域中充分运用 5G、AI、IoT、CIM、大数据、云计算、互联网通信等技术，通过交通全要素、全周期数字化等手段构建的智能化、人性化和立体化综合交通生态体系，能够大幅提高城市交通系统的整体运行效率，有效地缓解城市交通压力，帮助城市实现可持续发展，是促进智慧城市建设的强大推动力。

CIM 技术建立的三维数字化的城市信息有机综合体，为智慧交通提供了统一的三维数字底板。以 CIM 基础平台为依托，集成城市交通要素、交通出行、交通事件、交通环境等多源时空信息，面向不同的城市交通管理需求，搭建基于 CIM 的城市智慧交通综合管理平台，赋能城市交通综合管理，提升交通管理部门对城市交通系统的综合治理水平和质量，为社会公众提供更便利、更高效和更智能的交通出行数据服务。

11.3.1 智慧交通管控

1. 综合车辆监控

搭建视频监控系统，对路况和来往车辆进行实时监控、视频/图像回传和存储，结合 AI 图像识别、云计算、大数据等技术，对车辆的身份和行驶状态进行智能分析和识别，实现车辆稽查、车辆违章取证、异常车辆识别、行驶轨迹查询等应用。

基于 CIM 平台的车辆监控如图 11-2 所示。

图 11-2　基于 CIM 平台的车辆监控

2. 动态路况监控

通过即时接入道路监控视频、卡口、信号灯以及车载 GPS、乘客出行等交通运行数据，利用大数据、AI 等技术对由上述数据构成的出行轨迹进行处理建模，并匹配到城市三维交通路网中，完成交通运行状态在城市数字沙盘上的动态反馈，实现对道路平均流量、平均速度、交通密度、平均延误等重要交通参数的统计和可视化展示，帮助交通管理部门及时掌握道路运行状态。

基于 CIM 平台的交通动态监控如图 11-3 所示。

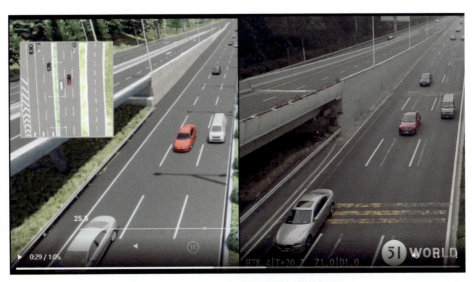

图 11-3　基于 CIM 平台的交通动态监控

3. 道路拥堵疏导

借助 IoT、5G、大数据、云计算、高精度地图等技术，对从车载系统、路侧传感网络、视频监控系统等实时采集的交通大数据进行智能分析和预测，发现正在或即将发生拥堵的路段，对目标路段附件的智能交通信号控制系统发送控制指令，智能调节信号时长。同时，结合交通诱导系统对车辆进行分流，缓解区域拥堵情况。基于 CIM 平台的道路疏导如图 11-4 所示。

图 11-4　基于 CIM 平台的道路疏导

4. 综合车辆调度

接入交通事故、环境灾害、城市应急数据，结合已经获取到的动态路况信息，建立自适应交通信号方案模型、车辆调度方案模型、交通拥堵疏散方案模型，实现可视化的交通指挥调度预演和评估，为特殊车辆进行智能引导、缓解关键地段拥堵以及大型活动的交通疏散提供决策支撑。例如，通过公交智能调度系统，指挥中心可以在电子地图上清晰地看到各路公交车的运行情况，如出现堵塞，可以及时通知总站调整发车的间隔。对周边地区公交线路的调整、车辆增补等情况可以一目了然，从而大大提高公共交通的效率。

公交运力云平台如图 11-5 所示。

5. 智慧网联汽车

在智慧网联汽车应用方面，CIM 平台依托物联网通信技术，将路侧感知设备、车载传感器、车载系统等进行汇集和融合，实现车与人、车与车、车与路、车与后台之间智能信息交换共享，通过智能识别、分析和预测，为乘客提供出行服务。同时，CIM 平台可以为自动驾驶算法提供高逼真的虚拟三维场景，渲染出不用的运行环境效果，为自动驾驶算法的仿真测试提供技术支撑，推动无人驾驶行业发展。

图 11-5 公交运力云平台

6. 无人驾驶

CIM 平台可集成 LOD4（参考 CJJ/T157—2010《城市三维建模技术规范》P5 中模型精度分类）及以上的高精度级别三维模型，打造高拟真、全拟真的虚拟场景，加入路面、道路标线、交通标识、信号灯等交通元素，通过调整路面坡度、弯度变化，设置不同的光照、天气下的时间，为自动驾驶算法提供丰富的动态仿真环境，实现自动驾驶决策算法的可视化体验和测试，推动自动驾驶算法优化升级。

基于 CIM 平台的自动驾驶算法仿真测试如图 11-6 所示。

图 11-6 基于 CIM 平台的自动驾驶算法仿真测试

7. 交通仿真

在城市三维路网基础之上，对城市交通中涉及的信号灯、路面标线、交通标识等要素进行语义化、建模化，打造城市交通静态三维场景，提高对交通运行，尤其是立体交通运行进行模拟分析时的展示直观性，更好地解决了过去宏中微观仿真各司其职，无法在同一个平台上实现从城市宏观场景到路口微观场景无缝衔接和联动仿真的问题，提高了仿真平台对交通方案模拟、研判的可信度。

基于 CIM 的交通仿真研究应用如图 11-7 所示。

图 11-7   基于 CIM 的交通仿真研究应用

11.3.2   智慧交通服务

1. 路况信息推送

平台与路侧信号灯、视频设备等各类传感器建立即时连接，对不同协议下传感器的感知信息进行接入、处理和融合，利用 AI、大数据、云计算等技术手段，实现对道路路况和事件的全息感知和智能识别。通过路侧安装的 RSU（路侧单元）向附近车辆的 OBU（车载单元）广播推送区域性的交通服务信息，主要包括天气状况、实时路况、突发事件、管制信息、服务设施等。辅助驾驶人员提前做出出行决策，提高交通出行效率，减少交通事故发生概率。

基于 CIM 的路况信息推送应用如图 11-8 所示。

2. 线路规划

通过采集出行人员的 GPS 定位、计划出行方式、出发点和终点位置信息，结合平台上的三维路网、实时流量数据，利用云端大数据分析技术为出行人员提供效率最优的出行路径方案，提高道路利用率，减少交通拥堵状况。

基于 CIM 的线路规划应用如图 11-9 所示。

图 11-8 基于 CIM 的路况信息推送应用

图 11-9 基于 CIM 的线路规划应用

3. ETC 支付

利用 AI 图像识别、RFID、移动支付等技术，在停车场、高速公路收费站等出入口实现无人值守自动扣费，节省人力成本的同时，提高路面通行效率，减少交通拥堵。基于 CIM 的 ETC 支付应用如图 11-10 所示。

图 11-10　基于 CIM 的 ETC 支付应用

4. 车路协同

将 CIM 平台作为车联网信息汇集和交换的中转站，依托物联网通信技术，将路侧感知设备、车载传感器、车载系统的信息进行汇集融合，全方位实现车-车、车-路动态实时信息交互，并在全时空动态交通信息采集与融合的基础上开展车辆主动安全控制和道路协同管理，充分实现人车路的有效协同，保证交通安全，提高通行效率，从而形成安全、高效和环保的智能道路交通系统。基于 CIM 的车路协同应用如图 11-11 所示。

图 11-11　基于 CIM 的车路协同应用

5. 停车引导

利用 BIM 可以实现大厦的智慧停车。通过三维展示直观展示并统计停车场的车位情况，方便查找进出车辆的数据，使管理层可以很清晰地看到停车场的统计数据，同时通过智能车牌号绑定，识别内部停车和对外停车，从而有针对性地对停车场的运营进行管控。

通过在城市停车场中布设地磁、红外车检终端，甄别车位上车辆停放情况，解决停车车位信息无法及时、高效采集的问题，同时利用物联网技术将"孤立"的停车场数据传输到统一的交通信息管理平台上，解决因停车场库信息不流通而带来的"停车难、停车繁"等问题，为城市级停车诱导提供决策支撑，提升城市出行幸福度。

基于 CIM 的停车引导应用如图 11－12 所示。

图 11－12　基于 CIM 的停车引导应用

11.4　智慧建筑

智慧建筑是以建筑为载体，以智慧应用为目标，构建综合服务平台，实现建筑数据的全面感知、推理、判断和自我决策，通过对设施及环境空间的自进化和自适应管控，构建人、设施、环境互为协调的整合体，从而提供具有安全、高效、节能、舒适人性化功能环境的建筑。它借助 BIM、互联网、物联网、大数据、云计算等、人工智能多方面的信息技术，以满足新时代智慧建筑管理的新需求——上云、用数、赋智，解决"业务系统多、孤岛现象严重""人跑系统跑、数据不跑""人工依赖、存在风险""跨域交叉数据沉淀少、智慧场景价值难挖掘"等诸多楼宇的痛难点。

通过打造智慧建筑建设新模式，赋能业务应用场景。国家在推动 CIM 建设的同时，也出台了相关政策助推建筑楼宇业务的升级，使得建筑楼宇的运营从信息化、数字化再逐步转向智慧化。而建筑智慧化建设的目标，就是要运用数字孪生技术建设建筑数据底盘，构建具有建筑数据获取、处理、服务能力，能够实现资源共享、协同运行和优化管控等综合应用的建筑智慧运营管理平台（即建筑大脑）是必然选择。因此通过打造智慧建筑的"1+1+N+X"建设模式，即 1 个数字底盘，1 个智慧建筑综合服务平台，统一汇聚 N 种感知和运行数据（数据分发和数据共享，不同部门分级授权和多级监管），支撑建筑运行管理和多样的业务场景，为当下的或未来的 X（新模式、新技术、新业务）奠定基础。"1+1+N+X" 智慧建筑建设新模式如图 11-13 所示。

图 11-13 "1+1+N+X" 智慧建筑建设新模式

业务应用场景如下：

（1）管理驾驶舱。建立建筑的空间数据库，通过智能化采集各类空间/人员/设备/业务数据，以建筑空间为载体承载多维业务数据，实现大屏综合数字化展示，管理者可直观掌握楼宇中空间构成、各系统的运行情况、人员相关情况等。

（2）运维管理。将地点、人员、流程、建筑设施设备、资产等因素整合起来，从而得到更高附加值。运维管理包括运维监控（BA）、设备管理、视频监控、数字巡检、环境监测、消防疏散等。

（3）维护维保。物业管理人员或运维人员在巡检过程中，发现设备故障时，或例行保养时，可直接通过移动端进行故障/保养登记。业主可通过移动端向物业单位发出维修申请，同时辅以文字描述、拍照等形式描述报修问题。提升维护维保整个过程的效率。

（4）空间管理。充分利用建筑空间数据，管理者可以看到所有空间的关键指标/任务/事项/组织与人员，为空间使用情况进行合理性分析与规划提供数据支持。通过二维、三维等方式，显示不同区域的空间使用情况，辅助管理人员优化空间分配，提升空间利用率，规避资源浪费。

（5）能耗管理。对能耗进行详细采集、统计、筛选、分析、展示详细能耗分布，历史能耗均可追溯，实时掌握楼宇整体用能情况。对水、电、气等能耗相关数据的记录、统计与分析，给出能耗优化建议，为后期运营过程降低能耗的投入提供数据服务。

（6）告警管理。通过视频监控、消防、BA、环境传感器设备的接口接入建筑大脑，可以实时在三维模型中采集查看监控此类信息，在设备报警时可以做到及时处理，防患于未然。

当设备运行出现报警时，运维人员能及时查询解决出现的问题。

（7）隐蔽工程查看。对建筑局部重点区域可运用 MR 混合现实技术，通过使用专业设备，即可结合实景查看该区域的隐蔽工程（如建筑物基础、钢筋、水电构配件、设备基础、管道等），实现便捷查验、高效管理。

（8）智慧办公。通过建筑大脑与企业办公系统的相连接，实现办公用品及会议管理的定制化、自动化。包括办公用品信息管理、物品申领、分发、统计，会议室预定、会议用品预定、会议自动签到等功能。

第5篇

CIM 实践与展望

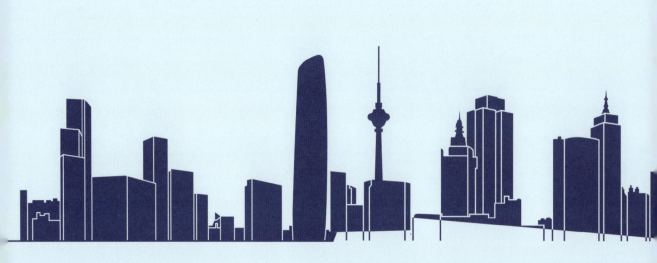

第12章 CIM 实 践

12.1 试点城市案例

12.1.1 广州 CIM 试点工作

1. 招标需求

根据《国务院办公厅关于全面开展工程建设项目审批制度改革的实施意见》（国办发〔2019〕11 号）《住房和城乡建设部办公厅关于开展城市信息模型（CIM）平台建设试点工作的函》《广州市城市信息模型（CIM）平台建设试点工作方案》等文件要求，提出广州市建设城市信息模型（CIM）平台建设试点工作。

为贯彻落实国家关于工程建设项目审批改革的政策要求，落实完成住房和城乡建设部办公厅关于开展城市信息模型（CIM）平台建设试点工作，辅助施工图审查竣工验收备案工作，提高工程建设项目审批的效率和质量，推进广州市工程建设项目审批相关信息系统建设，推动政府职能转向减审批、强监管、优服务，建设广州市智慧城市操作系统，特此开展 2019年广州市城市信息模型（CIM）平台项目建设。

本项目建设需求主要包括构建一个 CIM 基础数据库、一个 CIM 基础平台、建设一个智慧城市一体化运营中心、构建两个基于审批制度改革的辅助系统和开发基于 CIM 的统一业务办理平台五个方面。

（1）构建一个基础数据库

构建可以融合海量多源异构数据的城市信息模型（CIM）基础数据库，参考《建筑工程信息模型应用统一标准》《建筑信息模型分类和编码标准》《建筑设计信息模型交付标准》等国家级标准，完成现状三维数据入库；收集现有 BIM 单体模型建库并接入新建项目的建筑设计方案 BIM 模型、施工图 BIM 模型和竣工验收 BIM 模型；整合二维基础数据，实现审批数据项目化、地块化关联，实现二三维数据融合，完成统一建库。按数据内容可分为基础数据库、城市现状三维数据库、BIM 模型库、城市规划专题库、城市建设专题库、城市管理专题库等。

（2）构建一个基础平台

构建 CIM 基础平台，实现多源异构 BIM 模型格式转换及轻量化入库，海量 CIM 数据的高效加载浏览及应用，汇聚二维数据、项目报建 BIM 模型、项目施工图 BIM 模型、项目竣工 BIM 模型、倾斜摄影、白模数据以及视频等物联网数据，实现历史现状规划一体、地上地下一体、室内室外一体、二三维一体、三维视频融合的可视化展示，提供疏散模拟、进度模拟、虚拟漫游、模型管理与服务 API 等基础功能，构建智慧广州应用的基础支撑平台。

平台融合 BIM 技术，推进全市数据资源成果的深度应用，为规划建设管理提供多尺度仿真模拟和分析功能，提高工作人员对城市建设的感知能力，进而提高数据资源辅助决策的科学性。

（3）建设一个智慧城市一体化运营中心

在广州市城乡建设局办公大楼六层建设一个智慧城市一体化运营中心，包括 LED 室内小间距屏（含中控设备）。

（4）构建两个基于审批制度改革的辅助系统

1）构建基于 BIM 施工图三维数字化审查系统。开展三维技术应用，探索施工图三维数字化审查，建立三维数字化施工图审查系统。就施工图审查中部分刚性指标，依托施工图审查系统实现计算机机审，减少人工审查部分，实现快速机审与人工审查协同配合。通过施工图三维数字化智能审查系统的建设，探索施工图三维数字化审查，实现对《混凝土结构设计规范》《建筑设计防火规范》《建筑地基基础设计规范》《建筑照明设计标准》《建筑结构荷载规范》等规范中规定的强条进行机器化审查，减少人工审查部分，实现快速机审与人工审查协同配合。

此外，通过对接 CIM 基础平台，探索施工图三维数字化智能审查系统与市"多规合一"管理平台顺畅衔接，在应用数据上统一标准，在系统结构上互联互通，实现"多规合一"管理平台上对报建工程建设项目 BIM 数据的集中统一管理，促进 BIM 报建数据成果在城市规划建设管理领域共享，实现数据联动、管理协同，为智慧城市建设奠定数据基础。

2）构建基于 BIM 的施工质量安全管理和竣工图数字化备案系统。实现竣工验收备案功能。建立覆盖施工图三维模型、工程建设过程三维模型的项目建设信息互通系统，实现施工质量安全监督、联合测绘、消防验收、人防验收等环节的信息共享，探索实现竣工验收备案。

（5）开发基于 CIM 的统一业务办理平台

在 CIM 基础平台的基础上，结合实际业务需要，开发基于 CIM 的统一业务办理平台，包括统一集成应用系统、房屋管理应用、建设工程消防设计审查和验收应用、城市更新领域应用、公共设施应用、美丽乡村应用、建筑行业应用、城市体检应用、建筑能耗监测应用和系统对接。

2. 建设内容

广州市城市信息模型以工程建设项目审批制度改革为切入点，在充分利用"多规合一""四标四实"等现有信息化成果的基础上，不断汇聚城市设计、项目报建、施工图审查、竣工验收等各阶段 BIM 模型数据，接入城市建设施工过程中安全生产监控数据、视频监控数据以及智慧灯杆等实时监测数据，构建起一个二三维一体化、地上地下一体化、室内室外一体化的城市信息模型，实现 3DGIS 和 BIM 技术的集成融合，打造"1+2+N"的应用体系。"1"是指打造一个能支撑智慧城市应用的 CIM 基础平台，"2"是指近期重点支撑住房和城乡建设局、规划和自然资源局两个部门与工改有关的核心应用建设和运行，实现工程建设项目技术审查工作由人工审批向机器辅助审批转变，"N"指未来可进一步支撑水务、交通等多个部门基于 CIM 专题应用的建设和运行，为广州各类智慧应用提供支撑。

广州市 CIM 在智慧城市中的定位如图 12-1 所示，广州 CIM 的内涵及"1+2+*N*"应用体系如图 12-2 所示。

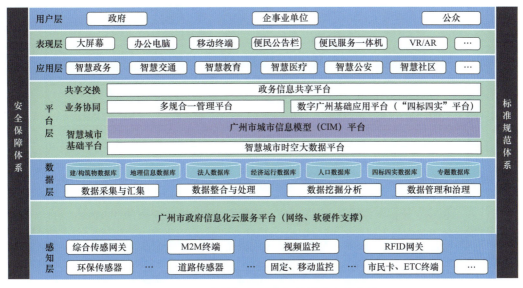

图 12-1　广州市 CIM 在智慧城市中的定位

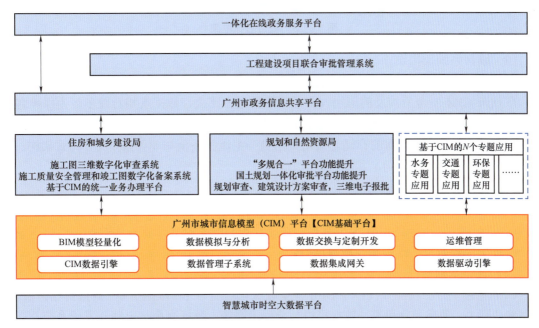

图 12-2　广州 CIM 的内涵及"1+2+*N*"应用体系

（1）项目框架设计

项目整体架构设计遵循智慧城市基础平台的架构，分为基础设施层、数据层、平台层、应用层、展示层和用户层，具体如图 12-3 所示。

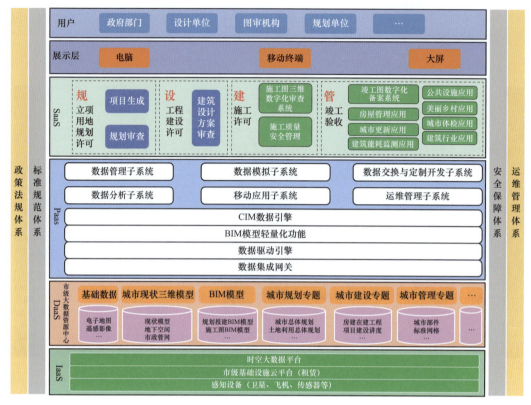

图 12-3　项目总体框架

（2）硬件系统架构设计

本项目计划租赁广州市政府信息化云平台的计算与存储资源。

广州市 CIM 平台所涉及的应用较多，三维数据占比大，数据量相对较多，为保障客户端快速访问平台并调取展示所需的数据，广州市 CIM 平台应用端采用当今主流分布式加负载均衡相结合的方式，数据的存储与调用采用当今主流关系型与非关系型（分布式架构，类似大数据的数据存储与调用）相结合的方式。

（3）CIM 基础数据库

CIM 平台的建设离不开数据库建设，CIM 基础数据库整合了基础地理信息、城市现状三维信息模型数据、多源 BIM 模型数据、住建业务 GIS 数据、四标四实数据、广州市多规合一管理平台数据、基础设施专题数据等。

（4）CIM 基础平台

CIM 基础平台的功能开发围绕 BIM 模型轻量化功能、CIM 数据引擎、数据管理子系统、数据集成网关、数据驱动引擎、数据模拟与分析子系统、数据交换与定制开发子系统、移动应用子系统和运维管理子系统 9 个功能模块。

1）BIM 模型轻量化功能。BIM 模型轻量化是基于 Autodesk Revit 平台所运行的一款功能性插件，主要提供了 BIM 的模型处理、数据导出等功能，实现了对 BIM 模型进行轻量化，方便不同的系统、不同的终端可使用 BIM 模型开展各类应用，实现了轻量化后的 BIM 模型在 WEB 端、移动端的轻量化应用模式。BIM 模型强化主界面如图 12-4 所示，轻量化后的效果如图 12-5 所示。

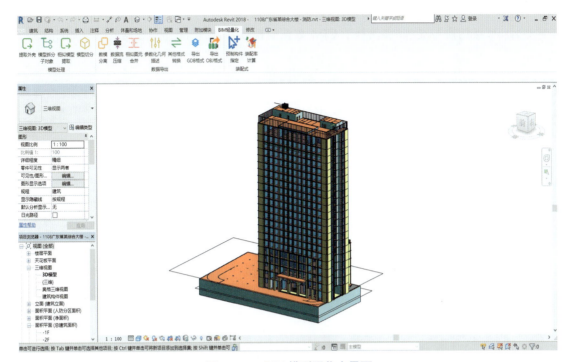

图 12-4　BIM 模型强化主界面

（a）删减前

（b）删减后

图 12-5　轻量化后的效果

2）CIM 数据引擎。实现地形、影像、三维模型、BIM 模型等海量多源异构数据的加载和高效渲染；实现对 BIM 模型的构件属性展示、构件统计、批注与管理、检索等；实现二三维联动、视点切换与漫游；实现基于 CIM 数据的视频融合。多源异构数据的效果如图 12-6 所示。

图 12-6　多源异构数据的效果

3）数据管理子系统。实现对 CIM 数据的管理，数据管理子系统具备 BIM 模型数据管理、空间数据管理、数据服务管理的能力。数据管理子系统如图 12-7 所示。

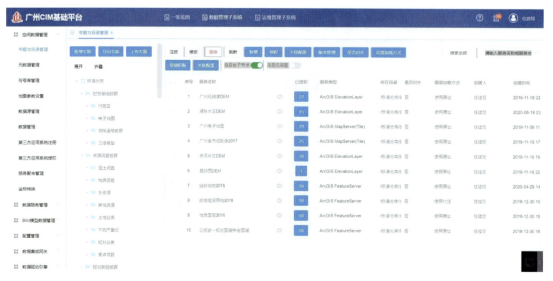

图 12-7　数据管理子系统

4）数据集成网关。CIM 平台作为智慧城市基础平台，须具备接入不同格式、不同性质、不同时效性外部数据的能力。CIM 数据集成网关的目标是对各种不同的外部数据进行接入、转换、管理和分发。数据集成网关如图 12−8 所示。

图 12−8 数据集成网关

5）数据驱动引擎。以 BIM 模型为基础数据建立起来的 CIM 平台，需具备对 BIM 模型中构件的事件响应能力，驱动 BIM 构件完成规定的动作，在智慧路灯、智能监控、智慧井盖等方面具有广泛的应用场景。数据驱动引擎识别可响应动作的实体，根据用户请求或实时数据接入模块驱动实体对象完成指定的行为。数据驱动引擎如图 12−9 所示。

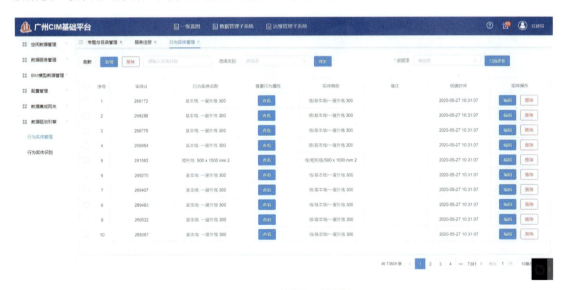

图 12−9 数据驱动引擎

6）数据模拟与分析子系统。基于二维地图、三维模型、BIM 模型等数据，提供统计分析、景观可视度分析、净高分析、视线分析、视域分析、标高核查、装配式装配率统计等数据分析功能，为工程建设项目各个环节的审批提供智能辅助决策，加快审批速度。模拟水流和水波倒影如图 12－10 所示，水淹模拟如图 12－11 所示。

图 12－10　模拟水流和水波倒影

图 12－11　水淹模拟

7）数据交换与定制开发子系统。数据交换子系统通过接入多源异构数据服务和开发 API 接口管理实现平台数据的集成与扩展，提供常见 BIM 软件生产的模型和基于 IFC 标准的模型按模型交付标准的导入导出服务，完成模型服务交换。

CIM 基础平台应用案例如图 12-12 所示，CIM 基础平台开发指南如图 12-13 所示。

图 12-12　CIM 基础平台应用案例

图 12-13　CIM 基础平台开发指南

8）移动应用子系统。支持移动端数据交互，方便用户随时随地访问系统数据库，具体包括 CIM 数据浏览、CIM 数据漫游、CIM 数据属性查看、CIM 模型批注、多角度浏览剖面布局等，实现移动办公与管理。移动 CIM 如图 12-14 所示。

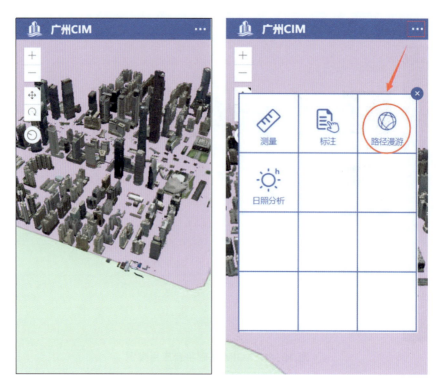

图 12-14　移动 CIM

9）运维管理子系统。实现对用户统一单点登录与安全认证、组织机构及人员的管理、角色管理、系统功能权限的管理和用户行为日志管理等。运维管理子系统如图 12-15 所示。

图 12-15　运维管理子系统

10）接口服务。CIM 基础平台完成与广州市"多规合一"管理平台、广州市工程建设项目审批管理系统、智慧广州时空信息云平台、数字广州基础应用平台（"四标四实"平台）、国家 CIM 平台 5 个系统的对接，主要获取关联系统的业务数据，并按需为这些关联系统提供数据服务接口和二次开发接口。

（5）建设一个智慧城市一体化运营中心

2019 年 12 月 24 日智慧城市一体化运营中心的硬件设备到货，并对其进行安装调试。2020 年 3 月 1 日开始进入试运行阶段。智慧城市一体化运营中心大屏如图 12-16 所示。

图 12-16　智慧城市一体化运营中心大屏

（6）施工质量安全管理和竣工图数字化备案系统

面向施工质量安全管理和竣工验收备案工作要求，开发施工质量安全管理和竣工图数字化备案系统，包含施工质量安全管理子系统和竣工图数字化备案子系统。前者包括全市在建工程总体监管、单个工程总控信息展示、治安巡检、监测预警、进度模拟、工程问题列表展示、基础数据上传等功能模块；后者包括企业数字化备案，政府数字化备案、竣工 BIM 到 CIM，对接联合验收系统等功能模块。

广州市在建工程总体监管如图 12-17 所示，竣工验收模型上传效果如图 12-18 所示。

（7）施工图三维数字化审查系统

1）智能审查引擎。智能审查引擎分通用版、结构版、节能版等，基于领域知识的建模分析，研究精确和概率方法相结合的大规模 BIM 模型语义检查方法，实现了检查方法的自动、高效、智能，支持系统级的 BIM 模型自动语义检查。建筑语义模型包括构件及其类型，构件的属性，构件之间的连接/相邻/从属关系等，建筑规范的结构化自然语言（SNL）能够被机器识别，易于人类理解，便于定制规则和确认规则的正确性。智能审查引擎包含模型检查功能，支持 Revit 模型、IFC 文件、DWG 文件等多种形式作为检查对象。

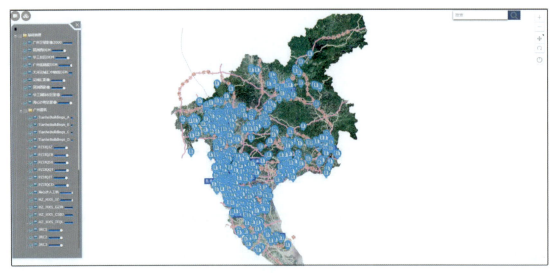

图 12-17 广州市在建工程总体监管

图 12-18 竣工验收模型上传效果

智能审查引擎模型检查如图 12-19 所示。

2）规范条文拆解及规则库编写。对规范条文进行拆解，最终形成规则库。本项目根据国家标准规范，拆解相应条文，形成面向标准规范的规则描述，拆解的条文覆盖三本国家标准强条 90%以上，完成 GB 50016—2014《建筑设计防火规范》165 个强制性条款的规则编制，北京消防总队防火部组织多次讨论，汇聚了消防审查专家的智慧。拆解的标准建立明确格式标准库，并且标准库易于维护与扩展。

规范条文拆解实例图如图 12-20 所示。

3）BIM 设计软件插件。包括 Revit 插件、PKPM 插件、PKPM-BIM 插件和 ArchiCAD 插件。

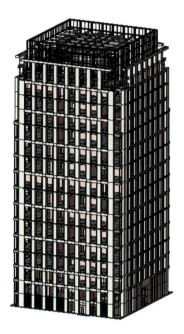

图 12-19　智能审查引擎模型检查

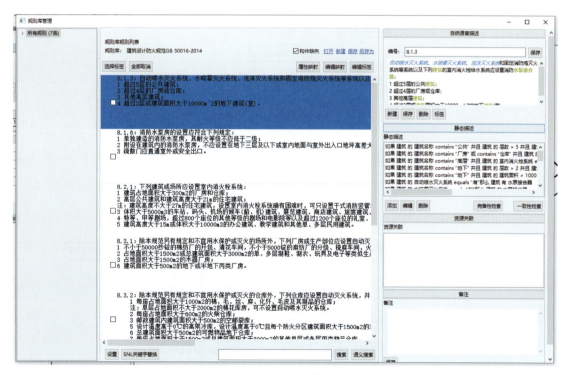

图 12-20　规范条文拆解实例图

4）项目管理。在项目中根据项目信息，可以按建筑、单体及专业上传对应的三维模型。其模型信息都可以在资料管理里进行查看。三维模型文件管理如图 12-21 所示。

上传图纸

图纸分类：◉建筑　○给排水　○电气　○暖通
单体名称：○C地块　◉C地块1

类型	序号	图号	名称	版本及状态	操作
BIM施工图模型 ∨	1	JZ-1	国际校区-C地块-建筑	第1版待审 103184KB	上传新版 删除 BIM自查

上一步	上传文件	下一步

图 12-21　三维模型文件管理

5）轻量化浏览模块。本系统开发出轻量化模型浏览网页，默认打开审图专业模型，并且可选择加载参考专业模型。轻量化浏览模块的功能分支如图 12-22 所示。整个视图工具可以分为 BIM 施工图符号、测量工具、剖切工具、视图切换、视图控制、视图管理等模块、属性框、施工图符号控制等模块。

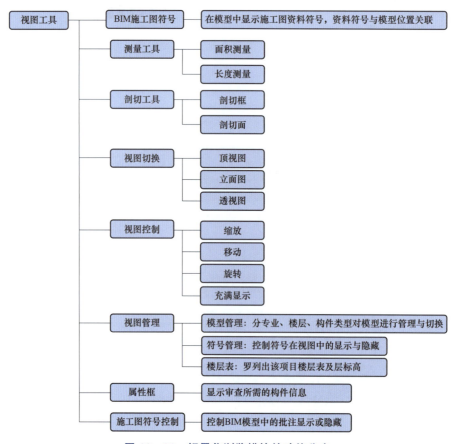

图 12-22　轻量化浏览模块的功能分支

6）后台管理程序开发。后台提供一些常用的管理功能，包括规范录入功能开发、项目管理功能、平台管理功能以及系统维护功能等操作权限。主要功能包括项目管理功能、平台管理功能、系统维护功能。主要模块：BIM 审查数字化交付及数据资料管理模块、提供设计院常用 BIM 设计软件（Revit、PKPM－BIM、ArchiCAD 等）插件、模型浏览模块、视图管理、自动智能审查工具、辅助审查功能、模型数据安全管理、审查端审查意见批复及管理、报审端审查结果查询、平台用户权限的管理。

（8）基于 CIM 的统一业务办理平台

基于 CIM 的统一业务办理平台主要建设内容有统一集成应用系统、房屋管理应用、建设工程消防设计审查和验收应用、城市更新应用、公共设施应用、美丽乡村应用、建筑行业应用、城市体检应用、建筑能耗监测应用等功能。

1）统一集成应用系统。本系统在 CIM 基础平台的基础上，结合实际业务需要，开发基于 CIM 的统一业务办理平台，包括统一集成应用系统、房屋管理应用、建设工程消防设计审查和验收应用、城市更新应用、公共设施应用、美丽乡村应用、建筑行业应用、城市体检应用、建筑能耗监测应用、审批业务展示、大屏综合展示、城建重点项目应用等功能。统一集成新增、修改、删除界面如图 12－23 所示。

图 12-23　统一集成新增、修改、删除界面

2）房屋管理应用。基于 CIM 平台的数据和功能服务建设房屋管理应用，支持对局内房屋管理、市政管理、建筑业管理三大业务领域的汇聚展示，并支持按领域划分进行专题展示及按关键业务指标进行图层展示，支持通过勾选复选框的形式进行图层的叠加。选择房屋管理的专题展示，展示专题展示页面。专题展示页面展示各专题数据列表与图层。房屋管理应用模块如图 12－24 所示。

图 12-24　房屋管理应用模块

3）建设工程消防设计审查和验收应用。基于 CIM 平台的数据和功能服务构建建设工程消防设计审查和验收应用，辅助设计审核人员完成基于消防设计审查规范的基础性审查，提高设计审查的效率和准确性。辅助对建设工程的消防设计进行验收。火灾模拟示范效果图如图 12-25 所示。

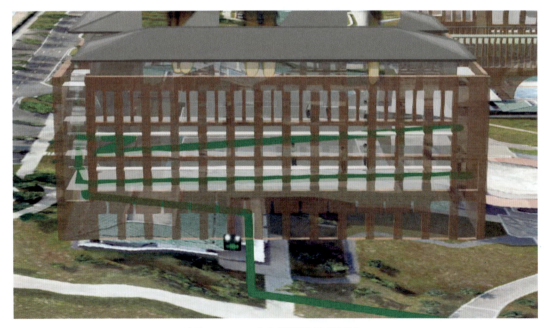

图 12-25　火灾模拟示范效果图

4）城市更新领域应用。实现城市更新数据的展示、统计及分析，包括城市更新专题图层、老旧小区微改造专题图层、城市更新片区策划展示、城市更新图层叠加分析等功能。片区策划图层展示图如图 12-26 所示。

图 12-26　片区策划图层展示图

5）公共设施应用。实现路灯照明、城市景观照明、智慧灯杆、管线和管廊数据基于二三维一体的展示。公共设施专题展示图如图 12-27 所示。

图 12-27　公共设施专题展示图

6）美丽乡村应用。利用 CIM 平台提供的数据和功能实现对市辖区美丽乡村建设成果的展示，包括美丽乡村 3D 展示（试点）、智能导航（试点）、3D 一张图（试点）等，为实现更高水平的农村现代化奠定了坚实基础。

3D 一张图（试点）如图 12-28 所示。

图 12-28　3D 一张图（试点）

7）建筑行业应用。基于 CIM 平台的数据和功能，在 CIM 平台底图上，实现企业诚信档案信息库的施工、监理、招标、检测、预拌商品混凝土等企业数据展示，实现建设项目的信息管理和共享。企业信息如图 12-29 所示。

图 12-29　企业信息

8）城市体检应用。根据住房和城乡建设部要求，城市体检涉及生态宜居、城市特色、交通便捷、生活舒适、多元包容、安全韧性、城市活力七个方面基本指标，将通过城市自体检和国家住房和城乡建设部委托第三方机构体检评估相结合的方式，深入查找城市病灶病因，修复城市机体、增强城市活力，进一步提升城市人居环境品质，推动城市高质量发展。本项目需要实现城市体检指标数据基于二三维一体的展示。

体检评估分析如图 12-30 所示。

图 12-30　体检评估分析

9）建筑能耗监测应用。在建筑行业发展过程中，建筑更多节能、减排、低碳的绿色节能建筑是我国实施能源发展的重要战略举措。需要利用 CIM 平台提供的数据和功能服务展示公共建筑和建筑用能分析信息。公共建筑如图 12-31 所示。

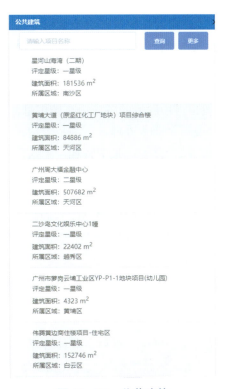

图 12-31　公共建筑

建筑用能分析如图 12-32 所示。

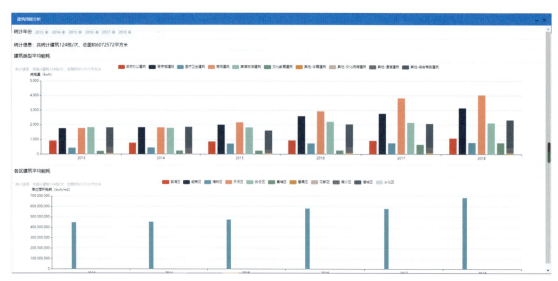

图 12-32 建筑用能分析

10）外部接口。基于 CIM 的统一业务办理平台需要与多个系统完成对接，接口包括广州市建筑工程智慧监管一体化平台接口、城乡建设信息资源中心接口、房屋管理系统接口、美丽乡村建设信息管理系统接口、直管房数据集约化及决策分析平台接口、房屋全生命周期管理系统接口、房地产实时在线监测系统接口、房屋信息资源中心接口、城市更新项目数据管理平台接口、政府投资城建项目建设方案联审决策系统接口、城市更新业务统一办理平台接口、广州市城市照明信息管理系统接口及享受住房优惠政策系统接口。

3. 工作亮点

（1）统一门户入口，实现集中式管理、个性化应用

基于 CIM 的统一业务办理平台中注册的各应用系统信息，为用户提供统一的门户入口，对集成的应用系统根据权限实现每个业务办理人员都是一站式登录统一门户，但看到不同的权限模块，从而达到统一门户，统一登录，集中管理，个人应用场景个性化的目的。

（2）集成多源数据，优化数据组织与调度渲染

系统融合了 DEM、DOM、矢量点线面数据、规划成果数据、城市设计、建设项目与三维模型、倾斜摄影融合、三维实景模型、BIM 模型等多源异构数据，通过运用 LOD 技术、LOD 层级数据生产技术、基于场景图的 LOD 组织管理技术、多种数据处理算法、空间索引技术、数据动态加载及多级缓存等技术，切实解决三维模型数据资源占用不可控和调度渲染效率低的问题，有效地提高三维数据调度性能，实现无缓存的高速加载调用。同时运用空间填充曲线算法、Hadoop 分布式存储与动态调度、Geo 索引等技术组合，提高平台渲染效率，优化数据展示效果。

（3）运用融合技术，实现事前、事中、事后全流程管理

运用物联网、智能感知、卫星遥感技术的融合，实现建设工程项目建设环节中事前、事中、事后全流程管理。建设过程前，运用信息技术分析建设工程项目建设前基地基本情况及

周边情况；建设过程中，一方面通过定期式遥感摄影，分析建设过程周期，另一方面，通过摄像头等视频设备，运用图形图像分析技术分析建设设计与施工过程的对比，快速修正施工中可能存在的问题；建设行为结束后，为保障社会经济和人类安全，可通过感知设备实现紧急状况下的目标追踪和快速定位，为施救过程提供帮助。

12.1.2　南京 CIM 试点工作

1. 招标需求

根据南京市公共资源交易中心的公开招标文件 [项目名称：南京市运用建筑信息模型系统（BIM）进行工程建设项目审查审批和城市信息模型平台（CIM）建设试点项目——CIM平台（V1.0），项目编号：NJZC—2019GK0347]，南京市自然资源局为推进 BIM/CIM 试点工作，提出了"以'多规合一'信息平台为基础，集成试点区域范围地上、地表、地下的现状和规划数据，建立具有规划审查、建筑设计方案审查、施工图审查、竣工验收备案等功能的三维可视化的 CIM 平台"的工作目标，明确了 CIM 标准规范和数据库建设、CIM 平台建设、相关系统改造和集成对接等建设内容。

（1）CIM 标准规范和数据库建设

依据项目总体设计，结合南京需求，梳理 CIM 核心要素，围绕 CIM 平台建设，研究制定相关规范。依据数据标准，消除数据壁垒，实现基础地理信息、地下管线、地下空间、现状建筑、城市地质、城市设计、多规合一、BIM 报建模型和城市建设审批管理要素等时空信息的有效组织，构建 CIM 数据库，研发数据服务管理系统，服务管理系统与时空信息云平台对接并将相应服务纳入时空信息云平台进行管理，实现数据的日常更新和服务维护。

（2）南京市 CIM 平台建设

采用开放可扩展的技术架构，以"多规合一"信息平台为基础，探索构建一个全域全空间、三维可视化、附带丰富属性信息的 CIM 平台，作为掌控城市全局信息和空间运行态势的重要载体，实现各类覆盖地上、地表、地下的现状和规划数据的集成和展示应用，完成南京市 CIM 平台与市工程建设项目审批管理等相关业务系统无缝衔接；探索 BIM 导入 CIM 的机制，实现依托 CIM 平台，对工程建设项目 BIM 报建成果实施关键条件、硬性指标的智能审查，降低人为因素干扰，提升决策管理的科学性和精准度，开拓工程建设项目智能审批新局面。

（3）相关系统改造和集成对接

结合工程建设项目 BIM 规划报建试点工作推行，对局规划信息四代平台实施改造和对接，实现试点项目和一般性项目同步同轨运行，完成试点项目可引导启动 BIM 系统进行数据浏览、指标上传等常规性操作；完成试点项目自动提请 CIM 平台进行智能化审查审批，同时 CIM 平台能将审查结论反馈于四代平台，实现双向触发和交互。

完成"多规合一"空间信息管理平台系统的改造和与 CIM 平台的对接。对"多规合一"信息管理平台图形框架和应用功能进行升级改造，实现 CIM 平台数据集成接入，同时为 CIM提供相关数据和应用服务。

2. 建设内容

（1）建立标准规范体系

为满足工程建设项目 BIM 规划报建和审查审批要求，完善解决当前 BIM 标准体系不健全的问题，南京市结合工作实际，开展了城市级 BIM 标准体系的探索和标准研究。南京市建立了三类标准，包括基础标准、通用标准、专用及相关标准编制。

以"标准衔接、一脉相承"为总体原则，从基础类、通用类、专用类三大层面开展工程建设项目 BIM 标准编制工作，覆盖工程建设项目 BIM 规划报建、BIM 施工审查、BIM 竣工验收三大阶段。目前南京市已形成 7 本 BIM 标准，包括用地和设计初定相关标准、施工和竣工初定相关标准两类，以实现工程建设模型信息按阶传导、信息层层传递落实，各环节中标准编制在数据组织、数据格式、数据交付、竣工验收等方面实现有效衔接。

遵循"目标明确、全面成套、结构清晰、划分适宜"的原则，开展 CIM 标准制定设计，目前已形成 3 本 CIM 标准，用以规范 CIM 基础平台建设，实现城市相关部门间数据和信息资源共享，推进 BIM 从规划、设计、施工、竣工等全流程的电子化报建审批应用，深化 CIM 基础平台在智慧城市的应用。

南京市标准规范体系见表 12-1。

表 12-1 　　　　　　　　　　　　　南京市标准规范体系

成果类型		标准名称
BIM 标准成果	用地和设计初定相关标准	《南京市工程建设项目 BIM 设计方案审查交付标准》
		《南京市工程建设项目 BIM 设计方案数据标准》
		《南京市工程建设项目 BIM 设计方案技术审查标准》
	施工和竣工初定相关标准	《南京市工程建设项目 BIM 施工图审查交付标准》
		《南京市工程建设项目 BIM 竣工验收模型交付标准》
		《南京市工程建设项目 BIM 施工图技术审查标准》
		《南京市工程建设项目 BIM 施工图审查和竣工验收数据标准》
CIM 标准成果		《城市信息模型（CIM）数据标准（征求意见稿）》
		《城市信息模型（CIM）平台规范（征求意见稿）》
		《南京市城市信息模型（CIM）数据共享交换规范 V1.0》

（2）三维全息一张图底板

南京市依托航拍、倾斜摄影、激光扫描、无人机等信息技术，集成融合南京市地上地下二三维数据，打造全域、全空间、全时态的空间数据和业务以及物联网、互联网数据生产要素集，形成了统一的数据底板。平台集成了包括基础测绘、多规合一、城市设计、地下空间等 385 个图层，其中直接接入的已有数据服务 162 个、本次项目治理建库服务 223 个，其中二维图层 22 个，三维图层 201 个。目前，CIM 平台形成了涵盖二维和 BIM、精模、白模的覆盖全市域 6587 平方千米的二维三维一张图；形成了涵盖地上、地表、地下（地质、地下管线、地下空间）的全息透视一张图；形成了从东吴、东晋到明、清、民国、现在的历史演变一张图。

三维全息一张图底板如图 12-33 所示，地上地下全息透视一张图如图 12-34 所示，历史一张图如图 12-35 所示。

图 12-33　三维全息一张图底板

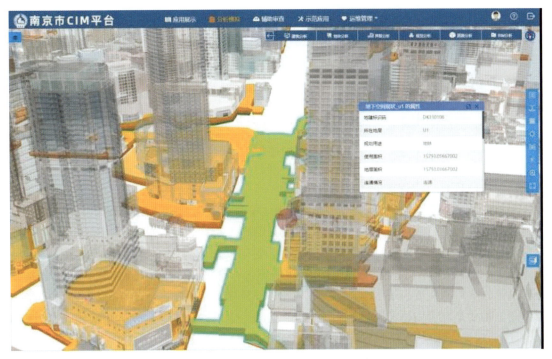

图 12-34　地上地下全息透视一张图

图 12-35　历史一张图

（3）总体设计

目前南京市已完成总体设计，其中提出了"五个一"目标，即一套基础设施，一个立体空间库，一个可扩展数据中台，一个智能审查审批平台，一套保障措施。通过"五个一"，打造三大服务体系："决策一键达"，通过构建统一的空间数字底板，打造全方位、多元化、动态化的辅助决策体系，推动形成事前一键表达、事中决策一键传达、事后反馈一键送达的"事前、事中、事后"一键达精准决策支撑能力；"治理一键通"，推动各部门整合融合试点片区专用网络和信息系统，通过打造数字空间一网通，工程建设项目审批一网通，智慧应用一网通，推动精细治理由"相互分割"向"一体联动"转变；"服务一端享"，使民众一屏通享精致服务，提高民众对城市的获得感和认同感，通过不动产示范应用，在民众最为关切的民生问题上形成服务效应，使公众感受优化的服务能力、高端的服务水平和精致的服务品质。

南京总体设计打造"三个一"服务体系如图 12-36 所示。

（4）构建项目全流程审批

南京市以工程建设项目设计方案辅助智能化审查为突破口，以 BIM 和 CIM 技术融合应用为抓手，实现对工程建设项目 BIM 报建规划审查、设计方案、施工图、竣工验收的智能化审查，提高审批效能，提升政府治理能力。针对辅助选址功能，多规平台结合项目范围线周边规划、地理环境、社会经济、公共设施等情况进行选址，并对候选址地块进行综合评价；对于设计方案审查主要以 BIM 审查为主，CIM 平台提供相关辅助审查功能；涉及施工图审查方面，主要是利用 BIM 实现建筑、结构、电气、建筑给排水、室外排水管网（含海绵城市设计）、暖通、人防、消防、节能八大专业可量化强制性条文智能审查；竣工验收备案也是利用 BIM 技术实现施工图设计变更跟踪管理，关联规划核实、消防验收、人防验收等信息，实施工程竣工验收备案。南京城市信息模型基础平台定位如图 12-37 所示。

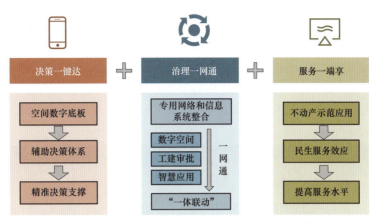

图 12-36　南京总体设计打造"三个一"服务体系

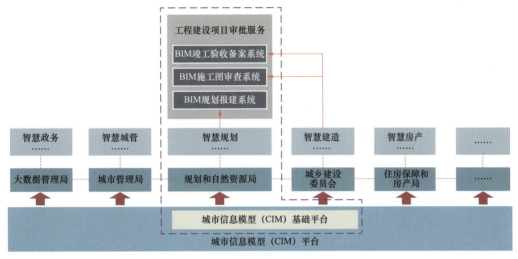

图 12-37　南京城市信息模型基础平台定位

南京市已实现全流程信息化支撑，目前正在进行多系统对接工作。通过 CIM 平台，遵循标准引领、格式自主可控、三维全景空间、唯一底板的原则，可进行四个阶段智能化审查，将工改四阶段向前延伸至项目策划生成，向后延伸至确权和运营，实现工程建设项目全生命周期掌控和审查。

（5）智慧城市空间操作系统

以 CIM 平台为统领，面向智慧城市全业务支撑，实现各类数据和功能服务汇集与供给的新中枢，构建城市运营管理的 CIM+智慧城市应用体系基础支撑平台。基础平台提供应用主要支撑智慧城市的场景以及相关的功能操作，包含基础场景工具、应用展示类、分析模拟类等相关通用功能。作为智慧城市基础支撑平台，平台支持多源、异构海量数据注册管理，支持多类型格式三维服务发布能力，如 3DTiles、I3S、S3M 三维服务，夯实了 CIM 基础平台作为智慧城市操作系统能力。

在规划资源应用方面，平台通过大数据分析支撑规划编制，开发实现了辅助城市设计的平台应用功能以辅助城市设计，包括辅助规划编制、名城保护、数据应用、多规合一、一体化政务服务、不动产应用等。例如，通过编制成果数据叠加分析规划差异性，并为规划编制提供数据支撑，针对人口、手机信令、商业数据等大数据进行分析支撑规划编制；依据规划条件，实施参数化建模，支撑方案模拟；在项目前期研究阶段，通过不同方案载入进行方案比对以及和方案与城市设计、城市现状、管控要求进行分析，优化优选设计方案；通过历史数据展示南京历史格局演变以及城市发展进程等。控规一张图如图 12-38 所示，参数化批量建模如图 12-39 所示。

图 12-38 控规一张图

图 12-39 参数化批量建模

对于智慧城市应用，南京市 CIM+智慧城市应用的示范样板，以点带面，构建 CIM+智慧城市应用新生态。结合社会经济、物联网和手机信令、地理位置等大数据探索 CIM+智慧城市在规划编制、防汛排涝、节能减排等方面的应用，为 CIM 平台推广应用探索示范样板。例如，平台实现了大场景分层用电分析、分户用电分析以及不动产信息挂接。基于 BIM+感知数据的集成技术，实现建筑信息模型与能源消耗数据的实时关联，为城市运营管理提供可视化展示和辅助支撑；平台以建邺区某时期人口数据为样本，探索城市常住人口、外来人口管理，促进城市治理精细化。不动产应用如图 12–40 所示。

图 12–40　不动产应用

3. 工作亮点

（1）创新 BIM 自主格式

南京市贯彻"同一城市、统一标准"的建设构想，联合建委共同申报编制南京市地方标准《工程建设信息模型数据格式（宁建模）》，基于国际通用 BIM 数据标准（IFC），将 Metadef、Gltf、bin、Json 等统一至南京自主 BIM 格式"宁建模"（*.NJM），寓意"南京模型"或"南京建设模型"，实现数据模型自主可控的同时，更为未来国产设计端预留接口。平台的技术架构设计可支撑立项用地规划许可（选址意见书、用地预审、用地规划许可）、工程建设许可（设计方案审查、建设工程规划许可证）、施工（消防、人防等设计审核确认施工许可证）、竣工验收（规划、国土、消防、人防等验收及竣工验收备案）等各个阶段的数据存储和数据组织。NJM 将 BIM 报建数据同步至 CIM 平台，最终通过 CIM 平台实现工程建设项目审批智能化、科学化、高效化。

（2）基于 Hash 摘要的 BIM 一致性校核算法

创新研发基于 Hash 摘要的 BIM 一致性校核算法，确保 BIM 原生模型与"宁建模

（*.NJM）"格式的一致性。其原理是从 BIM 原生模型生成 Hash 摘要，将 Hash 值写入 NJM 轻量化模型，由其可进行 Hash 值提取，与 BIM 原生模型生成的 Hash 值进行对比验证，通过一致性校核算法保证 BIM 原生模型与 NJM 格式的一致。

（3）提出"从 CIM Ⅰ 到 CIM Ⅲ"概念模型

南京市首次提出了"从 CIM Ⅰ 到 CIM Ⅲ"概念模型，将 CIM 的实现阶段分为三个级别。CIM Ⅰ 阶段是"B2B"，即单个建筑到地块（building to block）的过程，在用地、方案、施工、竣工、登记、运维等各过程中，将管线 BIM、建筑单体 BIM 和道路 BIM 集成为地块级别。CIM Ⅱ 阶段是"B2C"，即地块到社区（block to community）的过程，通过物联网将智慧园区、智慧工地、智慧招商等要素汇聚成为空间底板，形成社区。最后形成 CIM Ⅲ"C2C"，即社区到城市（community to city），利用 5G 通信技术、区块链、AI、云计算等前沿关键技术，使城市片区之间相互连通、互惠互享，实现智慧交通、智慧城管、智慧安防等多个领域共享共智，最终到城市或城市群的层面。

（4）BIM 轻量化格式植入 CIM 平台的高效解析方案

基于 CIM 平台，在项目红线范围内采用高效解析技术，可直接加载轻量化 BIM 格式模型信息，红线范围外采用方式加载二三维瓦片服务。采用传统方法项目立案后到 CIM 审批平台看到模型，需要 2h 处理时间，而采用新融合技术项目立案后可将时间缩短至 1min，即可在 CIM 平台开展方案审查工作。在项目范围采用 BIM 技术与 GIS 技术有机融合，优势互补，能灵活高效满足不同场景应用。

（5）重点关注公共配套设施和停车配建

南京市在 BIM 规划报建云端智能化审批审查系统中重点关注了社区医养、社区服务配套等服务设施；关注养老设施、母婴配套；关注绿化配套；关注地铁无障碍设施。例如，在智能审查审批模块中设置公共配套设施指标审核功能，将社区医养结合服务中心、社区卫生服务中心、养老院、公厕、文化活动中心等纳入可选审查项；在轨道交通模块设置车站三维仿真设计，为工程技术人员和管理者提供了便利。

（6）指标计算高度自动化

南京市 BIM 规划报建云端智能化审批审查系统和 CIM 平台中，可实现一键生成表单，一键导出全部表单，使建筑高度等复杂项自动计算。也可以浏览单体建筑规划控制表，自动统计指标数据，审查是否满足报建要求，例如建筑面积、阳台投影面积、阳台面积占比等指标数据，可实现高度自动化计算。

（7）基于规则引擎的统一规则库和算法集

为满足运行过程中根据不同实际情况变动的规则需求，南京市 BIM 规划报建云端智能化审批审查系统和 CIM 平台将审查规则语义化，用户可根据自身需求，灵活搭配不同的审查语句形成特有的规则集，以满足不同场景下的应用。

12.1.3 厦门 CIM 试点工作

1. 招标需求

根据福建省政府采购货物和服务项目公开招标文件（项目名称：运用 BIM 系统进行工程建设项目报建并与"多规合一"管理平台衔接试点工作，招标编号：[350200]YJY[GK]

2019003），结合厦门现行的工程建设规划审批及与"多规合一"衔接分析业务，开展基于 BIM 系统的报建审查审批研究、标准研究、机制研究，提供实现的技术思路并利用案例进行关键技术验证，同时分析可能存在问题，形成试点验证成果。成果实现与多规合一平台衔接，实现 BIM 模型与 CIM 平台的数据整合。

（1）BIM 报建审查政策方案研究

政策研究包含对规划审批政策研究和相应配套实施细则两大内容。其中，规划审批政策研究主要包括《厦门市 BIM 试点规划报建审批工作方案》等；配套实施细则包括《厦门市 BIM 试点规划报建审查实施细则》《厦门市关于推进我市建筑信息模型（BIM）技术应用的指导意见》等。并根据《规划研究项目取费标准》，完善调研报告、政策法规、规范标准类的重大研究项目。

（2）BIM 规划辅助报建审查系统建设

按照报建审查相关规范完成厦门市 BIM 规划报建交付标准，包括编制单体模型、场地模型的交付内容、数据及模型深度要求；编制成果交付内容；编制成果交付格式；编制数据交付文档要求。进行需求调研、产品设计，针对用户需求编制具有行业竞争力的系统解决方案。在工具设计端中完成区域绘制及区域类别设置并导出通用数据格式，此中间导出数据格式要求公开、安全。根据需求设计并研发厦门 BIM 规划辅助报建系统，主要功能模块应包括系统平台通用功能、建筑单体规整、CAD 总平面图规整、规划指标审查、三维 BIM 展示、数据一体化导出等模块，并对成果系统进行软件测试。软件需要提供正规授权使用，保证系统和数据安全。

（3）市政工程报建审查审批系统建设

市政工程报建审查审批系统功能包括：图形检测与规整功能，包括图形一致性检查、数据拓扑质检、图形规整等；图形审核，包括设计规则设置、道路审核等；三维查看与导出，可导出为 FBX、SKP 等格式。

（4）BIM 规划辅助报建审查系统与"多规合一"平台衔接

与厦门市现有"多规合一"平台衔接，使用通用接口对接数据。实现二三维一体化数据共享服务接口。实现 BIM 报建数据入库、更新。初步构建"多规合一"CIM 平台。

为强化试点片区示范作用，推动智慧城市建设，形成可复制可推广的"厦门经验"，提升城市空间治理能力，《厦门市推进 BIM 应用和 CIM 平台建设 2020—2021 年工作方案》对 2020 年和 2021 年制定了具体实施步骤，提出了实施要求。

在 2020 年，需扩大 BIM 报建应用试点，形成项目 BIM 报建全生命周期覆盖。第一，扩大 BIM 应用试点范围：试点片区范围从原 2 个片区扩大至 5 个片区，包括马銮湾新城片区、东部体育会展新城片区、两岸区域性金融中心片区、机场片区及软件园三期片区，试点片区内所有公建（投资额 1 亿元以上或单位建筑面积 2 万 m² 以上）和市政及地下管线项目采用 BIM 报建。试点项目在原 10 个项目基础上增加全市所有保障房、安置房及租赁房等财政投资项目。同时，经市政府和各片区指挥部研究决定不纳入 BIM 试点的项目，按照原报建程序执行。第二，完成 BIM 报建全生命周期覆盖：总结推广特房集团 BIM 全生命周期应用先进经验，由市建设局牵头，完成试点片区及项目 BIM 报建全生命周期覆盖。

到 2021 年，形成可复制的"厦门经验"，提升空间治理水平。第一，完善 CIM 标准和配套政策：形成满足应用实际的基础性的标准体系，为智慧城市建设提供技术指导。第二，形成可复制的"厦门经验"：强化试点片区示范作用，形成可复制的"厦门经验"，推广至全国，力争促进产业结构升级，形成数字产业链，发展数字化经济，提升空间治理能力。

2. 建设内容

（1）形成城市智慧数据库

厦门"多规合一"CIM 平台涵盖了多部门、多专业、多维度的数据，包括近 400 个空间二维数据图层、2 万千米地下三维管线数据、集美区和鼓浪屿倾斜摄影数据、17 个 BIM 模型数据。实现全市 300 多个部门数据共享共通，形成了一套层次清晰、有机融合的城市智慧数据库。厦门"多规合一"CIM 平台如图 12-41 所示。

图 12-41　厦门"多规合一"CIM 平台

（2）形成 BIM 报建审批流程

形成一套 BIM 报建审批流程，将立项用地规划许可阶段、工程建设许可阶段、施工许可阶段、竣工验收及备案全部纳入线上审批流程中。在工程建设许可阶段可进行三维或 BIM 报建，进行技术审查、日照分析等审批工作，审批完成后进入 CIM 平台，通过共享服务给全市各部门，在工程建设许可阶段之后需在线下进行施工图审查，基于全专业的 BIM 模型联合多部门审查，再进入线上的施工许可阶段，许可证合法后 BIM 模型推送各部门备案。最后在竣工验收和备案阶段，竣工现状 BIM 模型进入 CIM 平台与原模型进行对比检查，各部门可共享使用该模型。

（3）建设 BIM 系统并开发报建辅助工具软件

为提升 BIM 系统的开放共享、专业互通（建筑市政）、简单易用、可持续优化、可灵活拓展等能力，提升数据掌控能力、安全保障能力，开发了自主审批的 BIM 系统。BIM 电子报建围绕规划管理审批中的建筑面积、容积率、密度、建筑高度等技术指标展开，现已实现基于 BIM 的模型设计、规整质检、报建审查等功能，未来将完成 BIM 模型的导入功能，实现基于 CIM 平台的 BIM 模型发布、展示和应用。

研发基于多端设计的 BIM 设计辅助插件、报批插件、BIM 报建规整工具，切实提升报建效率和质量。研发 BIM 报建辅助审核工具，实现基于 BIM 模型的智能化项目指标审查审批。建设基于厦门自主格式的 BIM 成果规整工具，支持将各类设计成果转换成公开的中间数据格式，推动 BIM 统一数字化报建交付。建研院在厦门规划委配合下，完成了厦门市 BIM 报建工作，包括 BIM 报建软件工具的开发、BIM 报建交付标准编制、BIM 报建成果与 CIM 平台的衔接工作。

（4）构建"多规合一"CIM 平台

厦门市在原有"多规合一"平台的基础上开展"多规合一"平台与城市三维仿真平台融合，实现建设项目 BIM 成果的接入，初步构建了厦门"多规合一"CIM 平台，开发城市运营管理运用，支撑厦门城市精细化管理的实践工作，实现"统一的空间发展平台+管理平台"定位。建设"多规合一"CIM 平台包括业务服务平台和各个业务子系统的建设，前者是连接各部门业务系统的纽带，实现"多规合一"成果数据的统一管理、及时更新，提供控制线管控、冲突检测等服务。设计单位对界面框架重新设计、研发，进行二维三维、地上地下、室内室外的数据融合应用，对 CIM 底层三维引擎优化、对三维场景进行修正及地面模型的修正，实现更精准实时的城市的三维可视化。

厦门"多规合一"CIM 平台功能模块如图 12–42 所示。

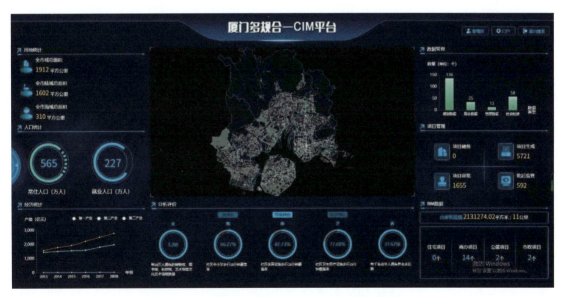

图 12–42　厦门"多规合一"CIM 平台功能模块

目前 CIM 平台功能包括：多维展示，包括查询与比对功能；城市设计，目前已完成"一张图"整合与入库更新，满足现状特色资源评估、总体形态格局、公共空间体系、景观风貌分区、环湾高低点眺望体系、环湾天际线管控、高度管控以及城市设计重点地区划定等 9 个专题导控图制作及其相应导控要求；消防预案预警模块在开发中。

厦门"多规合一"CIM平台数据驾驶舱如图12-43所示。

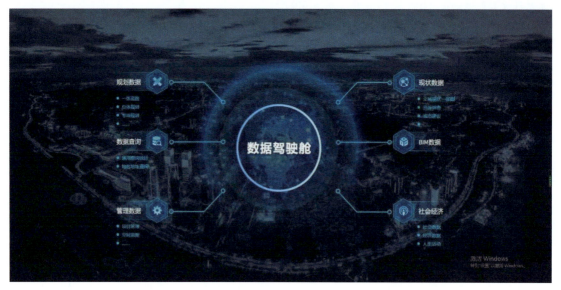

图12-43 厦门"多规合一"CIM平台数据驾驶舱

3. 两年工作方案

为强化试点片区示范作用，推动智慧城市建设，形成可复制可推广的"厦门经验"，提升城市空间治理能力，厦门出台"厦门市推进BIM应用和CIM平台建设2020—2021年工作方案"（以下简称"两年工作方案"），对2020年和2021年制定了具体实施步骤："试点片区范围从原2个片区扩大至5个片区，包括马銮湾新城片区、东部体育会展新城片区、两岸区域性金融中心片区、机场片区、软件园三期片区，试点片区内所有公建（投资额1亿元以上或单位建筑面积2万m²以上）和市政及地下管线项目采用BIM报建。"。

厦门五大BIM报建试点片区如图12-44所示。

在2020和2021年实施计划的框架下，"两年工作方案"分别对开展试点示范和推广应用、编制配套标准规范、强化应用能力建设、加强示范引领和宣传交流等四个方面进行了具体的工作步骤安排。

（1）开展试点示范和推广应用

制定BIM技术应用试点和评价办法并在厦门市财政投融资工程和社会投资工程中选择一批项目，纳入BIM技术应用试点，发挥试点示范引领作用，通过研究制定BIM技术应用能力企业投标鼓励措施、落实BIM技术应用试点资金配套机制和制定BIM技术咨询和软件服务等企业的扶持政策，支持BIM技术在企业的应用和推广。在试点过程中，需开展BIM和CIM关键技术专题研究，试点工作完成后，需开展BIM技术和CIM平台应用试点后评估，总结试点成果和经验。

（2）编制配套标准规范

对不同项目类型研究编制BIM技术应用取费标准作为参考，建立BIM工作机制，逐步制定满足工程建设项目全生命周期要求的BIM技术、数据、分类编码和交付存储等标准或导则，并引导企业之间协商确定较为合理的 BIM 服务内容和市场价格，以建立 BIM 技术应用服务价格信息发布机制，研究制定招标文件和合同示范文本的 BIM 技术应用条款。此外，需参考国际标准，逐步制定 CIM 平台数据、分类编码和存储等标准或导则、CIM 平台数据交换规则等，编制 CIM 应用相关标准。

图 12-44　厦门五大 BIM 报建试点片区

（3）强化应用能力建设

"两年工作方案"支持研发具有我国自主知识产权且符合厦门建设工程实际需求的各类 BIM 技术应用软件，以满足厦门建设领域 BIM 技术应用需要。需加强 BIM 技术应用教育培训，形成多层次教育培训体系，不断提高 BIM 技术应用人才的数量和能力，鼓励开展 BIM 技术与绿色建筑、建筑产业化融合研究。

（4）加强示范引领和宣传交流

在两年试点推广的基础上，引导企业建立基于 BIM 技术的信息共享和协同管理平台，评选出 BIM 技术示范单位在行业内推广。另外，加强 BIM 技术应用宣传交流，可通过媒体宣传 BIM 技术有关政策、标准和应用情况，为社会普及 BIM 技术知识，加强企业间的 BIM 技术应用交流和国际合作交流，提高建设领域相关参与方对 BIM 技术应用的认识和应用水平。

4. 工作亮点

（1）以"四个一"为原则强化试点工作保障

厦门市抓住 BIM 和 CIM 在全国范围内先行试点的契机，制定了"四个一"工作体系，即"一个平台、一套数据、一个团队、一套制度"，通过"四个一"增加试点工作的建设效率和开展质量。

构建一个 CIM 平台，提高城市精细管理能力。在原有"多规合一"平台的基础上开展"多规合一"平台与城市三维仿真平台融合，实现建设项目 BIM 成果的接入，初步构建了厦门"多规合一"CIM 平台，开发城市运营管理运用，支撑厦门城市精细化管理的实践工作。

梳理形成一套数据，打造城市智慧数据库。厦门"多规合一"CIM 平台涵盖了多部门、多专业、多维度的数据，包括近 400 个空间二维数据图层、2 万千米地下三维管线数据、集美区和鼓浪屿倾斜摄影数据、17 个 BIM 模型数据。实现全市 300 多个部门数据共享共通，形成了一套层次清晰、有机融合的城市智慧数据库。

联合组建一个团队，把控试点工作整体方向。厦门 BIM 和 CIM 试点工作由市多规办牵头，市国家发展改革委、市财政局、市建设局、市资源规划局、市市政园林局、市交通局、市行政审批管理局等大力配合，并充分以市场为主导，依托厦门 BIM 联盟推进试点工作。同时强化技术团队建设，由厦门市规划数字技术研究中心等专业团队提供试点工作技术保障。

统一制定一套制度，指导任务有序开展。为规范建设工程项目规划报建信息模型成果交付的相关工作流程，厦门市在 2018 年出台《厦门市建设工程 BIM 模型规划报建交付标准》，用以推广厦门市 BIM 技术应用，统一厦门建设项目 BIM 规划报建及使用要求，提高信息应用效率和效益，支撑建设工程审批制度改革的推进实施。同年，厦门出台《关于建设工程 BIM 文件归档报送要求的通知》（厦建城建〔2018〕25 号），用以规范建设工程 BIM 文件的归档管理，对 BIM 文件归档报送提出了具体要求，保障试点工作有条不紊地开展。

（2）以"三全"为突破点探索 BIM 报建新模式

厦门市积极推进 BIM 试点工作，提出以"三全"为突破点，即"报建全服务、数据全公开、审查全自动"，探索 BIM 审批新模式。

以 BIM 报建试点为契机，实现报建全服务。选取东部体育会展新城片区、马銮湾新城片区、翔安机场片区、软件园三期片区和两岸金融中心片区 5 个试点片区开展建设工程规划许可证 BIM 报建工作，并出台《厦门市工程建设项目启用 BIM 成果报建实施方案（试行）》，规范建设工程规划许可证 BIM 报建办事指南，形成了"培训－窗口－领证－抽查"一套完整 BIM 报建服务体系，保障 BIM 报建工作顺利开展。

首创 XIM 公开数据格式，实现数据全公开。由于目前国内 BIM 软件自主性不强，BIM 数据格式众多，数据融合共享困难，厦门市依托 BIM 和 CIM 试点，首创 XIM 公开数据格式，研制了一种包含方案设计审批模型、施工审批模型、竣工验收审批模型的公开数据格式和标准 XIM，支持规划、建筑、市政项目 BIM 数据交付成果公开转换，统一了 BIM 报建数据标准，并可将数据同步至 CIM 平台。由于 XIM 公开数据格式是自有国产数据格式，不依赖于任何国外软件和平台，故可实现低成本部署，也保障了数据信息安全。

打破传统审批模式，实现审查全自动。厦门推行 BIM"自检+承诺制"模式，升级工程规划许可阶段告知承诺制模式。以 BIM 规划报建审查审批系统为依托，报建人员就设计方案是否符合规划条件进行一键审查。自主审查各项指标通过后，一键形成审查报告，报建人员将报建材料提交至窗口，即可实现窗口快捷办理建设工程规划许可证，简化了办理事项，大大提升了审批效率。

（3）以"四个创新"为驱动力构建 CIM 平台应用体系

厦门市"多规合一"CIM 平台的智慧化应用从政府部门实际应用需求出发，探索各类应用模块，并逐步走向社会化。经过不断建设与运行探索，厦门市在数据、制度、审批与城市运行管理方面四个方面进行了创新。

1）数据管理创新。厦门利用"多规合一"CIM 平台将数据资源结构重建，完善全域数字化数据结构与目录，实现大数据的科学管理。平台依托数据资源，将数据进行空间量化，辅助城市各部门事权分级的空间管控底线，详细分析城市规划实施成效。例如，利用现状人口数据可以开展人口热力分析、年龄结构分析、区域职住分析，判明城市人口特征；利用现状公服设施数据可以开展设施覆盖度分析，解析城市公服设施供给情况等。

2）制度管理创新。依托"多规合一"CIM 平台建立规划实施体系，创新项目策划生成机制，实现从"以项目引导规划"到"以规划引导建设"的发展方式转变。依托平台科学实施经营性用地计划管理，采取措施控制城市土地供应总量、供地时序以及总体布局，创新用地管理机制。

3）审批管理创新。依托平台建立审批管理所有数据信息与空间分布一张图，以二维、三维、四维（BIM 数据）形式直观展示，促进审批管理现代化与智慧化。推行 BIM 报建自主审查模式，在厦门 5 个试点片区创新 BIM 报建审批新方式，实现与 CIM 平台的实时关联融合，为下一步推行建设项目全生命周期 BIM 报建打下坚实基础。

4）城市运行管理创新。通过平台的三维直观展示和对比分析等功能，助力城市风貌保护、支撑建筑方案评审、辅助批后监管，提升城市精细化管理水平。依托 CIM 平台开发城市设计、消防预警、市场监督及城区态势等城市智慧运行管理功能模块，走出智慧城市运行管理的厦门模式。

12.1.4　雄安新区 CIM 试点工作

1. 招标需求

雄安新区为推进 BIM/CIM 试点工作，承接创新、协调、绿色、开放、共享的要求，遵循"数字城市与现实城市同步规划、同步建设"的总体思路，搭建新区规划建设 BIM 管理平台，打造全球领先的数字城市。其核心以 BIM 和 GIS 技术支撑覆盖新区现状空间（BIM0）–总体规划（BIM1）–详细规划（BIM2）–设计方案（BIM3）–工程施工（BIM4）–工程竣工（BIM5）六大环节的规划、建设过程，汇聚各种城市的数据，统筹管理运营，形成城市管理的信息中枢，辅助形成城市智能管理的新体系，形成的数字孪生城市，实现对新区生长全过程的记录、管控与管理，并通过引入物联网技术，推动全域智能化应用服务实时可控，实现数字万物互通。

雄安新区规划建设 BIM 管理平台（一期）建设，内容包括一个平台、一套标准。

（1）雄安新区规划建设 BIM 管理平台（一期）建设

雄安新区规划建设 BIM 管理平台（一期）建设包括数据层、应用支撑层、应用层，覆盖现状空间（BIM0）–总体规划（BIM1）–详细规划（BIM2）–设计方案（BIM3）–工程施工（BIM4）–工程竣工（BIM5）六大环节的展示、查询、交互、审批、决策等服务，实现对雄安新区生长全过程的记录、管控与管理。

（2）标准指数据管理标准体系建设

深入挖掘 GIS 和 BIM 的应用深度，并充分发挥雄安新区规划建设 BIM 管理平台（一期）的效用，协同相关单位共同研究编制覆盖规划、建筑、市政和地质等四个专业的《数字雄安规划建设管理数据标准》，并结合 XDB（雄安新区规划建设 BIM 管理平台（一期）数字化交付数据标准）数据转换标准实现新区规划建设管理六个 BIM 阶段数据的全流程打通，为数字空间现实化以及现实空间数字化制定准绳。

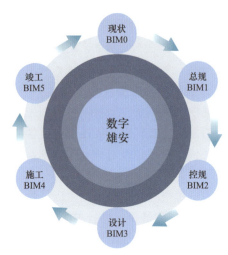

图 12-45 六大环节循环迭代

2. 建设内容

（1）构建规划建设 BIM 管理平台

围绕现状、总规、控规、设计（扩初深度）、施工、竣工六个阶段的行政许可环节，形成雄安新区规划建设 BIM 管理平台，包括以下三个方面的工作内容：一是平台的软硬件环境建设；二是完成全域空间数据资产目录，建立统一的数据标准体系，搭建二三维数据库并完成相关数据的入库，最终形成六个阶段各种数据汇聚而形成的数据土壤层；三是建成多个应用功能模块。

六大环节循环迭代如图 12-45 所示。

应用功能模块具体如下：

1）在立项用地规划许可阶段，基于已入库的总体规划、专项规划和控制性详细规划，平台可设置生成基础数据底板、土地权属调查、自动核提规划设计条件、设计方案咨询等功能模块，地块查询与控规盒子如图 12-46 所示。

图 12-46 地块查询与控规盒子

2）在工程建设许可阶段/施工许可阶段，通过用地红线、建筑高度、容积率、建筑面积等核心指标实现建筑方案与施工图的审查，以及通过道路红线、机动车道净高、管线有无、入廊管线类别等核心指标实现市政方案与施工图的审查。

建筑类项目指标审查如图 12-47 所示，市政类项目指标审查如图 12-48 所示。

图 12-47　建筑类项目指标审查

图 12-48　市政类项目指标审查

3）在竣工验收阶段，基于竣工验收阶段的 BIM 模型，可进行合规性检测、与施工信息模型吻合性分析，并进行联合验收备案，最终实现成果管理与共享。建筑竣工验收如图 12-49 所示。

图 12-49　建筑竣工验收

4）通过规划建设的全流程管理，可汇集雄安新区城市发展的全生命周期数据，赋能城市运维监测，可实现人口容量、交通流量、资源用量、市政设施运行状态等监测功能。人口容量预测如图 12-50 所示。

（2）形成数据管理标准

形成三套数据管理标准，分别是身份标准、语言标准、计算标准，通过三套数据管理标准的建设对规划建设 BIM 管理平台建设所涉及的多源异构数据进行组织。

身份标准是最小三维空间统计单元及其空间编码标准，让各类数据都纳入空间框架之中；语言标准是数据格式和数据成果标准，根据城市治理的需求对不同行业及软件的数据格式、建模方式、数据汇交成果进行标准化统一；计算标准是规则计算与传导的方式标准化，实现同一个规则可以在不同的行业，不同的阶段都能标准化计算并传导，实现更强调局部和整体之间互动关联的全局联动计算，如某个地块的人口规模与其周边公共服务设施规模之间的关联。

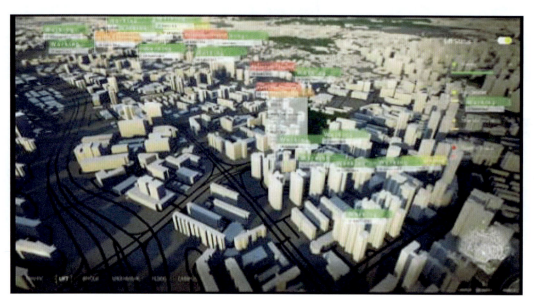

图 12-50　人口容量预测

（3）建立配套制度标准

建立一系列的配套指标体系及其衍生标准，包括规划、建筑、市政、地质、水利、园林等指标体系、建模挂载标准，以及智能基础设施的标准等。同时，也包括雄安的规、建、管的制度体系创新，同时以数字化的方式推动了规、建、管的治理方式改革，包括建筑师负责制、总规划师负责制、建设单位告知承诺制、建设单位主体责任制等。

（4）开展项目 BIM 审批

在平台建设的同时开展市政类、建筑类、水利类、园林类项目（设计方案）BIM 审批，包括公路项目、市政项目、煤热项目、园林项目、水利项目等项目类型，并出具相应 BIM 管理平台审批表。

3. 工作亮点

（1）全周期生长记录

围绕优化时空资源配给的核心，抓住行政许可环节，采用数字技术，来记录雄安实时生长与演变规律，围绕新区提出的从城市规划到管理全阶段（"BIM0-BIM5"）的建设思路，依据各阶段管理要求进行拆解，重新回到现状空间，并与感知设备或物联网相结合，通过搭建包括数据层、应用支撑层、应用层的规划建设管理 BIM 平台（一期），提供展示、查询、交互、审批、决策等二三维联动服务，以 BIM、GIS、IoT 技术支撑建设项目智能审批、质量实时监控，推动城市智能辅助决策、动态体检评估，最终实现雄安新区 6 个阶段循环过程的全周期生长记录。

平台依托城市建设行政审批流程，动态跟踪影响城市建设与运营的关键节点，依据不同阶段的更新数据，自动生成半年或一年的咨询报告和体检报告，动态反馈城市建造与运行阶段的问题和矛盾，辅助城市管理部门自检与沟通，确保城市管理者实时掌握城市运行效率，从全局到部件多方位地把握雄安发展脉搏。

（2）全要素规则贯通

全要素本质是系统性关联，这依赖于规则的运用。在规划阶段、建设阶段以及今后的运营阶段，其规则各自不一样，怎样将规划目标最后传导到建设、运营过程中，实际上要实现规则的纵向打通。与之同时，不同行业之间的横向规则打通，也尤为重要，这是实现全要素系统联动的关键。

项目通过建立从总体规划、控详规划到具体项目的政府管控要求的纵向传递管控指标规则体系实现全要素规则的贯通。建设形成包括建筑、市政、交通、水利、园林等类型项目的审查指标体系，通过指标拆解，推进各专业的指标计算规则确定，为 BIM 智能化审查奠定了坚实基础。

（3）全时空数据融合

全时空数据融合指的是对异构数据，包括规划与建筑的数据或是运营的数据，都以时空为框架，进行融通治理。其中 GIS 数据偏向相对较大尺度的地理定位信息，BIM 偏向中观尺度的物理空间信息，而 IoT 偏向监测数据信息，更为微观而细致。

通过构建以空间为城市数据交换、共享和融合的基本 ID（身份信息），构建统一空间编码作为空间唯一身份证，以映射城市每一立方米数字空间和实体空间的对应关系。覆盖"城市—组团—社区—邻里—街坊—街块—地块—建筑—构件"不同空间粒度，以"位置—单元—属性"将不同层次、不同维度、不同粒度的数据进行融合后协调处理，从时空维度对城市进行全方位、全生命周期的数字化描述，将不同格式的异构数据融通起来，形成一个公开的格式（XDB），使得数字化的市政、民用建筑、道桥、园林绿化，乃至于城市家具都能够在这个平台上运行起来，支撑雄安新区的精细化管理需求。

（4）全过程治理开放

雄安新区以共享为哲学基础，以数据开放、规划开放、产业开放为目标，以安全为底线，搭建原始创新能力，力求推动城市的全过程治理开放。以 XDB 开放数据格式实现"大场景3DGIS 数据+小场景 BIM 数据+微观物联网 IoT 数据"等多源数据的有机融合，保证了各专业交付成果中统一的名称标记、统一的数据标记、统一的单位、统一的坐标体系，实现了多软件共享格式、多领域公开应用，全面提升平台的灵活度、适用性和安全性。

统一各行业数据格式，涵盖规划、地质、建筑、市政、城市园林、城市家具等多领域，创造性地实现了以政府管控目标为界限、以政府管控指标为范围的覆盖城市建设全领域、贯穿城市运营全流程、横跨多个软件的公开格式（交换格式），解决了城市建设流程中多维度多领域建设数据与信息集合后的数据交互难题。在目前各行业应用端软件核心引擎基本为外国持有的情况下，基于这套完全自主的数据标准（数据格式）可以从根本上确保平台数据集合的数据安全问题。

依托以实景建设的虚拟数字镜像城市，将雄安规划设计方案进行全景展示并开放数据平台，积极鼓励全世界公众和专业人士参与雄安建设，以汇聚全球智慧，推出规划设计发展的全新模式，开辟全球城镇化的新时代，推动开放式的城市治理新范式。

12.1.5　北京城市副中心 CIM 试点工作

2014 年国务院发文推动地理信息产业以来，政府部门大力推进的规划信息系统建设，是目前智慧城市建设的一项工作内容，要在时间空间上掌握土地等各方面的现状，体现多规融合，以结合人口、土地、交通、环境评价的各专业的工作。

规划是一个过程，要有调查、分析预测、提出解决方案、成果表现、实施与评价的阶段。在规划实践中，用参与的方式进行政策决策，就要求建设一个政府、研究机关、公司与市民共享的信息平台。从规划的本质与信息平台建设的角度来看，如何成功地建设一个合理的可以供多方参与、多规融合的信息平台，就要从经济需要、人口与土地分配、开发建设、土地与交通等人的活动，以及环境影响等各专业合作角度来构筑。

1. 招标需求

立足于多规融合的信息系统平台开发，以利于多专业结合进行各种动态分析，因而信息平台要有能力导入各种城市模型。比如土地利用方面，在建设用地的土地利用调查时应用遥感技术判定边界，同时结合多源数据研究地块用途时系列变化，掌握实时的空间格局变化。此外，不仅是土地利用分析的模型，还要结合人口分析、房地产开发、交通分析、环境影响的模型。例如，信息系统的平台应该可以进行交通卡的分析，利用手机数据反映出行的行为模式，找出行为的类型和模型，掌握实时的人与车的空间分布，这些工作都可以将城市现状可视化，提供与城市规划、土地规划和交通规划专业合作的可能性。信息平台的建设，还要能够支持公众的规划参与，要能够让政府各部门、公众通过信息平台对规划提意见，可以应用 VR 和 GIS、PPGIS 技术，打破规划参与的时空限制。以工程建设项目三维电子报建为切入点，在"多规合一"协同平台的基础上：

1）研究制定相关标准规范与制度体系，成立 BIM 报建标准编制组，梳理各阶段审查指标、审批流程，探索形成统一的数据标准和报建流程，构建满足从设计方案审查、施工图审查到竣工验收等环节的 BIM 报建标准体系，并及时开展 BIM 标准宣贯工作。

2）建设具有规划审查、工程项目审批、施工图审查功能的系统模块，对接副中心现有信息化系统——"规建管"平台和项目审批办事服务平台，实现在项目审批办事服务平台上工程建设项目电子化审查审批，实现 BIM 报建数据成果在城市规划建设管理领域共享，实现数据联动、管理协同。

3）选取副中心区域项目开展"规建管一体化"试点工作，并根据试点成果研究、分析、梳理 BIM 基础应用和创新应用内容，总结推广取得显著成效、具有示范意义的试点项目，并进行评优评奖，积极开展宣传、培训、交流、观摩等活动，发挥示范引领作用，加快推进 BIM 的普及应用。

2. 建设内容

2020 年 10 月 13 日，市科委和通州区政府共同举行新场景新闻发布会，联合发布智慧交通领域应用场景项目——城市副中心智慧交通综合管理平台。该平台将综合应用大数据、视频分析、人工智能等新技术，自动发现道路拥堵，智能预判道路异常，及时发现交通违法行为，助力交通出行更加顺畅。

通州区城市管理指挥平台（城市大脑）构建了统一的开发标准和应用框架，搭建了数据接入、一级数仓和二级数仓基础平台，并实现各业务系统数据的统一存储与管理。副中心城市大脑如图 12-51 所示。

图 12-51　副中心城市大脑

目前平台融合了信号、违法、供热等 60 种类型的数据；接入 4778 台监控设备（包括高点监控、路侧停车监控、公租自行车监控等）、520 台系统信号机、287 辆环卫车辆、6770 基路灯、377 台路灯箱变、730 处公共自行车站点等物联设备；识别大货车禁限行、违法停车案件 65 万例，生态环境类案件 23 万件，渣土车违法案件 5000 多例。

通州区通过飞行器倾斜摄影和 3D 建模算法等技术，实现对城市外轮廓的快速建模，形成逼真的城市建筑外轮廓模型，并通过图像识别技术，自动区分河流、道路、建筑单体、建筑屋顶、树木、停车场、车位、移动物体等对象。目前，高精度的空中城市数据采集可以提供厘米级别的分辨率和逼真的建筑表面纹理。

同时构建了全空间、三维立体、高精度的城市数字化模型。实现了城市宏观大场景的数字化模型表达和空间分析。能够提供细胞级城市建筑物理设施、功能信息的精确表达，构建了数字孪生智慧城市的 CIM 城市信息模型。

3. 工作亮点

（1）实现城市交通的智慧化管控

该项目由区经信局联合通州公安分局、交通局、城市管理委、交通支队，围绕当前城市副中心交通治理的难点问题，联合梳理了 5 个方向 11 个场景需求，具体来说主要体现在以下三个方面：

（1）全区视频共享交换：建设了视频汇聚平台，将碎片化的信息资源进行最大程度整合，实现全区各委办局建设的视频监控系统统一汇聚，形成一个完整的大"数据资源池"，告别信息孤岛，推动视频监控数据的共享交换。

（2）目录链引领政务数据深度共享：搭建区级政务数据共享交换平台和目录链平台，打通了全区 40 多个政务系统的共享通道，实现数据确权、数据防篡改、数据资产服务，打造新型的开放式数据共享，提高全区政务数据汇聚汇通汇用能力，为智慧城市建设奠定更深基础。

（3）全区交通大数据分析服务：通过对"数据资源池"中的数据进行分析，分析数据背后的深层次价值，探索规律，增强城市精细化管理能力，为全区交通管理、政策制定等提供决策层面支撑。

北京市通州区城市管理智慧分中心如图 12-52 所示。

图 12-52　北京市通州区城市管理智慧分中心

通州区继续推进了智能交通建设，通州区 751km^2 范围内 284 个路口的信号灯进行了升级改造。至此，除在建道路外的所有路口信号灯全部实现联网联控，155km^2 范围内的信号灯全部实现智能化控制，实现了十余个主干道路段红绿灯配时根据车流量的变化而实时变化，可实现对特勤车辆的应急放行管控。副中心搬迁以来，在车流增加的情况下道路反而更加畅通。中国人民公安大学提供的测评报告显示：城市副中心 155km^2 范围内平均车速提高15.6%，城市主干道通行时间缩短 32.5%。

北京市通州区城市管理指挥平台如图 12-53 所示，路口红绿灯时间自动调整如图 12-54 所示。

图 12-53　北京市通州区城市管理指挥平台

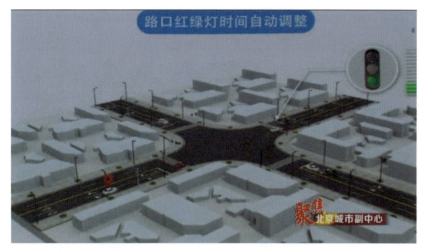

图 12-54　路口红绿灯时间自动调整

实现交通数据互通共享是该平台项目的突出特点。项目围绕全域路网交通运行场景，通过数据共享交换、视频结构化算法技术、视频分析技术、区块链技术和人工智能技术的引入，聚焦交通治理中的痛点难点，有效改善城市副中心交通环境，提升交通治理效率，增强多部门数据共享和联动能力。

未来，城市副中心将通过建设基于政务外网的交通数据共享交换平台和集开发、配置、部署、管理、监控、安全于一体的数据交换全生命周期管理平台，实现全区交通流约 2000 路视频数据和雪亮工程约 20 000 路视频的数据汇聚。

（2）实现城市照明智慧化管理

通过照明管理平台对全区的照明设施总量、故障及群众投诉情况进行综合管理，自动发现低压、灭灯、断网、配电箱超限等故障，保障照明设施的正常使用和完好率。同时开发了城市之光手机 App，帮助管理者在手机端进行业务操作，对辖区范围内路灯设施工作状态进行实时监控和故障上报，对加装了单灯控制器的灯杆可以进行 0～100% 的调光操作。

（3）实现生活垃圾的精细化管理

实现对各垃圾排放主体的垃圾分类知晓率、参与率、精投率的跟踪和分析，并接收各类反馈和建议。同时对收运车辆和处理设施进行在线督检，确保各类垃圾分类质量可认定，源头可追溯，清运及时有效，并实施合理调度，满足市民分类需求。系统能够精准定位到每辆垃圾收运车，实时定位记录车辆运营轨迹、查看收运垃圾分类质量和重量等信息。实现源头分类投放、中端分类运输、末端分类处理的全流程闭合管理。亚洲区城市管理指挥平台如图 12-55 所示，垃圾分类投放准确率监管如图 12-56 所示。

（4）构建生态环境的智能监测

2018 年，通州区结合北京市"大数据行动计划"总体部署，瞄准城市副中心在建设、治理中工地扬尘、道路遗撒和渣土车缺乏统筹管理的痛点需求，在全市率先提出运用云计算、大数据和人工智能等先进技术，构建区级生态环保领域的城市大脑，通过全面感知、智能识别、流程创新，来推动全区在数字生态城市建设方面的突破和创新。

图 12-55　亚洲区城市管理指挥平台

图 12-56　垃圾分类投放准确率监管

　　充分对接区生态环境局生态环境物联网平台的车载站、微观站以及道路积尘负荷报告数据，运用大数据、人工智能等高新技术，实现基于视频分析的渣土车闯限行、工地未苫盖、道路遗撒等违规案件的自动识别、实时告警并推送至区网格平台。实现了环境污染事件从人工发现到实时自动感知，从多部门多头处置到"一网通办"的提升。

　　"城市大脑·生态环境"平台是通州区和阿里云在政务云合作的基础上，在生态环保领域的数字创新实例。4月9日，在2019中国电子信息博览会—智慧城市论坛上，"通州城市大脑·生态环境平台"与"杭州城市大脑""数字福州"等10个案例成功入选"2018智慧城市十大样板工程"。

　　作为全市第一家建成并上线运行的生态环保领域城市大脑平台，截至2019年，该平台运用人工智能、物联网、视频识别等技术，已经在155km²的通州核心区完成了智能化环境监测改造，复用了城市管理委、住房和城乡建设委已建的1437路视频设备和生态环境局部署的 1100 个大气环境监测设备，每十分钟完成一次全区扫描，并第一时间将扫描预警结果反馈到综合处理平台，实现对全区的渣土车辆和施工工地环境进行有效监控，大大降低了空气扬尘污染源。

（5）实现应急事件的快速管控调度

针对火灾专题、地质灾害、防汛专题、安全生产专题等综合防范类业务构建了各项安全监管专题，建立健全了完整的应急事件管理调度系统，形成了事件发现预警、协调处理及效果评估的于一体化管控体系，实现了完善的应急事件快速响应和有效应对机制。

（6）构建业务流程的全生命周期信息化管理

通过建立重点任务管理系统、占掘路管理系统、停车场管理系统，实现了通州区城市管理委主要业务流程的全生命周期信息化管理，为城市管理业务建立高效的协同办公环境。

未来通过规划建设，通州区城市管理委力争实现"一网、一脑、一平台"的数字孪生城市目标。在城市空间数据基础上，叠加互联网、物联网等多维度实时数据，全息描述城市运行状态，用算法高效驱动和管理城市运营，实现城市资源要素智能优化配置，为仿真推演、发展预测、决策分析等提供数据支撑。

12.2　其他经典案例

CIM 作为"新基建"的重要组成部分和重要推手，除国家住房和城乡建设部明确列入"运用建筑信息模型（BIM）进行工程项目审查审批和城市信息模型（CIM）平台建设"五个试点城市之外，各地也不同程度地开展了 CIM 建设工作和相关的行业应用创新实践。在面向城市治理应用，重庆、深圳为提高城市治理能力建设了自身的 CIM 平台、浙江乌镇基于北斗时空网格技术创建了乌镇治理二三维"数字孪生一张图"数据底座、安徽铜陵也以城市大数据为基础构建了"城市超脑"；而在区域综合治理应用方面，佛山禅城启动了数字城市基础设施大数据平台建设、上海浦东临港在 BIM/GIS 大数据平台基础上建设了临港城市大脑项目、南京江北新区依托"数字孪生城市"的新理念新技术打造了江北新区 CBD 智慧城市指挥中心、天津中新生态城与济南历下区也相继开展了 CIM 平台的建设；除此之外，各地在城市规划建设管理、安全与应急管理、自然资源灾害管理、交通物流管理等方面也做出许多值得参考和借鉴的实践。下面将重点介绍重庆、深圳以及佛山禅城、天津中新生态城、济南历下等市级或区级的 CIM 实践案例。

12.2.1　城区级实践案例介绍

1. 重庆市智慧城市 CIM 建设管理平台

2020 年 3 月，重庆市住建委发布《关于统筹推进城市基础设施物联网建设的指导意见》，明确提出以 GIS 展示空间属性、以 BIM 反映构造特征、以 AIoT（Artificial Intelligence+Internet of Things，人工智能物联网）活化城市运维功能、以建设项目全生命周期为主线，全力打造以"GIS+BIM+AIoT"为核心的自生长、开放式 CIM 平台，并依托 CIM 平台，集成、分析和综合应用全市各类城市基础设施物联网数据。在政策驱动和支持下，重庆市住建委启动了满足城市级基础设施建设与物联网监测应用的 CIM 平台选型、开发与建设。

2020 年 6 月，重庆市首次通过智慧城市 CIM 建设管理平台，展示出重庆 CIM 平台的风采。根据规划部署，重庆 CIM 平台以"示范先行，配套导则，完善机制，全面推进"为工作思路，结合两江四岸核心区（由长江、嘉陵江交汇区域的朝天门—解放碑片区、江北嘴片区、弹子石—龙门浩片区围合而成）整体提升，将其作为重庆城市发展的主轴和展示城市形象的"客厅"和"窗口"，进行城市基础设施智能化提升建设与平台大数据中心建设、功能完善。

重庆智慧城市 CIM 建设管理平台界面如图 12-57 所示。

图 12-57　重庆智慧城市 CIM 建设管理平台界面

重庆智慧城市 CIM 建设管理平台界面如图 12-58 所示。

图 12-58　重庆智慧城市 CIM 建设管理平台界面

重庆智慧城市 CIM 建设管理平台界面如图 12-59 所示。

图 12-59　重庆智慧城市 CIM 建设管理平台界面

重庆 CIM 平台基于城市基础设施物联网，将对城市道路、排水、轨道、市政消火栓、停车场、管线等多个专业城市基础设施进行智能化建设与升级改造，全面感知和自动采集设施动态运行状况，构建 CIM 时空大数据中心，集成各类城市动静态数据。CIM 平台可对海量数据进行快速加载、展示和分析，数据中心运行流畅，实现 CIM 平台对物理世界的实时真实刻画，展现孪生重庆；以倾斜摄影和 BIM 模型为主的多类数据融合可达到无缝衔接；通过物联网技术，对重庆市基础设施实时监测，并实现智能化识别、定位、跟踪、监管等功能，达成"万物互联"的状态。

在大数据中心基础上，重庆 CIM 平台将继续完善相关功能，如智慧道路、智慧排水等，对城市基础设施进行一张图管理，感知、监测、分析、控制和整合各个事件并做出智慧响应，进一步提高城市基础设施运行效率和安全性能，提高政府相关部门管理决策水平，提高城市安全韧性。除建设 CIM 平台，重庆市同步出台相关建设导则，完善建设与数据收集入库机制，已建设施逐年补齐，新建设施同步建设，促进平台自生长。

2. 深圳市 CIM 规划设计数字化平台

为对规划体系进行数字化管控，落实深圳新型智慧城市及"数字政府"建设等一系列市政府重点工作，展示深圳运用 CIM 系统提升城市规划建设管理水平方面的创新经验，深圳市开展了基于 CIM 的规划设计数字化平台的建设。主要内容包括规划设计数字管控系统、城市规划设计云坊、试点片区城市信息模型构建、规划设计公众参与系统、规划设计辅助决策系统的研发工作。

（1）规划设计数字管控系统

建立建设了工程规划报建的数字化规范，通过标准化报建软件，实现电子报批规整、各阶段指标传导、报批成果自动转换入库、二三维数据资源一体化管理等，包括标准规范编制和全流程规划数字报建系统（含报建成果导入、报建成果浏览展示、规划报建成果规整、规划报建成果质检、成果转换入库、数据传导等模块）的软件开发。

（2）城市规划设计云坊

为城市规划设计单位提供了基础数据查考及设计方案校验，为城市规划管理部门提供了设计方案精细化管理数据支撑服务。包括城市规划设计云终端（含基础地理数据云端应用、规划设计要素分级展示、规划设计空间计算工具、规划设计要素检测、进度跟踪与管理、权限管理功能）、城市规划虚拟会商评审（含规划设计虚拟会议）等模块的软件开发。

（3）试点片区城市信息模型构建

以公共空间规划设计需求为导向，集成了城市静态和动态数据，构建了试点片区城市信息模型，实现了试点区域公共空间定量分析。包括数据驱动城市设计研究、CIM试点区域公共空间定量分析（含香蜜湖、深圳湾超级总部、西冲3个重点片区信息模型建设与评估）等模块的软件开发。

（4）规划设计公众参与系统

为公众参与城市规划设计提供了平台。包括城市故事汇、移动规划设计调研、众创规划设计（包括众创设计版块和坊间案例库）等模块的软件开发及与i深圳（深圳市统一政务服务App）对接。

（5）规划设计辅助决策系统

对规划设计方案进行校核审查、指标监测、多方案比对等，为规划管理部门和城市决策者提供了方案评估和辅助决策。包括规划设计案例库查询、专业辅助分析模型（含人流动态分析、人口分布分析、环境分析等）、方案影响评估（含指标分析、方案对比、视域分析等）、景观风貌分析（含全景模拟、体量群组关系、视线景观分析等）、规划设计场景动态模拟（含高度调整、可视域调整、光照角度调整）等模块的软件开发。

3. 佛山市禅城区数字城市基础设施大数据平台

禅城区作为佛山中心城区，以占全市1/25的土地支撑起约1/5的经济总量。面向城市化进程加快推进和利益格局深度调整带来的社会治安、矛盾纠纷等新问题、新挑战，为充分激发禅城城市管理"一张图"应用能力，强化基础设施大数据在城市精细管理与服务中的支撑作用，佛山市禅城区启动了数字城市基础设施大数据平台建设，通过数字化城市构筑物，叠加"一张图"现有规划、建设、教育、环保、水务等不同领域业务数据，实现业务数据与构筑物空间位置的精准关联与挂接，从根本上提升对城市空间的认知能力，并借助云计算、大数据等技术，实现城市管理精细化、民生服务贴心化。

禅城区数字城市基础设施大数据平台项目建设内容从数据角度出发可划分为数据生产、数据管理和数据复用三个阶段，建设内容包括三大块：一是基础设施大数据平台建设，涵盖构筑物大数据管理、空间网格管理、构筑物三维展示、GIS三维展示、统一数据服务以及建筑数字化交付平台；二是数字化建设，数据的生产环节，即对既有建筑的再数字化，对58处、不少于300万㎡的参考建筑物进行建模，包含政府机关、交通设施、公共场站、学校、医院、场馆及商业综合体，再通过数字化交付模块导入平台；三是业务应用，基于基础设施大数据平台建设覆盖桥梁安全、应急预案、管线展示、基础数据中心、BIM报建、BIM验收、消防一张图及审计管理九大领域的智慧应用。

（1）基础设施大数据平台

在基础设施大数据平台建设中，主要侧重于基础设施数据的管理和复用，包括构筑物数据、地理信息数据和业务数据三大类，已构成智慧城市建设所需的地上地下、室内室外、虚实一体化的、开放的、鲜活的时空数据资源。通过大数据平台统一的数据服务接口，实现基础设施大数据在不同领域中分权限的数据共享与应用，从而满足禅城区城市治理和管理需求。其中的建筑数字化交付平台主要通过接口将符合标准的构筑物数据传输至基础设施大数据平台，从而实现数据的统一管理与复用。基础设施大数据平台是以盈嘉 BOS 智慧空间操作系统为核心引擎，有机融合 BIM、GIS、大数据、IoT、智能感知等技术的 CIM 平台。平台结构化数据存储容量超 1000 万条，数据处理能力达到 PB 级，每秒处理事务数达 10TPS，在线数据存放最长周期为 180 天，并采用全盘加密、硬件加密卡加密和数据加解密。

基础设施大数据平台首页与管理后台如图 12−60 所示，建筑数字化交付平台总体功能如图 12−61 所示。

(a) 平台首页　　　　　　　　　　　　　　　(b) 管理后台

图 12−60　基础设施大数据平台首页与管理后台

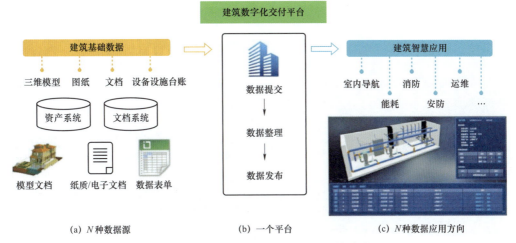

(a) N 种数据源　　　　　　(b) 一个平台　　　　　(c) N 种数据应用方向

图 12−61　建筑数字化交付平台总体功能

（2）数字化建设（见图12-62）

其次在数字化建设上，采用涵盖地面建筑、精细部、三维建模多环节的倾斜摄影、激光点云扫描和 BIM 建模三种方式，覆盖政府单位、医院、商业综合体、桥梁、交通设施、公共站场等58处、约300万 m² 的重点建筑物的三维模型数据采集及建立。其数据成果需满足相应的模型精度、模型命名格式、文件格式等标准化要求，并通过建筑数字化交付平台导入基础设施大数据平台。

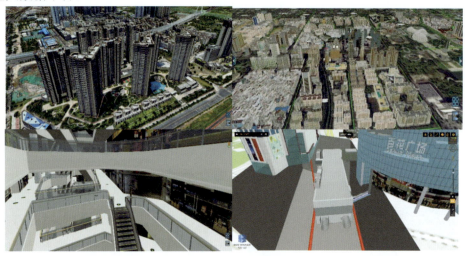

图 12-62　数字化建设

（3）九项业务应用

基于基础设施大数据平台开展九项业务应用建设：桥梁安全、区域治理、应急预案、管线展示、基础数据中心建设、BIM 报建、BIM 验收、消防一张图、审计管理。其中，桥梁安全是通过结合桥梁模型与桥梁实时监控数据，对桥梁结构状况进行监控与评估，为桥梁在特殊气候、交通条件下或桥梁运营状况异常严重时发出预警信号，为桥梁的维护维修和管理决策提供依据与指导。重点桥梁健康监测如图12-63所示。

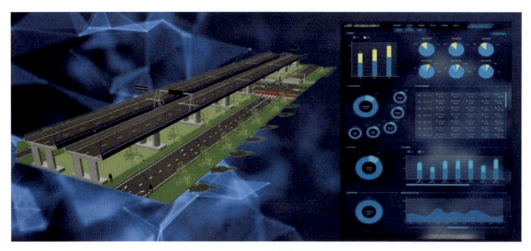

图 12-63　重点桥梁健康监测

区域治理主要为建设智慧园区样板。根据园区档案图纸、倾斜摄影实景模型完成园区数字化，并以园区建筑物为锚点，链接现有的车辆管理、视频监控、工商登记等数据，从而实现园区区域的精细化管理，为区域的建设规划、智能化改造、应急预案等提供完善准确的数据服务。智慧园区样板如图 12－64 所示。

图 12－64　智慧园区样板

应急预案是指通过互联网、手机等多种方式采集危险源实时监控数据后，将其与具有空间信息的 GIS 或 BIM 数据进行挂接融合，精准掌握危险源空间信息，并结合应急物资位置数据，支撑紧急情况下详细应急预案的生成，辅助应急指挥决策。危险源监控如图 12－65 所示。

图 12－65　危险源监控

管线展示即通过管线图纸、物联网、无线传输网等方式，数字化城市地下管网信息，支撑数字化管线间及管线与建筑物的碰撞、管线施工开挖模拟等业务事项。同时通过挂接权属信息等，提升城市管网管理效能。管线管理如图 12-66 所示。

图 12-66　管线管理

基础数据中心建设主要侧重对城市所有部件（前期为沙井盖）的全生命周期管理。通过城市部件的数字化，实现城市部件属性及空间数据在地图上的查询统计及部件事件的实时预警。城市部件管理如图 12-67 所示。

图 12-67　城市部件管理

BIM 报建及 BIM 验收主要面向工程建设项目审批环节中规划报建和竣工验收环节的BIM 应用。其中，在规划报建中，通过提供多方案比选、红线和控高分析、视域分析、通视分析、日照分析等手段及基于现有数字化城市空间的方案仿真模拟与分析，从而进一步优化设计方案，提升方案的合规性与科学性；而竣工验收中，借助激光测绘、RFID 射频识别、数码摄像探头等手段，实现基于 BIM 的施工建造作业中质量控制、进度管理、施工对比等环节的全链条精细化控制与监测管理，强化质量管理中的时间可追溯性，严格控制建设项目施工建设质量，辅助项目竣工验收。

消防一张图是基于禅城现有社会综合治理云平台开展的消防指挥应用，通过对接基础设施大数据平台，调用建筑物及建筑物内消防设施数据，从而实现消防设施的精准空间定位与立体化展示，辅助消防防灾指挥决策。图 12-68 所示为一张消防图。

图 12-68　一张消防图

最后，审计管理是通过对人、城市部件、出租屋、管线、河涌（包括暗涌）等数据进行网格化统计，从而支撑审计部门对城市经济、环境、人文发展等方面进行决策管理，提高城市、企业管理水平。

4. 天津中新生态城 CIM 平台

围绕工程检核项目审批制度改革工作要求，2019 年 6 月住房和城乡建设部向广州和南京下达试点任务，要求运用 BIM 和 CIM 信息化手段推动审批工作提质增速。在此背景下，2019 年 10 月中心联合协调理事会第 11 次会议中天津中新生态城项目被授予了生态城 CIM 试点城市称号，并在住房和城乡建设部指导下，开展城市信息模型（CIM）平台试点工作。目前整体方案已通过天津市政府上报住房和城乡建设部，正在开展项目实施。

中新生态城以"全过程、全时域、全空间"为建设目标，即全过程是指覆盖建设领域规划建设、管理实施业务全过程；全时域是指汇集生态城历史建设数据，形成历史发展一张图。同时基于历史建设数据，挖掘中新生态城发展的潜在规律，运用可视化仿真模拟技术，推演中新生态城未来发展愿景，从而集成生态城"历史—现状—未来"全时域一张图；全空间是指建立覆盖生态城范围内的建筑、公园绿地、市政基础设施、水系、土壤、地下设施、管线等所有要素的数字化模型。以建设目标为指引，实现建设项目的全过程、全时域、全空间管理，这也是生态城 CIM 平台建设项目中最大的特点和亮点。

在建设目标的指引下，搭建"1+3+N"的生态城智慧城市建设总体框架。其中，1 是指建设支撑城市运营管理的城市大脑，3 是指服务政府、企业、社会公众三大主体对象，N 是指基于 CIM 平台的智慧城市建设各领域的 N 应用。生态城 CIM 平台其核心建设内容是围绕

"1+3+N"的总体框架，汇聚生态城全域地上地下、室内室外、历史现状未来的数据，提升平台汇聚能力，支持智慧城市应用建设。生态城 CIM 平台定位如图 12－69 所示。

图 12－69　生态城 CIM 平台定位

生态城 CIM 平台建设内容主要为四大块，包括底层三维数据底板、平台建设、五大平台应用系统和四大应用场景，其平台、应用系统及应用场景可采取电脑端、移动端、展示大屏等方式进行展示应用。生态城 CIM 平台建设内容如图 12－70 所示。

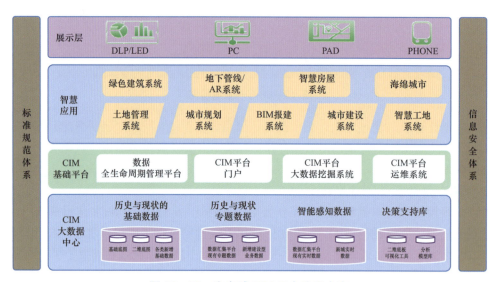

图 12－70　生态城 CIM 平台建设内容

（1）三维数据建设

三维数据底板建设是指收集现有基础数据，并按照标准规范对数据进行治理整合、建库，形成覆盖全域的统一数据底板。同时建立分层分级的数据体系目录架构，预留未来数据接口。

（2）平台建设

平台建设包括建设业务协同平台、态势感知平台和 2D/3D 全空间平台。建设业务协同平台是面向生态城建局，支撑规划建设领域中规划建设、土地、房管、招投标、质量安全、现场工地检查等全业务链接协同；态势感知平台对接物联感知设备，获取生态城实时运行管理数据，包括工地施工、交通运输、人行为活动等，丰富平台数据底板；2D/3D 全空间平台是基于生态城现有二维信息化基础，以 CIM 平台建设为契机，推动二维向三维转变，实现二三维联动，构建立体可视化的全域空间信息化平台。

　　CIM 平台总体架构可分为四层，即设施层、数据资源层、平台服务层和业务应用层。其中设施层即利用生态管委会搭建的统一信息化服务环境，为 CIM 平台建设提供底层支撑；数据资源层即平台应用运行的基础支撑，包括基础空间库、专题业务库及大数据仓库，面向不同的数据资源类型；平台服务层包括门户系统、城市建设大屏系统、大数据分析系统、运维管理系统及支撑资源共享交换、服务共享等模块，是平台建设的主体部分；业务应用层是基于 CIM 平台，结合城市各领域应用需求开展的智慧城市应用系统，包括智慧规划系统、智慧建设信息系统、智慧房屋管理系统等。CIM 平台总体架构如图 12-71 所示。

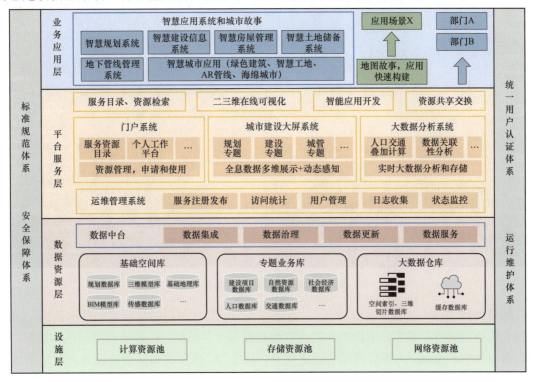

图 12-71　CIM 平台总体架构

　　（3）五大应用系统

　　五大平台应用应包括智慧规划、BIM 报建、智慧建设、智慧房屋管理和智慧土地管理。智慧规划以规划监测评估和辅助决策为核心，一方面对控规成果的城市居住空间、产业空间、综合交通、开放空间，以及公共服务设施等方面开展监测评估。另一方面为政府部门开展城市发展空间、街区更新改造、用地优化调整、设施选址、交通组织等业务提供决策支持，也是生态城 CIM 平台的建设重点。

　　BIM 报建是按住房和城乡建设部要求，运用 BIM 技术开展项目报建审查审批，以 BIM 模型为载体，以覆盖工程建设项目规划设计方案、施工设计方案等环节的 BIM 报建标准规范体系为准则，开展全流程 BIM 报建及数据管理与应用。近期以 BIM 规划报建为主，远期探索 BIM 施工图及竣工验收备案相关工作建设。

　　智慧建设是指以平台地理信息数据为基础，对建设项目全过程进行管理，包括建设项目计划编制调整、进度执行监督、资金拨付与工程变更等事项。通过收集建设项目实时作业情况、项目资金计划、施工计划等数据，综合分析建设项目分布与进展情况、资金计划与固投完成情况等，生成可视化的图表或热力图，动态实时反馈建设项目的进展情况，从而推动建委工作效率提高。

智慧建设管理系统如图 12-72 所示。

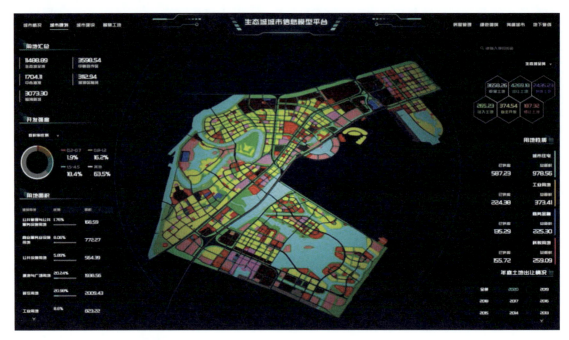

图 12-72　智慧建设管理系统

智慧房屋面向生态城房屋管理部门。通过接入房屋管理部门的房屋基础使用数据、土地、销售和租赁价格变化数据、房屋配套建设管理数据等业务数据，结合平台空间基础数据，构建智慧房屋管理系统，支撑房屋配套设施建设过程监管、房屋使用安全监测及房屋价格预警预控等事项开展，实现以数据驱动管理与服务，智能管控生态城房地产市场价格和土地价格，提升房屋智慧管控能力。

土地管理系统是对生态城土地全生命周期管理提供信息化支撑。通过对储备地块的收购、整理、分配与管理、建设用地开竣工时间、土地批后监管、土地闲置管理等数据进行汇集并开展空间可视化分析，支撑土地全生命周期状态的统计查询及监管预警。

（4）四大应用场景

此外，中新生态城在实现 CIM 平台建设及平台应用系统建设的基础上，结合当地建设特点，开展了涵盖绿色建筑、海绵城市、AR 地下管线和智慧工地的特色场景应用。其中，绿色建筑作为生态城已建和在建项目中建设体量较大的建筑类型及未来主要建设方向之一，是生态城未来管控的重点。绿色建筑是对建筑物的节能、节水、室内环境、建筑运维等进行可视化展示，实时接入城市建筑的资源环境消耗情况，综合反映建筑运行水平。包括绿色生态城区和绿色单体项目两个部分，技术上以 BIM 为基础，对室内外环境、绿色建筑技术、室内场景、周边环境等进行动态可视化展示。

生态城作为 2016 年全国第二批海绵城市的试点，可基于 CIM 技术开展海绵城市应用场景，对城市范围内降雨过程及影响采用指标管理、过程管控的方式进行实时监测、模拟分析及考核评估，为政府及相关利益主体在海绵城市建设及运维管理方面提供量化数据支撑及智能管理工具，从而有效展示生态城海绵城市建设情况及成就，模拟分析海绵城市建成后对城市区域雨水排放管理后的效果。

AR 地下管线是面向地下工程作业中管线错挖事故，运用物联网、互联网、大数据、云计算等技术，构建地下管网三维底板，并运用 AR 技术进行管网巡检，方便地下工程施工作业时直观看到地下管网敷设情况，避免施工中错挖管线导致事故的情况。同时，实现政府主管部门与产权单位之间的管网数据联动共享，挖掘地下空间数据资产价值。

智慧工地即围绕建筑施工现场"人、机、科、法、环"五大因素，采用摄像头、烟感热量感知等感知设备，以 BIM 为基础，对工地的安全风险点、用工情况、工人培训情况、施工作业环节等进行数据采集并实时监控管理，从而提高生态城建筑工地的安全质量管理水平。

（5）智慧规划

智慧规划系统（生态城 e‐planner）是天津中新生态城 CIM 平台建设项目的重点及特色之一。结合与新加坡市区城建局合作的经验，依托生态城的智慧城市信用平台和大数据中心，实现规划建设领域的全流程管理和基于地块从项目规划、审批、验收、实施监督的统一空间数据治理。智慧规划系统总体架构如图 12‐73 所示。

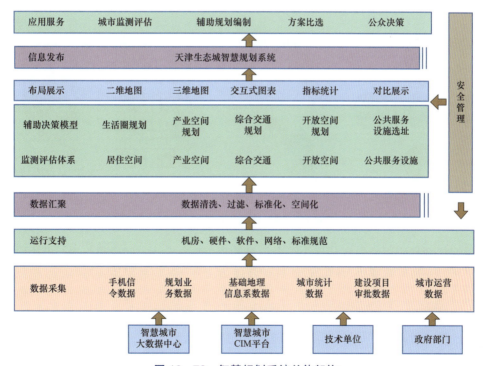

图 12‐73　智慧规划系统总体架构

智慧规划系统主要功能主要包括"1+1+N"，即面向智慧规划应用的数据治理、城市体检和 N 项智慧规划应用场景。智慧规划系统功能框架如图 12‐74 所示。

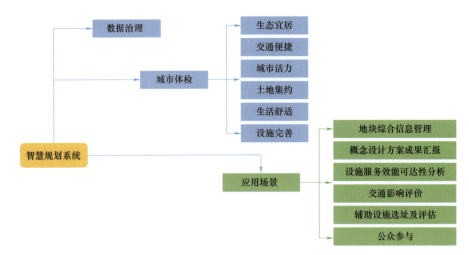

图 12-74　智慧规划系统功能框架

其中城市体检即按照生态城全域、居住区、生活圈及地块空间体系划分，构建指标监测评估的空间对象。通过梳理生态城的指标体系 2.0 的版本和借鉴住房和城乡建设部的体检评估指标体系，结合生态城的规划建设管理的实际需求，构成了 6 个维度的生态城市体检评估指标体系，包括生态宜居、交通便捷、城市活力、土地集约、生活舒适和设施完善 6 个分析维度。城市体检评估划分如图 12-75 所示。

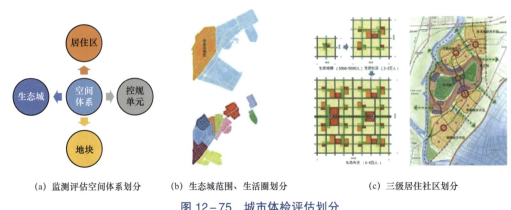

(a) 监测评估空间体系划分　　　(b) 生态城范围、生活圈划分　　　(c) 三级居住社区划分

图 12-75　城市体检评估划分

N 项智慧规划应用场景包括地块综合信息管理、概念设计方案成果汇报、设施服务效能可达性分析、交通影响评价、辅助设施选址及评估、公众参与等模块。其中地块信息综合管理是通过将现有总规、控规、专项规划、城市设计、遥感影像、航拍图等数据进行叠加，并将电子报批地块规划、审批、验收全流程信息叠加到对应地块中，从而实现不同业务阶段的地块信息的综合管理。地块综合信息管理如图 12-76 所示。

概念设计方案成果汇报即对前期概念性规划设计方案，将其设计方案文件进行导入后，提供整体方案经济技术指标、效果图及与周边三维空间融合展示等功能，观察需要报建的项目方案与城市空间的空间体量、城市风格、空间开敞度等是否与城市已建区域进行匹配，有利于规划审批部门开展多方案比较及与规委会的汇报。概念设计方案成果汇报如图 12-77 所示。

图 12-76　地块综合信息管理

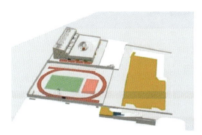

图 12-77　概念设计方案成果汇报

设施服务效能可达性分析即评估城市级、片区级、社区级不同级别的各类公共服务设施的可达性，主要应用于规划实施或规划前期编制环节。利用人口、设施规模、交通网络数据、出行交通等数据，构建潜能分析模型，支撑设施可达性评估、设施可达性指数分析，为设施选址、规模设计方案提供支持。设施可达性分析如图 12-78 所示。

图 12-78　设施可达性分析

此外，公众参与模块为公众参与规划编制审查提供信息渠道，包括方案发布管理和公众投票。即政务部门将符合规划条件的概念方案成果在外网上进行统一发布展示，由公众进行投票并发表意见（见图12-79）。

(a) 方案投票　　　　　　　　　　　　　　　　　(b) 方案发布管理

图 12-79　公众参与

5. 济南市历下区

2020年4月数字山东建设专项小组办公室印发了《第一批山东省新型智慧城市建设试点工作任务书的通知》，推动了山东省城市智慧化管理的不断创新，CIM平台作为让城市智慧化管理更加透明与精细的重要信息化工具应运而生。

为了满足城市生活宜居、便捷、安全的居住需求以及城市可持续发展与提升核心竞争力的建设要求，济南市历下区率先建设了CIM城市信息管理平台，基于BIM+GIS+IoT的深度融合，依托数据中台对信息有效组织，通过可视化技术形成城市的数字化镜像，并依托这一镜像，有力支撑具体应用，实现针对城市各专业领域的规划、建设和运行管理等应用层级的有效协同、精确分析、实时预警预测以及动态的高仿真可视化管理。

为了突破大数据时代智慧城市建设与发展中信息安全与信息孤岛两大困局，济南市历下区CIM城市信息管理平台按照建设需求构建了"1+3+3+5"的总体框架进行破局。"1"是指1个数据中心、两个"3"分别指的是3个核心技术（包括BIM技术、GIS技术、IoT技术）与三个支撑平台（包括基础数据管理平台、运行大数据汇聚融合平台、应用支撑平台）、"5"指的是5个应用场景（包括BA楼宇自动化、SA安放自动化、FA消防自动化、OA自动化办公、CA通信自动化）（见图12-80）。

（1）三大支撑平台

1）基础数据管理平台。通过建设"建筑地理空间基础数据库"，对各类基础数据进行管理和维护，保持基础数据的现实性，通过应用支撑平台支撑本项目应用并依权责实现信息共享。

2）大数据汇聚融合平台。数据中台全面汇聚各类信息感知终端设备采集的实时感知数据及其分析结果。结合基础数据，对汇聚的各类运行数据进行处理、整合、组织与管理，通过应用支撑平台支撑本项目应用并依权责实施信息共享（见图12-81）。

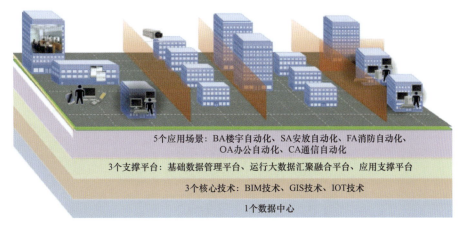

图 12−80　济南市历下区总体框架

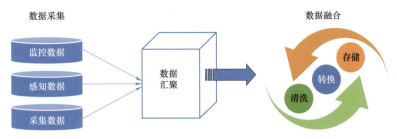

图 12−81　数据汇聚

3）应用支撑平台。通过各系统集成实现对管理区域运行状态信息的统一汇聚管理、一体化展现，以及运行保障服务信息的无障碍传达。

（2）BIM 模型（见图 12−82）

据建筑设计图，建立高精度的三维模型，并对建筑中的照明、电梯、监控等设备建立对应的三维模型，直观形象的展示各个设备的位置、状态与参数。

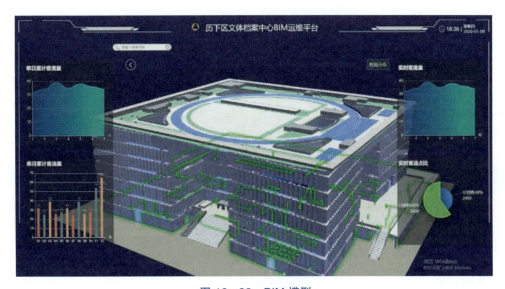

图 12−82　BIM 模型

（3）智能化控制系统（见图 12－83）

通过特定的末端设备，实现对区域内设备进行全面的监控和管理。使管理人员在控制中心即可对所有设备进行精确管控，了解设备的故障、能耗等信息，大幅压缩人力成本，提高效率。

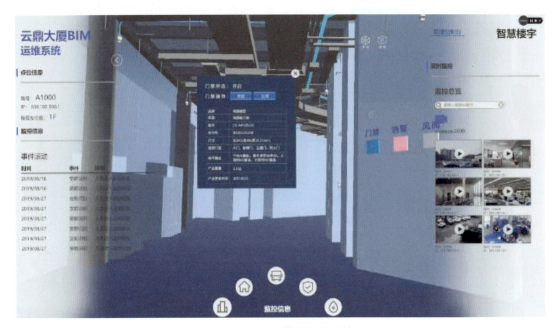

图 12－83　智能化控制系统

（4）安防管理系统（见图 12－84）

通过接入各种安防监控设备，结合 AI 视频分析技术，在短时间内迅速浏览一天监控内容，同时实现人员轨迹追踪、禁区闯入警报、火灾烟雾报警功能。

图 12－84　安防管理系统

（5）环境监测系统（见图 12-85）

通过布设楼宇内各位置的温湿度及环境检测传感器，实时显示各个区域的温湿度及 PM2.5、PM10 等环境数据。便于管理人员及时调整对应区域环境控制设备的运行状态，提升楼宇环境管控效率。

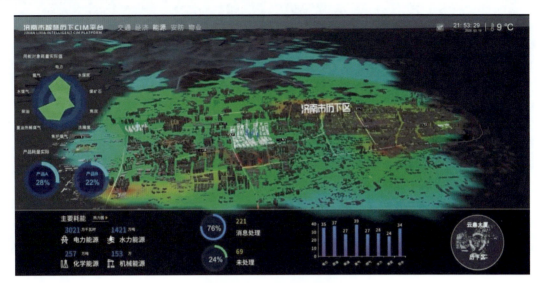

图 12-85　环境监测系统

（6）智慧运营系统（见图 12-86 和图 12-87）

通过数据中台汇聚来自各系统，不同结构、格式的数据，同时综合建筑体数据，通过标准化、数据建模、加工提纯等方式进行资产化管理，在云端处理数据信息，智慧切换运行模式，深度协同云端数据与前台应用，从而降低成本，提高整个系统的运营效率。

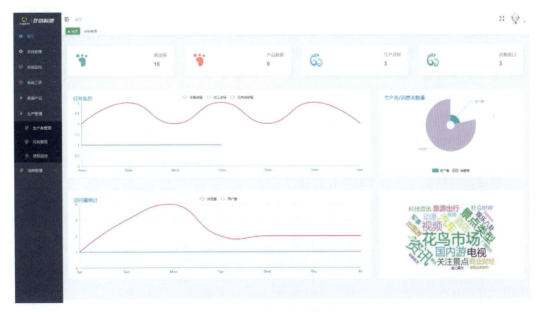

图 12-86　智慧运营系统（一）

图 12-87　智慧运营系统（二）

12.2.2　园区 CIM 实践案例介绍

1. 玉树市 CIM 智慧教育园区平台

玉树市地处青藏高原腹地，是集民族地区、贫困地区、生态功能区于一体的特殊地区，在国家经济社会发展全局中具有特殊地位。全市土地总面积 1.57 万 km²，平均海拔 4493.4m；总人口 12.12 万人，其中藏族人口占 97%。玉树市是全省唯一的康巴藏区，是历史上茶马古道、唐蕃古道、丝绸之路、麝香之路、古盐道的重要节点，是藏区腹地连接东西南北、汉藏文化和物流的枢纽。2015 年开始，为管理好、运营好、发展好新玉树，提升城市管理和社会服务水平，玉树市启动智慧城市建设工作。智慧城市必然与智慧校园相关联，智慧教育园区的规划、设计、建设要与智慧城市相衔接。

智慧校园指的是以物联网为基础的智慧化的校园工作、学习和生活一体化环境，这个一体化环境以各种应用服务系统为载体，将教学、科研、管理和校园生活进行充分融合。智慧教育与智慧校园两字之差，意义大不相同。智慧教育是信息技术与教育教学深度融合的产物，而现阶段建设智慧校园则是智慧教育的升级工程。

玉树市基于 CIM 的智慧教育园区平台围绕玉树市智慧城市管理中心、玉树市教育局建设智慧校园的预期目标，从提升教育信息化水平实际出发，以管理者、学生、教师为服务对象，将教学、科研、管理及校园生活进行充分融合，建立玉树市第三民族中学为试点的智慧化、统一化的智慧校园开放平台（见图 12-88）。

图 12-88　玉树市部省共建高原美丽城镇示范省建设试点工作推进会

　　CIM 智慧教育园区平台围绕玉树市智慧城市管理中心、玉树市教育局建设智慧校园的预期目标，从提升教育信息化水平实际出发，建设以玉树市第三民族中学为试点的智慧校园平台，为教育管理工作者、授课教师及后勤保障单位提供一个数字化的综合服务平台系统。平台系统功能包括校园数据驾驶舱、成绩查询、通知公告、问卷调查、教研共享、教务管理、数据统计和移动端等主要模块，建成后可以为玉树市教育工作者提供线上教研交流平台，为教务管理工作提供数字化的协同办公工具，为主管监督机构提供实时的校园运行动态信息，为玉树新型智慧城市和智慧教育园区建设形成良好的应用场景示范（见图 12-89 和图 12-90）。

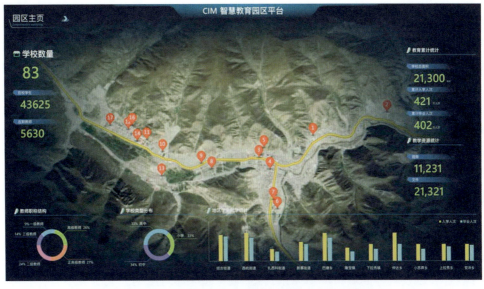

图 12-89　玉树市 CIM 智慧教育园区教育局数据总览

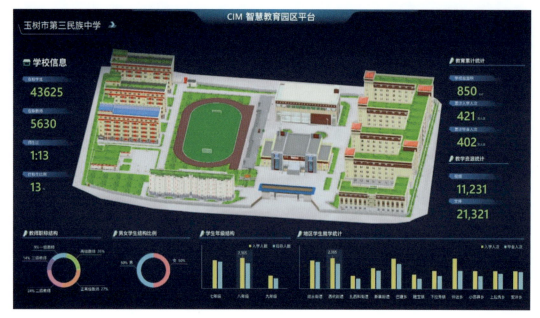

图 12-90 玉树市 CIM 智慧教育园区单所学校数据总览

玉树市 CIM 智慧教育园区平台的建设是一项长期而艰巨的任务，通过加强顶层设计和统筹规划，明确标准规范进行建设规划。需要以"统筹规划、分步实施、注重实效"为原则。建立起统一的标准体系、规范的服务体系、严密的安全体系。具体表现在以下方面：

CIM 智慧教育园区平台建设涉及业务领域较多，且校园场所分散、数据规模大、整合周期长，因此 CIM 智慧教育园区平台建设需要采取统一规划设计的原则，确保统一的信息标准、统一的技术路线、统一的基础架构和统一的组织管理。

CIM 智慧教育园区平台的建设建设周期较长，各类应用较多，因此整个建设过程应当统筹安排，采用分层次、分阶段、分步实施的原则。

CIM 智慧教育园区平台的建设建设应具有互通性原则、开放性和先进性原则、安全性原则、集成性原则，具体表现在以下几个方面：第一，通过合理统一的构建与实施标准，实现数据互通与共享；第二，统筹分析 CIM 智慧教育园区平台涉及资源，包括运行环境、服务器与数据库等方面。采用适用于智慧教育园区建设的相关理论，建设成持续、开放的 CIM 智慧教育园区平台；第三，注重业务系统与平台的安全性，对所涉及的各个系统应当充分考虑数据安全、网络安全、物理安全等；第四，能够集成学校已建成的信息化业务系统，能够为准备建立的业务系统提供服务与资源支持。

玉树市 CIM 智慧教育园区平台的建设实施路径依据《玉树市新型智慧城市总体规划方案》要求，可概括为"1+2+N"体系。玉树市新型智慧城市总体规划方案如图 12-91 所示。

1 个基础平台：即城市信息模型（CIM）基础平台。

2 个中心：即城市大数据中心和城市指挥中心。

N 个应用：包含 4 大专题，即城市管理精细化，公共服务便捷化、特色产业现代化、城乡环境绿色化，以及具体的城市应用体系。智慧教育园区即对应为公共服务中教育服务领域。

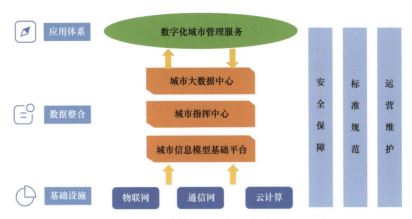

图 12-91 玉树市新型智慧城市总体规划方案

根据玉树市教育局《关于高原美丽城镇视点相关项目需求的函》文件要求，本次援建项目结合第三民族中学、教育局的实际需求，在平台中涵盖了在线办公、校园管理、教育监测、教研共享四大模块。

（1）在线办公（见图 12-92 和图 12-93）

教材管理：可以让各学科老师申报自己的教材，统一进行订单采购汇总，简化人工计算时间，系统可自动获取班级人数进行教材发放，简化了教材的发放程序，提高了准确度。可对教材的品种以及库存等进行管理，节省时间。

学生管理：包含全部在校生。每名学生的学号、姓名、性别、入学年月、入学方式、所属组织机构、年级、招生类型、班级名称、学籍状态等信息清晰完善。可通过平台维护学生学籍的状态变更，包括转班级、转专业、休学、复学、转学、退学、插班等，根据线下学生学籍的变动，及时在系统中进行更新处理。

图 12-92 话题发布

图 12-93　班级管理

网络备课：依托 CIM 智慧教育园区平台，制订网络授课计划，教师根据学期授课计划，教学计划通过后方可进行备课，将教案与课次关联，完成在线备课并提交教案，提升备课效率，实现网络制作教案、提交教案、检查教案一条龙。

（2）校园管理（见图 12-94 和图 12-95）

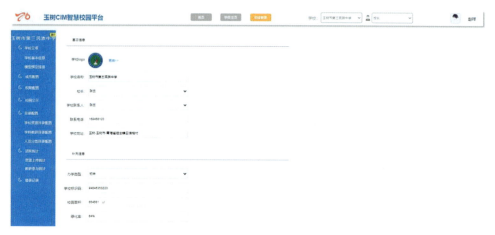

图 12-94　校园基本设置

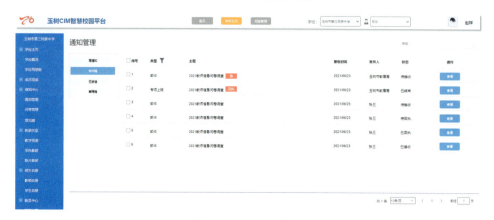

图 12-95　通知管理

人事管理：CIM 智慧教育园区平台中的人事数据库中包含所有教师的基本信息，使得管理员能方便、快捷地对人事档案进行查询、统计、更新。通过该系统，使学校人事管理工作系统化、规范化、自动化，从而提高学校人事管理的效率。

资产设备管理：通过 CIM 智慧教育园区平台，对学校土地资源、公共用房资源、设备等进行信息化管理。为校内各部门和师生有序利用学校资源提供支撑。

运维管理：通过 CIM 智慧教育园区平台，实现建筑详情配置、能耗工作配置、巡更管理配置、维稳管理配置、消防检查配置、宿舍楼宇配置、寝室卫生配置、仓库管理配置、值周管理配置等功能。

（3）教学监测

成绩管理：为学校提供期中成绩、期末成绩、平时成绩系统化管理，学校也可以根据实际情况设置是否需要录入成绩，成绩录入后经过系统审核发布机制，自动生成各式各样的统计报表，系统可以推送消息提醒老师录入成绩，提醒用户查询成绩等消息提供功能，随后学生可以在手机客户端或网页端查询与自己相关的成绩。

问卷管理：每学期期末对各科教师进行问卷调查，深入了解教师教学情况，及时反馈教育教学信息，加强教学管理，提高教师素质（见图 12-96）。

图 12-96　问卷管理

（4）教研共享

共享教学资源：在 CIM 智慧教育园区平台上教师可以获取共享优质资源，营造研究氛围，提高业务能力，同时对教材的把握更加准确，对学情的分析更加细致（见图 12-97 和图 12-98）。

习题库：以学科为单位制作专题性学习数据包，组织学生开展专题学习，并将学生的学习过程、方法、体会、成果等充实习题库，有助于学生进行针对性训练，最高效率的提升弱项。

建设中针对不同的服务对象设计功能模块，设置教育局端，移动站和网页站（见图 12-99～图 12-101）。

图 12-97　资源共享

图 12-98　资源共享与交流

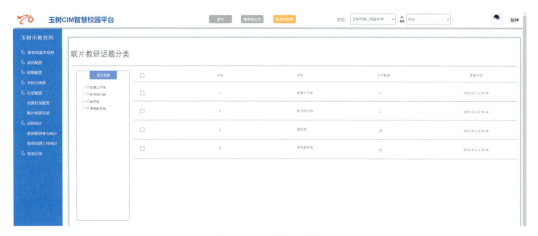

图 12-99　教育局端

图 12-100　移动端

图 12-101　网页端

优化评价考核模式。基于 CIM 智慧教育园区平台对教师进行更科学地评价考核，实现相关数据的记录和自动统计分析，以获得更加合理地考核排名，评估考核结果可以实时输入并及时更新结果。此外，CIM 智慧教育园区平台为所有师生设置一个统一身份账户，全过程的实时记录教师的教学管理情况，及学生在校的学习活动和生活情况，为评估师生在校的综合情况提供科学手段和数据依据。

提高管理服务质量和办事效率。通过 CIM 智慧教育园区平台采集校园各个业务系统实时数据，分析数据的特征结构，基于数据对校园管理进行优化和改进，提高管理服务质量和办事效率。例如，基于 CIM 智慧教育园区平台实现教学管理工作的办公自动化，各种文档在线分发，在线审批等；在校园管理方面实现脸部识别，有效防止陌生人员进入校园，防范校园安全事故。利用平台数据分析能力以图表或 AI 的形式呈现教师、学生的综合情况，为校园用户提供个性化服务（见图 12－102）。

图 12－102　通知管理

2. 中国广电青岛 5G 高新视频实验园

中国广电·青岛 5G 高新视频实验园区是由国家广播电视总局与山东省政府、青岛市政府三方共同创立，是国家广电总局在全国唯一布局的高新视频园区，实验园区重点布局 5G 条件下更高格式建、更新应用场景的高新视频内容产品创新、高新视频云、高新视频软硬件设备研发生产、高新视频应用集成创新、内容监测监管和数字版权服务以及高新视频产业运营等六大板块，肩负国家层面 5G 高新视频先行先试的创新使命，又是山东省加快新旧动能转换、践行数字中国的重要载体。

按照"政府主导、部省共建，超前谋划、先行先试，高标准规划"的原则，结合基于数字孪生的新型智慧园区发展理念，融合应用 5G、BIM、GIS、物联网、AI、云计算、大数据等新一代信息技术，以 CIM 基础平台为载体搭建 5G 高新视频实验园区智慧运营平台，围绕综合安防、停车管理、设施运维、能耗管理、消防监测、产业招商以及运行态势管理等业务，打造七大应用专题场景，为入驻企业、运营公司、园区管委会提供决策支持服务，全方位推动园区开发建设、运营管理与服务数字化升级，打造智慧、绿色、生态、和谐宜居的高科技园区。

综合安防。集成对接视频监控、电子巡更、入侵报警等安防子系统，实时采集现有视频等安防系统数据，支持实时查看监控设备运行状态及数据信息。同时，提供视频巡更功能，通过在园区内设置巡更查点，实现对园区角落的重点巡查，填补视频监控缺口，双渠道提升园区安全指数。

停车管理。集成对接智慧停车子系统，对园区停车场的停车位使用数量及空余数量进行实时获取与展示，并对停车场车辆数量满载情况进行预警提醒。同时，支持基于视频监控获取车辆的进出信息，包括进入时间、车型、车牌号、司机名称、联系方式等。此外，支持按时段对园区各停车位总数、空闲车位数、车辆出入数等数据进行可视化图表分析，辅助园区停车管理。

设施运维。依托移动巡检 App、任务智能分派、人员自动定位、二维码等多种技术手段实现对园区基础设施、市政设施的智慧化运营管理，包括前后台工单信息、设备设施台账信息的快速准确流转，判断前端人员设备操作的标准化与设备使用的规范化，提升设备运维管理效率，延长园区基础设施、市政设施及其他设备设施使用寿命。

能耗管理。接入园区用水、用电、用气等能耗感知设备，汇聚园区各类设备能耗实时运行数据，运用热力图、统计图表等方式可视化展现园区实时能耗使用情况，并建立能耗异常值报警及故障处理机制，实现园区能源使用情况的精细管控，保障能源系统安全可靠运行。同时，基于能耗大数据及智能分析结果，生成园区能耗运营调度运营优化策略，提升园区整体能源使用效率，降低运营成本。此外，可对接智能照明系统，实时获取照明状态及各项运行参数，支撑园区雪亮工程管理。

消防监测。通过消防主机接口联网装置，对接消防主机，对园区各处消防防火情况进行可视化在线监测及自动报警定位，并联通视频监控系统核查报警区域消防情况。同时，支持基于消防报警点及 BIM 模型，生成可执行的逃生疏散路线及救援路线，指导人员安全逃生与消防救援，降低园区人员及资产损失。

产业招商。集成园区总体规划、功能区规划、用地布局、发展指标、控制性详细规划、城市设计、产业规划布局、招商项目等内容，形成园区产业招商管理一张图，分析园区产业未来发展、周边配套、产业布局、功能区划分等情况，为园区产业发展规划及管理提供支撑。同时，面向园区企业入园需求，构建招商辅助选址、楼宇招商管理等功能，为园区对外宣传推介、接待领导参观及产业招商提供三维可视化综合展示平台。

运行态势。以园区历史运营大数据为基础，从设备资产健康度、园区运行安全指数、招商活力度和园区服务治理四大维度对园区运行的总体态势进行综合评定，借助统计图表、热力图等方式，数字化直观展示园区当前管理水平和运营趋势。

3. 嘉兴港区智慧化工园区

嘉兴港区新材料化工园区是国内首家政府主导型智慧化工园区试点示范项目，2015 年，嘉兴港区启动了中国化工新材料（嘉兴）园区智慧园区建设工作。嘉兴港区智慧化工园区坚持以"政府主导、企业主体"为根本原则，秉承"安全、创新、绿色、智能、协调"的发展理念，努力构建具有港区特色的新型智慧城市体系。

嘉兴港区智慧化工园区（一期）项目自 2017 年 7 月 5 日正式上线运行，目前已建设完成智慧化工园区管理平台，包含智慧安防、智慧环保、智慧物流、智慧消防、危化品全生命周期监管平台、危化设备全生命周期等各类业务系统，并启动智安小区、智慧交通、智慧校园、智慧医疗等各类智慧城市业务应用系统建设。其中，在安防方面，通过接入园区企业视频、传感数据，建设封闭管理系统和智慧消防系统，构建全区物联感知一张图；在环保方面，建设 61 个点位建设环境空气监测微观站，围绕水、气、土壤等要素，通过"线上监测点、线下网格员"的综合布局实现港区环境监管的"天罗地网"；在物流方面，建设化工园区危化品车辆停车场及相关配套设施，实现智慧停车、智能检测维修和智能监控等智慧化服务。

二期项目在一期基础上进一步完善功能，提升化工园区安全、环保和应急保障能力以及整体管理水平。一方面针对一期现有的环境管理系统、监测预警系统进行升级完善，另一方面根据业务需求新增大气网格化精准监测系统、LDAR 管理系统、档案管理系统等，对新建的监测设备实现数据接入。二期项目建设包括环境监测、环境管理、手机 App 应用、数据利用等 4 大功能，共计 19 个子系统。

4. 上海市第一人民医院南院园区

上海市第一人民医院南院是上海市首家落户远郊的三级甲等综合性医院（位于松江区），

占地面积 230 785m²，建筑面积 123 819m²，主要建筑物 14 栋，急诊楼、病房楼、医技楼 E–H、门诊楼 A–D、会议中心、学生食堂、科研楼、学生宿舍。另外附属建筑物有门卫室、煤气房、垃圾房、液氧站等。

本项目于 2006 年投产运营至今，运行维护费用已远超当初建设费用，院方后保处希望采用 BIM+GIS+IoT 来整合后勤保障功能，建立医院数据档案馆。从而实现对医院进行高效化、规范化、智能化、精细化 CIM 管理。在 CIM 运营平台交付后不断的迭代开发新的功能，如机器人的巡检及实时的水平及垂直 GIS 定位，医院救护车的 GIS 定位。

上海市第一人民医院航拍照片如图 12-103 所示。

图 12-103　上海市第一人民医院航拍照片

本项目依次建立建筑、结构、暖通、给排水、煤气、强弱电、机电设备以及地下管线、植被、场地标识、道路、桥梁等 BIM 模型构成运维 CIM 模型（见图 12-104）。模型的搭建，有以下四大特点。

图 12-104　BIM+GIS 运维模型

1）制定标准，基于各项标准文件，规范医院 BIM 模型的搭建（见图 12-105）。

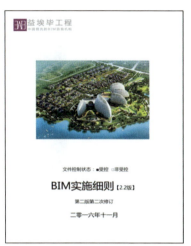

图 12-105 BIM 模型标准文件

2）对医院的建筑构件进行定制，同时为方便后期维护人员直接在模型中修改，门牌标示，机房标示，指示牌等均做成了参数化族（见图 12-106 和图 12-107）。

图 12-106 虚实细节对比图

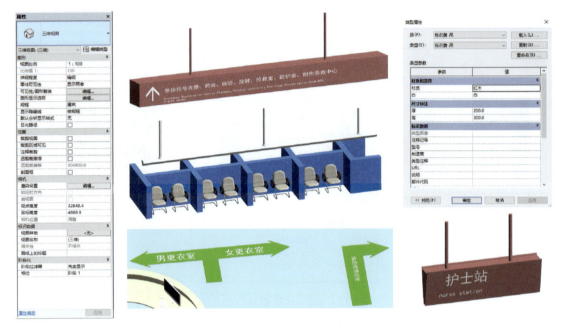

图 12-107 项目参数化族库定制

3）医院的设备模型可以在其对应的模型属性中添加信息参数，如设备的物理信息、关联信息等。

4）本项目模型搭建实行四方验收机制，由益埃毕自检，医院内物业现场维修工人复核，医院相关人员复核，以及平台对模型的复核。

基于 CIM 的运维管理平台是以医院工作流为基础，实现资产与设施设备的运行管理；以模型为载体，关联了资产、设施、设备、资料等信息，以及围绕运维阶段的需要，采用了物联网、异构系统集成、移动互联、二维码等应用技术，使该运维平台实现真正意义的基于 CIM 的资产与设施运维管理。基于 CIM 的运维管理平台优势如图 12-108 所示。

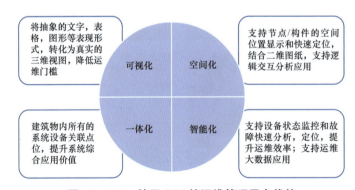

图 12-108 基于 CIM 的运维管理平台优势

全景监测：系统接入医院设备监控系统（BA）的数据，通过新风机、照明、电气等设备的监测点进行空间定位，实现对医院的设备在线监测，可设定报警值，根据实时信息实现分级报警。通过选择建筑和系统分类，弹出监测设备的监测数据（实时），单击某条数据的时候，系统会自动定位到当前设备位置，全景监控如图 12-109 所示。

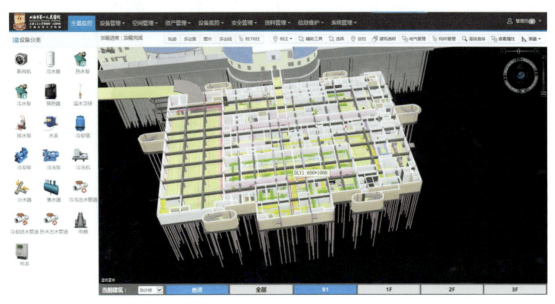

图 12-109 全景监控

三维浏览：平台有四种查看模式，园区整体浏览、单体建筑浏览、单层浏览和分专业浏览（见图 12-110）。

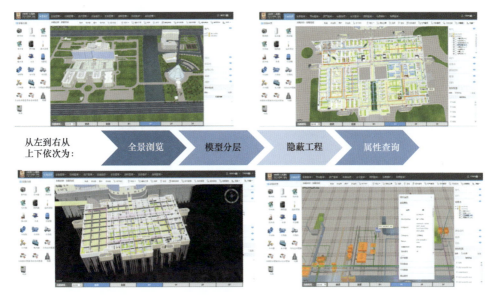

图 12-110 三维浏览

设备台账：统计每栋建筑的设备总数，及每栋建筑每个专业的设备数量。单击设备概览中的设备分类，可以查看设备的列表数据，单击列表按钮可以定位到设备位置（见图 12-111）。

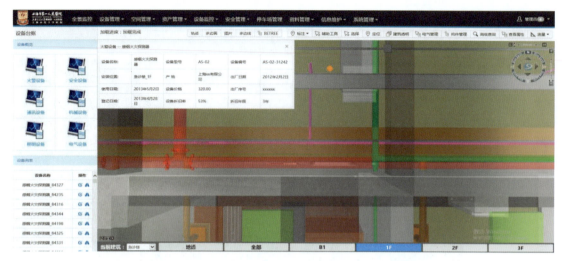

图 12-111　设备台账

资产台账：通过资产分类对资产数据进行维护查看，可以从模型中批量导入资产数据，也可以从系统下载 excel 模板，外部导入。支持资产数据的详细信息维护查看（见图 12-112）。

图 12-112　资产台账

（左侧为资产分类，资产分类可以进行编辑新增，右侧为数据展示区域。）

空间管理：具有空间定义功能，空间分配功能和空间统计功能，通过平台查看空间分配情况，为医院布局优化调整提供帮助，达到提升建筑空间的使用效率和周转率的效果（见图 12-113）。

图 12-113　空间管理

文档管理：支持项目全生命周期的数据信息，文档资料统一管理和有效利用；支持资料上传下载与模型的批量及单个关联绑定，实现在查看模型属性信息时，列出关联的资料信息。

维护维修：通过接入医院现有的工单系统，将设备的日常保养，巡检，维修等数据与模型相互关联，当在三维可视化界面中点击设备模型时，系统可加载出该设备的历史维修次数及保养数据（见图 12-114）。

图 12-114　维修巡检

资产维护：通过资产类别和条件查看每栋建筑内的资产详细参数，并且在三维可视化界面中定位到资产的安装位置，支持生成二维码方便后续查看，同时支持用户手动关联资产和模型。

资产管理：对设备采用建筑＞楼层＞专业三个级别管理的方式，根据国家制定的分类标准，管理人员可以根据自己需求从整体到局部和局部到整体之间的自由切换对电气、动力、给排水等专业设备进行浏览，同时提供模型检索功能，输入名称就能对设备进行定位。

能耗管理：基于 CIM 的运维管理平台可以将水、电、气的历史能耗数据按照时间和建筑形成统计报表，实现了对数百个表的监测管理，分析出同一时间节点每栋建筑的耗能数据及变化情况，帮助管理层在保证能源稳定运行的基础上，优化能源结构（见图 12-115 和图 12-116）。

图 12-115　水表管理

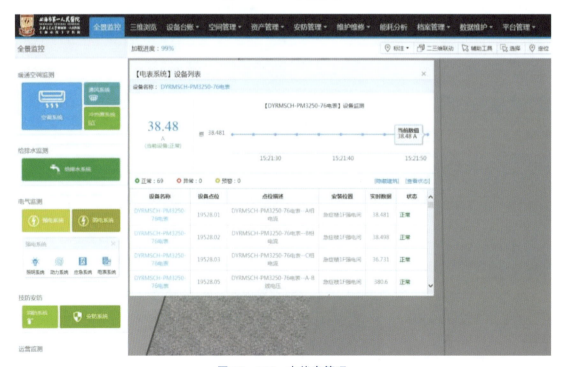

图 12-116　电能表管理

监测报警：后台服务持续更新设备监测数据，当检测到数据超过警戒值时，会弹出报警提示，跳转到应急预案页面，并自动定位到报警设备的安装位置处，如周边有摄像头，则自动打开监控画面，以及该设备的维护维修记录等；在报警历史记录中，也可以查看历史回放（见图 12－117）。

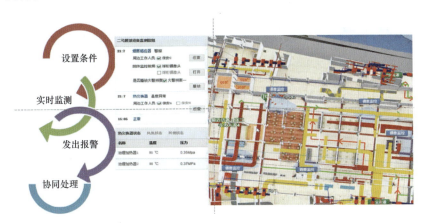

图 12－117　监测报警

报警管理：记录每个设备的报警记录，可以通过报警列表联动查看设备。支持在三维空间中通过选择设备模型，检索出设备的型号参数，厂商信息，维护巡查记录，以及周边的管线走势，辅助解决设备更换，维护维修等业务。

逃生演练：假定建筑物内某点发生火灾，能在三维模型中能更好地规划人员逃生路径以及消防人员进场通道。

安防管理：子模块门禁管理对当前建筑的所有门禁设备进行查看以及人流量监测。在医院园区 CIM 平台中显示各个门禁的点位，及开关状态，并统计出各个门禁当天的人流量，更直观地查看各门禁的人员出入情况（见图 12－118）。

图 12－118　门禁管理

子模块视频监控模块，在三维界面中，对医院 14 个楼 667 个摄像头进行精准的 BIM 建模定位，并接入摄像头的实时监控 IoT 数据，实时查看监控画面，对整个医院视频监控点位一目了然（见图 12-119 和图 12-120）。

图 12-119　视频监控（一）

图 12-120　视频监控（二）

经济效益：采用基于 BIM 的运维系统管理，可节约的成本分析如下（估算值见图 12-121）：

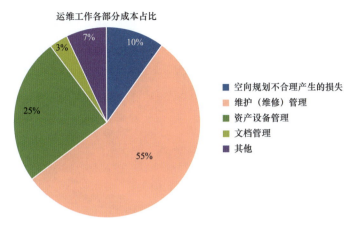

图 12−121　经济成本分析

1）空间规划不合理产生的损失可以避免，可节约成本 10%。

2）维护（维修）管理可节省人力成本、时间成本及产生的其他损失约 55%。

3）资产设备管理可节省人力成本约 25%。

4）文档管理可节省人力成本及时间成本 3%。

5）其他方面节省人力成本及时间成本约 7%。

12.2.3　社区 CIM 实践案例介绍

1. 数字孪生 MOMA 社区

当代 MOMA 位于北京东二环，坐拥东直门、工体、燕莎使馆区等诸多核心区域，是北京国门地标，由 8 幢高层高端住宅建筑组成，其中住宅为 13.5 万 m²，配套商业面积达 8.5 万 m²，包括多厅艺术影院，画廊，图书馆等文化展览设施，还包括了精品酒店，国际幼儿园，顶级餐饮，顶级俱乐部及健身房、游泳池、网球馆等生活设施与体育休闲设施。当代 MOMA 在 2018 年底提出智慧化升级改造的计划,并搭建智慧社区 IOC 系统支撑社区运营。通过三维仿真技术对社区环境进行还原，构建与物理环境相互映射的数字社区，依据系统的数据集成、业务集成能力，推动社区的数据互通共享及业务协同，支持社区安全、服务、设备资产、环境服务、楼宇自控等工作开展。建设内容主要包括数字社区"全要素"、业务管理"一张图"、重点区域"全融合"和运营服务"全感知"，系统目前已于 2019 年底上线运行。

数字社区"全要素"。集成融合社区已有 BIM 建筑数据、GIS 数据、高程数据、天气数据、基础设施等数据，构建全要素数字社区场景，支撑社区全域及楼宇管理。同时，借助仿真模拟技术，支撑社区天气模拟，直观展示社区在不同天气下气候环境情况（见图 12−122）。

业务管理"一张图"。面向社区安防、通行管理、人员管理、资产设备、能源能耗等业务管理需求，搭建社区管理综合一张图，依托视频监控、感知设备等新型基础设施，实时分析社区重点人口管理、社区人口出入、资产设备使用、用水用电等能耗情况。同时，面向社区管理网格员业务需求，定制楼长制管理模式，对单栋楼宇业务进行网格化拆分，从而形成统一集成化管理（见图 12−123）。

图 12-122　社区天气模拟雪（来源：数字孪生城市典型场景与应用案例）

图 12-123　业务管理"一张图"（来源：数字孪生城市典型场景与应用案例）

重点区域"全融合"。针对社区内重点区域监管需求，多路采集视频码流，采用视频融合技术，通过空间分析及空间匹配，将物理世界采集的视频监控数据与数字社区一一匹配融合，使监控影响有机融入数字社区模型中，支撑数字社区重点区域历史时段追溯和实时监控，有效地解决重点区域空间监管问题（见图 12-124）。

运营服务"全感知"。以数字社区为底板，接入社区各类物联传感设备获取社区物联感知数据，实现社区运营服务全域感知。面向建筑感知，通过温度传感器，获取建筑内部各监测点温度、湿度、碳排放及环境指标数据，通过空间矩阵应用搭建绿色建筑节能应用可视化空间模型，辅助业务人员开展建筑节能管理。其次，面向设备感知，通过 Wifi 信号及 RFID 等对可检测设备的网络环境及应用环境进行数字化塑造，建立相应的数字空间，支撑对异常设备的灵活管控，从而进一步提升社区各类基础设施使用服务。

图 12-124　交通监管（来源：数字孪生城市典型场景与应用案例）

2. 同洲平安智慧社区

同洲平安智慧社区建设以社区群众的幸福感为出发点，通过打造智慧社区为社区居民提供便利，旨在为居民提供安全、高效、便捷的智慧化管理与服务，全面满足居民的生存、发展和生活需要。运用物联网、大数据、人工智能等先进技术手段，通过搭建可视化综合管理应用平台以及升级社区基础设施，建立起"人防部署到位、物防设施完善、技术手段先进、应急处置高效"的集管理、防范、控制于一体的社区安防保障体系，实现社区"人、屋、车、场、网"等的管理立体化、可视化和可控化。同时，将居民小区有机纳入整个城市社会综合治安体系中，成为平安城市的一个重要组成部分。主要涵盖安全、服务、生活和运营四大场景。

（1）安全场景：全面覆盖上云

面向社区安全场景营造需求，以社区准入系统为切入点，通过人证对比、单向入口及电子围栏三种方式共同打造全面覆盖的业主全周期社区安全生活。一方面，采用人证对比终端取代传统门禁系统，对小区居民的日常进出进行统一管理，防范非小区居民随意进出。并对进出刷卡行为记录累计分析，学习发现"正常"活动规律、分解算法识别"异常"行为活动，将异常告警信息及时推送相关管理部门；另一方面，通过在小区楼栋单元门口部署单向进入的门禁，对楼栋单元门进行控制，防范非本单元住户的随意进出。采用视频呼叫对讲系统，进行访客身份确认实现远程门禁管理，构建小区第二道安全防线。同时，在小区周界围墙、栅栏、与外界相通的水域、易攀爬管道等部位，应用视频侦测、生物磁场感应、红外、微波等多种传感技术，部署周界报警装置，形成电子围栏，组成小区周界安全防线。

此外，为了建立全覆盖的小区安全管控体系，搭建人脸识别系统，作为小区门禁及楼栋单元门禁系统的有效补充。采用全局摄像机，对小区车辆、人员的进出流动进行快速抓拍和精准定位，对设定区域内的行人、车辆进行跟踪，并支持对异常行为检测与联动报警。

安全场景的全面覆盖布局确保了多项数据进行监控和预警的准确及时，提高了社区监测与管理纬度，从根源上对安全进行预防、监控、告警、处理，实现小区的安全覆盖防护。

（2）服务场景：线性智能联动

围绕社区运营及管理服务需求，在小区重点区域及巡查路线上应部署感应式、接触式巡更器，包括小区周界、住宅楼周围等巡查路线，车辆集中停放区、水泵房、配电间等重要，搭建电子巡防系统，支撑物业管理人员日常巡查工作。在巡查过程中，物管人员位置、巡查路线、巡查结果可实时上传至系统后台，并根据巡查信息、巡查地点定位、巡查结果形成可视化的巡查路线，方便物业管理。同时，针对巡查发现的问题，可通过图文、语音、定位等多种方式预警，实现快速及时处理社区异常设备。

同时，智能联动服务场景可将触点延伸，包括联动社区居民家庭智能设备，如家居安防系统、家电控制系统或社区环境监测系统、消防监测系统等等，实现智慧社区服务场景的全联动，构建服务智能网络，畅享智慧社区的智能生活。

（3）生活场景：智能多点服务

面向居民生活服务需求，在小区范围内部署信息发布或公共广播系统，包括电视屏、室内屏、室外屏、手机等多种样式的电子信息发布屏或公共广播播放，有效地实现政府、物业、居民的良性互动，在信息及舆情的传达上实现互通有无，共同构建和谐平安的智慧社区。此外，依托电视、手机及自助终端等，与社区物联网、互联网、智能硬件联通集成，还能够为社区居民提供物业费缴纳、外卖、家政服务等不同业态服务，构建社区居民的智慧生活生态圈。

（4）运营场景：云端集成

面向小区整体运营需求，搭建社区可视化运维中心，实现社区各项设备和社区居民需求管理，打通社区、居民、公安、政务等多主体信息渠道，从而推进小区运营管理服务。一方面在设备管理上，通过对设备的能耗及运行状态进行实时监测，形成可视化图表，实现管理的垂直化。另一方面通过收集社区居民各项需求，分析并精准定位社区生活服务主体需求导向，实现在大数据支撑下的社区智慧化服务优化。

12.2.4　大型企业 CIM 一网统管平台案例介绍

中国铁工投资建设集团基于 CIM 的信息化资产运营平台项目介绍如下：

1. 项目简介

目前数字经济和实体经济融合发展，很多大型国有企业已经由单纯的实体经济向发展实体经济与虚拟经济相结合的方式转变，因此企业的资产数量和种类都在迅猛的增加，为适应这一系列的变化，对资产管理提出许多更高要求。针对目前多数企业资产密集程度高、数量大、种类多以及分布地点相对分散的特点，用户不仅需要能够快速地对资产进行查阅以及数据交互等操作，而且要求资产的相关台账业务信息能与资产的地理空间信息进行有机地关联结合，以便企业的资产管理者能够迅速地获取此资产实物位置，实时掌握资产的相关信息及空间分布情况。

中国铁工投资建设集团有限公司为中国中铁股份有限公司全资子公司，集团公司定位为生态环境、水务环保、绿色资源和智慧城市、地下空间领域的全产业链系统服务商。中国铁工投资建设集团基于 CIM 的信息化资产运营平台，实现了集团办公楼宇、水务运营与项目群监控三个场景的信息化资产数据的可视化集成管理。

中国铁工建设集团总部楼宇运维项目，以 BIM 模型静态数据为载体，关联了资产、设施、资料等信息，围绕运营维护阶段的需要，实现了楼宇运维资产与设施设备的运维监测及维护管理的三维可视化、信息化、无纸化、智能化、集成化管理。

中国铁工建设集团总部占地面积 1637.82m²，总建筑面积 14 934.98m²。建筑高度 41.400m，建筑共 10 层，地下一层，地上 9 层。楼宇运维以 BIM 模型静态数据为载体，关联了资产、设施、资料等信息，围绕运营维护阶段的需要，实现资产与设施设备的运维监测及维护管理。主要功能模块有信息中心、能耗、会议、门禁、监控、巡更、空间、全景、消防、暖通、给排水、资产、维保、资料等 14 个应用模块。数据接入累计 1560 个点位动态数据和 3 万多条静态数据（见图 12-125～图 12-128）。

图 12-125　园区白模及道路、交通、绿化植被等数据采集

图 12-126　楼栋管理

图 12-127　基于 CIM 的可视化运维平台——总部 IOC 大屏

图 12-128　基于 CIM 的可视化运维平台——总部大楼集成

　　中国铁工建设集团下属全资子公司中铁水务拥有城镇集中式污水处理设施运营服务（一级）、工业废水污水处理设施运营服务（一级）运营资质。公司定位为水务环保领域内的全产业链系统服务商。通过产业研究、规划设计、科技研发、投融资、建设管理、运营维护、咨询服务等方面一体化系统优势，致力于成为中国西部水务环保行业领军者。水务运营平台，融合集成 GIS+BIM+IoT 等多元异构数据，支持已建成的项目运营数据接入进行集中运营管理。支持构建集感知、分析、服务、指挥、监察为一体的智能化运行管理体系。通过 BIM 模型对应 IoT 数据，集团总部可全面掌握各地水厂实时的生产过程和经济管理的运营数据，进行运营情况对比分析。通过集团标准化管理，随着集团全国范围的水厂不断的建成和进入运营，后续将不断的接入新的水厂定位和数据。基于 CIM 的可视化运维平台——水厂群集成如图 12-129 所示。

图 12-129　基于 CIM 的可视化运维平台——水厂群集成

基于 CIM 的可视化运维平台——单水厂集成如图 12-131 和图 12-132 所示。

图 12-130　基于 CIM 的可视化运维平台——单水厂集成（一）

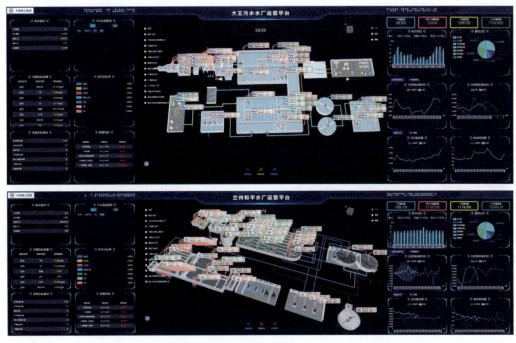

图 12-131　基于 CIM 的可视化运维平台——单水厂集成（二）

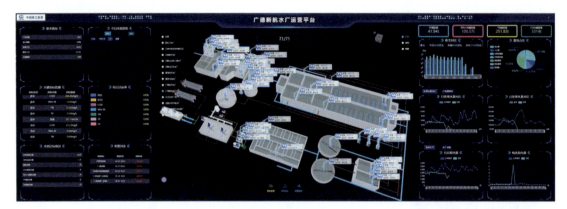

图 12-131　基于 CIM 的可视化运维平台——单水厂集成（二）（续）

在施工现场，保证施工质量、施工人员的人身安全和工地的建筑材料及设备的财产安全是建筑企业管理者关心的头等大事。一网统管远程监控平台克服了工地数量多、分布广泛、监管检查存在不足的情况，支持上千个项目定位和数万个监控点位接入，解决了集团级多项目工地群监测三维数字底板，形成"集团（全国）-分子公司（区域）-项目"三级数据管理构架，实现工地现场"一网统管"。通过工地群监测平台，可在总部运营中心大屏查看全国项目现场主体工程进度与安全措施情况，为集团对工程施工过程可视化监管提供可靠抓手。平台随着集团业务拓展，将接入全国各省市在建项目 1000 个以上。

基于 CIM 的可视化运维平台——工地群集成如图 12-132 所示。

图 12-132　基于 CIM 的可视化运维平台——工地群集成

中国铁工投资建设集团基于 CIM 的信息化资产运营平台项目秉承科学规划、统筹协调、创新应用、分步实施的原则开展，重点是围绕集团现有三类资产实现数字化与可视化，着力打造基于 CIM 的信息化资产运营平台，实现集团办公楼宇、水务运营与项目群监控三个场景的信息化资产数据的可视化集成管理。

通过对项目深度调研，以满足中国铁工投资集团管理与应用的实际需求为目的，综合应用物联网感知技术、地理信息技术（GIS）、建筑信息模型（BIM）等技术，编制平台建设方案，实现按需提供的个性化服务系统，数据集成及应用能力，实现室内室外、地上地下、二三维一体化全空间技术支撑及应用服务等，提升数据集成管理能力、分析能力和按需服务能力。

1）物联网感知技术。物联网通过射频识别、红外感应器、全球定位系统、激光扫描器等信息传感设备，将物品与互联网连接，进行信息交换与通信，以实现智能化识别、定位、跟踪、监控和管理。

2）GIS 技术。基于 GIS 技术可以有效进行空间处理、快速提取空间信息，以及数据的可视化。通过聚合和叠加将各类资源数据整合在一张地图上，可以实现系统的空间查询定位能力、空间统计分析能力和直观生动的信息展现能力。

3）BIM 技术。通过集成中国铁工投资集团总部大楼各专业 BIM 模型，形成数字化资产，接入可视化运维平台，用于园区内建筑、道路、综合管线等设施的三维可视化运营管理。

2. 建设内容

平台建设充分利用了 GIS、BIM、物联网等新兴技术手段，突破多项技术难题，实现了表达和展示城市实景三维空间的 CIM 平台功能，开展基于 CIM 平台的规划建设、运行管理、产业经济等典型应用。该项目汇集了中国铁工投资集团下属全部在建和已建好成项目的基础设施模型信息与实时监测状态，具有良好的时空数据基础，构建了数字化、全维度的信息化管理系统。

平台功能建设包括基础三维图形应用、设施运维管理、资源管理、资产管理、安全管理等内容。

1）基础三维图形应用。利用 BIM 技术建立建筑物、固定资产、设备设施、地下管线等的数字化资产，进行可视化展示、定位及信息查询与分析。通过园区内丰富的数据，对园区不同应用场景进行模拟，优化园区的管理规范，提高园区综合管理能力，降低园区管理成本。包括建筑总览、动态观察等功能（见图 12-133～图 12-135）。

模型真实化

图 12-133　BIM 模型

图 12−134 BIM 模型

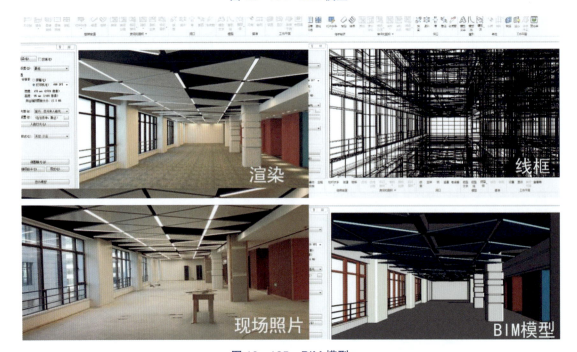

图 12−135 BIM 模型

　　建筑总览：实现驾驶舱首页整体项目展示，包含建筑幕墙渲染模型，建筑整体外立面效果等；对周边交通区位进行空间定位，如道路名称，停车场位置，坡道标识，周边地铁公交站、公共活动区、附属配套等区位信息；对项目内部空间进行定位，可进行分层、分区、分专业浏览，查看区域的附属设备信息等（见图 12−136）。

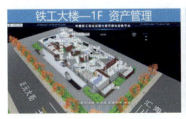 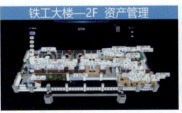 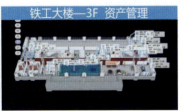

图 12-136　分层查看

动态观察：实现主视图切换按钮，Cube 快速按钮，视角缩放，设置焦距长度等功能。

2）设施运维管理。基于三维可视化模型，综合统计显示设备设施使用情况，实现对基础设施及设备等资产全生命周期、精细化、可视化管理，及时发现问题，消除风险，确保资产稳定运行。包括设备运行管理、工单派发、维保计划、备品备件记录等功能。

设备运行管理：系统根据建筑内所有的设备进行不同类型预划分，并定位查看设备相关信息、设备运行状态、设备运行参数，一旦接收到设备异常信号时，立刻生成报警提醒（见图 12-137）。

工单派发：设备信常时，填写设备工单，在线派发指定工程人员去现场维修，维修完毕填写维保记录直接提交确认。

维保（检修、巡更、保洁）计划：重点对象设备或空间，支持计划维保与实际维保执行记录对比查看，对于延误的维保可自动提醒。

备品备件记录：记录重点对象设备，支持在运维平台记录备品备件更换记录，可追溯查询历史物理实例。

图 12-137　设备运行管理

3）资源管理。会议管理：用于会议室的会议预定、参会签到、会议场地预约、会议日程安排及通知，以减少会议资源浪费为目的，高效协同不同部门、不同区域人员会议，以及及时提醒和杜绝日程冲突功能（见图 12-138）。

车库管理：全场景覆盖，减少受环境对识别率的影响，同行即记录，及时显示空余车位及位置（见图 12-139）。

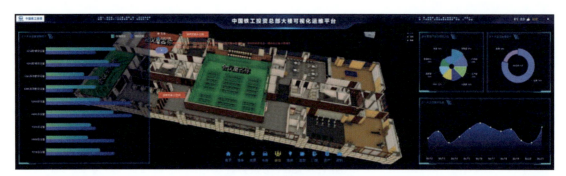

图 12-138　会议管理

图 12-139　车库管理

能耗管理：利用基于 CIM 的信息化运营平台，实现三维可视化能耗动态监控，实时掌握能耗状况；根据能耗趋势分析，有效追溯用能过程，优化整合总部大楼内和设备资源，实现节能减排（见图 12-140）。

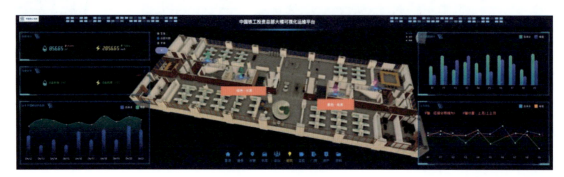

图 12-140　能耗管理

4）资产管理。基于 CIM 的资产管理系统，是以资产作为研究对象，将资产与 BIM 模型关联，统筹考虑资产的规划、设计、构件、运行、检修、报废的全过程，在满足安全的前提下追求资产全生命周期成本最优，实现管理优化的科学方法（见图 12–141）。

图 12–141　资产管理

资产台账：对固定设备资产信息进行整理归纳入系统中，同时在 BIM 模型中进行构建定位和编码，在系统中可查看设备类型，设备名称、设备数量等信息。

空间管理：实现将房屋的详细信息（空间名称、编号、所属人、配套设施、面积，房间类型、楼层、空间状态、备注等）不同维度进行检索查询功能。

重点机房监测：将建筑的重点空间进行重点可视化展示，在平台对各个专业报警点位进行空间定位和颜色渲染，可直观区分设备状态。

资料管理：通过建立统一的标准，规划整个文件管理，包括规范各业务系统的文件管理，便于使用者能快速采集资料与检索资料（见图 12–142）。

图 12–142　资料管理

5）安全管理。视频监控：保证监控系统具有的开放性，设备优良，功能先进，可以把符合标准的各个类型、不同厂家的各种设备集成为一个完整的智能化系统中；同时该系统具有较高的信息传输速度，使管理者以最快的速度获得准确、完整的图像信息，并进行分析与管理，使管理者可以通过便捷的通信网络，充分实现综合管理（见图 12–143）。

图 12-143 视频监控大屏

巡更管理：巡更管理系统是保安人员在规定的巡逻路线上，在指定的时间和地点向中央监控站发回信号以表示正常。如果在指定的时间内，信号没有发到中央监控站，或不按规定的次序出现信号，系统将视为异常（见图 12-144）。

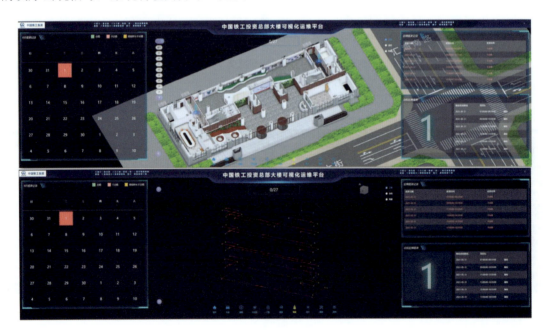

图 12-144 巡更路线和巡更点位

门禁管理：门禁管理系统可以控制人员的出入，保证授权人员自由出入，限制未授权人员进入，除此之外还可以控制人员在楼内及敏感区域的行为并准确记录和统计管理数据（见图 12-145）。

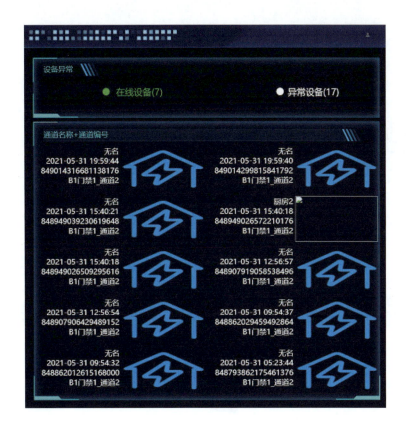

图 12-145　门禁系统

状态报警：能够按照建筑，楼层划分报警信息，并在模型中显示所有子系统中设备状态出现故障或离线的时报警点位。

阈值报警：能够按照建筑，楼层划分报警信息，并在模型中显示所有子系统中设备状态出现负载异常时的报警点位。

安全报警：能够按照建筑，楼层划分报警信息，系统收到报警信号后，会强制打断系统的所有操作，并在模型中显示所有子系统中设备状态出现安全故障时的报警点位。

3. 建设亮点

1）轻量化。模型轻量化：在保证模型信息完整和视觉效果的同时，进行模型轻量化处理，实现平台运行的流畅性（见图 12-146）。

信息轻量化：在繁多、冗余的海量信息中，提取关键性信息。帮助使用者用最少的时间，获取日常所需信息，一屏即得。

2）通过高效稳定的数据采集集成设备，针对电能、用水量、空气质量、设备运行状况、人员进出情况、监控设备等进行集成传输。

3）打破传统模式，改变传统连接方式，实现云端同步实时存储，快速连接，配置简单（见图 12-147）。

图 12-146　模型轻量化

图 12-147　云端存储

打破传统智能化监控模式，整体采用物联网架构体系设计，保证系统和数据具有稳定性与集成性、联动性与联通性、易维护性、安全性。

稳定性与集成性：基于物联网国际通用 MQTT 协议连接，保证稳定性与可集成性，可面向其他第三方提供标准的数据接口。

联动性与联通性：集成各个智能化系统，全面打通系统之间的隔阂，实现场景的联动；实现所有报警的统一汇总与转发。

易维护性：边缘网关的模式采集及上传数据，出现故障直接替换备用网关真题远程升级即可使用，避免重新调试。

安全性：相比传统数据集成方式，采用更加安全的 CA 证书认证的方式，构件安全的物联网应用体系。

第 13 章　CIM 平台未来建设与展望

13.1　CIM 平台建设重点难点

13.1.1　CIM 平台建设重点

为搭建统一的智慧城市基础支撑平台，在 CIM 的建设过程中应重点关注以下几点。

1. 统一编码体系

CIM 是在三维数字空间基础之上，加入城市运行状态，建立起来的"四维"城市信息模型。时间信息的采集和获取来源于物联网，通过在不同空间和基础设施上部署大量的感知终端，借助互联网将物理世界感知的信息及时反馈在对应的数字城市上，实现物理世界与数字世界的虚实映射。因此，为确保城市的每一立方米实体空间都能与数字空间相互映射，真实世界中的所有终端都能在数字世界里找到对应的身份标识和位置，需构建从"位置—对象—属性"的统一编码规则，覆盖"城市—组团—社区—街道—地块"等不同空间粒度，涵盖"建筑、市政、交通、能源"等城市基础设施对象，最终实现对城市空间、要素和运行状态的全息数字化表达，支撑基于 CIM 的城市精细化管理。

2. 信息数据融合

城市信息数据包含城市基础信息、建筑内部信息以及物联网信息。其中，城市基础信息以 GIS 技术为支撑，建筑内部信息的获取更多是基于 BIM 技术，而城市各个领域底层信息的采集则依赖于 IoT 技术。从二维到三维，从地理空间信息到时空高精度多源信息，城市信息数据融合是大势所趋。在 CIM 的建设过程中，需处理好因行业标准不同将 BIM、IoT 接入 GIS 平台的技术问题，实现 BIM 和建筑周边地质、水体、绿地等 3D GIS 要素的融合，完成与时间交织的城市运行感知数据的关联，建立地上地下、室内室外、动态鲜活的时空数据资源，实现时空信息的有效组织、分类存储、统一展示。

3. 统一标准体系

CIM 平台需要建设跨行业、跨机构、跨部门的统一标准体系，这是推动 CIM 实施应用的软实力。由于不同机构、行业、部门、城市等都有不同的规划建设运营标准，这些标准的不一致也会导致数据标准的不一致。这可类比于不同的语言需要翻译才能彼此理解。因此，为更好支持 CIM 平台的上层应用，提升 CIM 在专题业务以及业务协同方面的数据使用价值，还需结合业务场景建立基于业务规则的数据生产标准，以及衔接、统一不同行业的数据编码标准，以最为弹性而灵活的方式，逐步搭建起来 CIM 标准规范体系，并且保证其开放性和兼容性。

4. 性能指标要求

由于 CIM 模型文件大、数据体量大、数据频次高，需要保证性能设计满足平台运行需求。针对数据量大、模型文件大等问题，平台建设要采用合适的技术架构，配置具备较强计算和图形处理能力的硬件设备，搭建高性能、高可靠性、高可用性的建设环境。针对数据频次高的问题，系统建设需要考虑在数据层和应用层之间增加数据缓存层，提供数据服务，减少数据库往返次数。对经常要访问的数据进行缓存，可以充分利用大内存并且共享内存实现数据并发访问。

5. 安全保密要求

作为智慧城市的基础性支撑平台，CIM 的建设始终存在数据保密和开放应用的矛盾。一方面，城市信息模型中涉及地上、地下基础测绘 GIS 数据，同时携带定位信息，这类数据的不当使用会造成城市公共空间的透明化，对国家安全产生威胁。另一方面，BIM 建筑模型中的部分信息也可能涉及国家秘密、个人隐私，存在敏感数据。因此，在平台建设和使用过程中，应制定相应的数据保密和安全措施，在保证数据不被泄露的同时进行平台运营。

13.1.2　CIM 平台建设难点总结

在 CIM 平台建设的实操层面，主要存在以下难点：

1. 数据整合难度大

一是数据收集难，部分数据较分散，协调困难，周期长。部分建筑物可能以纸质图纸形式存储，收集和数字化难度大，且早期建筑甚至存在图纸大量缺失或者根本没有的情况，难以对建筑物进行再数字化。其次，原始数据可能分散在不同部门，需要通过各种不同流程或者途径进行申请，等待周期过长。

二是数据治理难，城市信息模型涉及基础地理数据、建筑模型数据、城市运行数据，甚至还涉及行业管理数据。在对上述多时空、多质量、多标准的多源数据进行处理和整合过程中，存在接入难、融合难、使用难等问题，如何解决多源异构数据的采集与接入，对数据质量进行清洗与检查，实现不同标准数据的转换和融合，加强数据组织及资产管理，是 CIM 数据治理的关键。

2. 与物联网融合难

目前 CIM 平台的建设和应用仍以静态 3D GIS 和 BIM 数据为主，较少与物联网技术进行集成应用。一是当前城市中已经部署的感知终端通常以小范围专题研究应用为主，终端布置的广度不足、种类单一，间接导致现有物联感知数据来源单一，无法基于数据开展多元应用。二是 5G 基础设施和物联通信方面支撑力度不足，数据在网络互联和传输时效上较差，且 CIM 技术也处于发展初期，两类技术的集成融合还需不断发展和沉淀。

3. 平台对接兼容难

当前的 CIM 平台仍属于探索建设时期，先行探索建设的城市多是采用不同的开发模式进行平台搭建，在底层 GIS 框架的选择、数据字段的定义等方面，各级 CIM 平台尚未形成统一，这也导致未来在建立国家、省、市三级 CIM 平台时，存在不同平台之间对接困难的隐患。

4. 资金投入缺乏

CIM 平台的稳定运行和高效应用离不开三维数据和软硬件环境支持。一方面 CIM 平台的数据鲜活性依赖于三维数据的生产和更新，需要持续投入资金对三维数据进行采集和更新。其次，随着平台用户数量和应用需求的增加，也需要定期购置软、硬件设施，用于平台技术和服务升级。如若缺乏持续的平台建设、运维资金，将难以确保平台功能的升级改进。

13.2　CIM 发展优势与机遇

作为智慧城市以及数字孪生城市的重要模型基础，CIM 的重要性日益突出，同时面临空前的发展机遇。

13.2.1　政策优势

1. 国家以及省市陆续出台政策标准，纵向引导 CIM 建设

国内 CIM 技术起步较晚，2018 年住房和城乡建设部印发《关于开展运用 BIM 系统进行工程建设项目报建并与"多规合一"管理平台衔接试点工作的函》《关于开展运用 BIM 系统进行工程建设项目审查审批和 CIM 平台建设试点工作的函》，首次涉及 CIM 建设相关内容，将北京城市副中心、河北雄安新区、南京、广州、厦门列入"运用建筑信息模型（BIM）进行工程项目审查审批和城市信息模型（CIM）平台建设"五个试点城市，提出探索建设 CIM 平台的设想。2019 年住房和城乡建设部继续向广州、南京市人民政府下发《关于开展城市信息模型（CIM）平台建设试点工作的函》，落实 CIM 平台建设要求，将 CIM 平台定义为智慧城市基础性支撑平台，要求两地基于 CIM 平台开展建设项目设计、施工、运维管理等多元智慧应用。

在国家政策引导下，各试点城市积极响应，相继发布地方 CIM 应用的试点建设方案、工作方案等政策文件，从政府层面加强建设引导，细化明确试点目标、工作任务、组织方式、时间节点等相关要求，确保与其他试点城市目标统一、步调一致。

试点城市政策文件见表 13 – 1。

表 13 – 1　　　　　　　　　　　　试 点 城 市 政 策 文 件

政策文件	发布时间	省市	政府部门	政策要点
《运用建筑信息模型系统进行工程建设项目审查审批和城市信息模型平台建设试点工作方案的通知》	2019 年 8 月	南京	南京市政府办公厅	遵循"顶层设计、先易后难、小步快跑、防范风险"的原则，坚持以工程建设项目审批制度改革为引领，应用 BIM 和 CIM 技术融合为抓手，通过技术创新实践和制度优化完善，统筹解决工程建设项目审批过程中"能不能"和"好不好"的问题，努力实现工程建设项目"受理前服务最优、受理后时间最短、审批中结果最准、审批后监管最好"，形成改革新亮点、新突破，进一步确立科学、便捷、高效的工程建设项目审批和管理体系
《雄安新区工程建设项目招标投标管理办法（试行）》	2019 年 1 月	河北	河北雄安新区管理委员会	全面推行建筑信息模型（BIM）、城市信息模型（CIM）技术，实现工程建设项目全生命周期管理；明确 BIM、CIM 等技术的应用要求；雄安新区工程建设项目在勘察、设计、施工等阶段均应按照约定应用 BIM、CIM 等技术；结合 BIM、CIM 等技术应用，逐步推行工程质量保险制度代替工程监理制度

政策文件	发布时间	省市	政府部门	政策要点
《关于进一步加快推进我市建筑信息模型（BIM）技术应用的通知》	2019 年 12 月	广州	广州市住房和城乡建设局	坚持科技进步和管理创新相结合，普及和深化 BIM 技术在建设项目全周期的应用。鼓励行业、企业开展 BIM 技术的研究和应用，加强 BIM 产学研用技术交流与协作，总结和分享 BIM 技术应用成果和成功经验，促进全行业 BIM 技术应用能力不断提升，促进 BIM 产业持续健康发展。投资、规划、建设等相关主管部门应当高度重视，加大 BIM 技术应用推广力度，加强实施 BIM 技术应用的建设工程项目各管理环节的监督管理，保证 BIM 技术应用落地
《厦门市推进 BIM 应用和 CIM 平台建设 2020—2021 年工作方案》	2020 年 3 月	厦门	厦门市"多规合一"工作领导小组办公室	通过完善 BIM 应用标准体系，扩大 BIM 报建应用试点，推进工程建设项目全生命周期 BIM 报建，实现自主审图信息化、现代化，促进工程建设项目快速落地。同时制定 CIM 标准和配套政策，扩大 CIM 平台建设优势，强化试点片区示范作用，推动智慧城市建设，形成可复制可推广的"厦门经验"，提升城市空间治理能力

　　除上述试点城市外，北京、深圳、山东、江西、重庆、成都等地也发布了关于智慧城市建设、行业升级转型、新型基础设施等领域的政策文件，将 CIM 纳入地方工作重点之一，自发开展 CIM 平台及相关应用的探索建设。

　　非试点城市相关政策文件见表 13-2。

表 13-2　　　　　　　　　　　　**非试点城市相关政策文件**

政策文件	发布时间	省市	政府部门	政策要点
《关于统筹推进城市基础设施物联网建设的指导意见》	2019 年 8 月	重庆	重庆市住建委	加快建立重庆市城市信息模型管理平台，整合各专业城市基础设施物联网数据，并提供共享服务，为城市建设管理决策提供支撑。 加快平台研发。以 GIS 展示空间属性，以 BIM 反映构造特征，以 AIOT（Artificial Intelligence+Internet of Things，人工智能物联网）活化城市运维功能，以建设项目全生命周期为主线，全力打造以"GIS+BIM+AIOT"为核心的自生长、开放式 CIM 平台，并依托 CIM 平台，集成、分析和综合应用全市各类城市基础设施物联网数据
《山东济宁突出城市运行管理抓好新型城市基础设施建设》		济宁	济宁市城市管理局	加快新型城市基础设施建设。制定工作方案，明确工作任务：2021 年，系统梳理已有和在建资源，基本建成以太白湖新区为试点区域的城市信息模型平台；2022 年，进一步完善推广 CIM 基础平台，在城市规划建设管理领域的"CIM+"应用取得初步成效，建成一批具有良好示范效应的工程项目；2023—2024 年，基本建成城市安全运行监测与管理平台，透彻感知灯杆、桥梁、燃气、供水、排水、热力管网、综合管廊等城市生命线工程运行状况；2025 年，深化城市 CIM 平台应用，构建智慧城市大脑，提升城市安全、城市建设、城市管理、城市交通等领域的智慧应用水平，全面实现城市运行"一网统管"
《成都市人民政府关于印发成都市智慧城市建设行动方案（2020—2022）的通知》	2020 年 10 月	成都	成都市人民政府	完善城市运行管理体系。加强多维度经济运行要素指标监测，建立全市重点企业数据评估模型，实时掌握经济运行态势。推进"互联网+督查"，提升重点项目招引、审批、建设的全过程监管和实时调度能力。建设完善国土空间规划"一张图"实时监督信息系统，提升自然资源综合监管能力。推进城市综合管理指挥中心建设，完善环卫固废、城市道桥、违法建设、工地扬尘等监管系统，打造智慧城管大脑。大力推进"新城建"，建设城市信息模型（CIM）平台，形成城市三维空间数据底板，推动数字城市与物理城市同步规划建设

续表

政策文件	发布时间	省市	政府部门	政策要点
《江西省人民政府办公厅关于促进建筑业转型升级高质量发展的意见》	2020 年 11 月	江西	江西省人民政府办公厅	提高建筑业信息化水平。加快推进建筑产业、技术装备、施工过程的人工智能应用，推动建筑业与工业化信息化深度融合，实现工程建设项目全生命周期数据共享和信息化管理。推进建筑信息模型（BIM）、大数据、移动物联网、人工智能等技术在规划、勘察、设计、施工、运营维护全过程的集成应用，推广工程建设数字化成果交付与应用。试点推进 BIM 报建审批和施工图 BIM 审图模式，推进与城市信息模型（CIM）平台的融通联动，提高信息化监管能力，提高建筑行业全产业链资源配置效率。加快建筑市场监管和一体化服务信息平台建设，提升数据资源利用水平和信息服务能力，实现"数据一个库、监管一张网、管理一条线"
《北京市"十四五"时期智慧城市发展行动纲要（征求意见稿）》	2020 年 11 月	北京	北京市经济和信息化局	加强规划管理应急联动。摸清城市运行、安全生产、自然灾害等监测基础设施家底，加强自然灾害风险管理，提高应急状态下城市一体化指挥调度与应急救援处置的能力。基于"时空一张图"推进"多规合一"。探索试点区域基于城市信息模型（CIM）的"规、建、管、运"一体联动。构建基于统一网格的城市运行管理平台，加强城市管理"一网统管"。健全公众参与社会监督机制，利用随手拍、政务维基、社区曝光台等方式，快速发现城市管理问题
《深圳市人民政府关于加快智慧城市和数字政府建设的若干意见》	2021 年 1 月	深圳	深圳市人民政府	探索"数字孪生城市"。依托地理信息系统（GIS）、建筑信息模型（BIM）、城市信息模型（CIM）等数字化手段，开展全域高精度三维城市建模，加强国土空间等数据治理，构建可视化城市空间数字平台，链接智慧泛在的城市神经网络，提升城市可感知、可判断、快速反应的能力

与此同时，国务院、住房和城乡建设部及省市加紧总结、提炼试点建设经验，颁发与 CIM 相关的技术指导和标准规范，推动形成"以建立标，以标促建"的良好循环。其中，国家层面主要发布了包括《国务院办公厅关于全面开展工程建设项目审批制度改革的实施意见》《工程建设项目业务协同平台技术标准》《工程建设项目审批管理系统管理暂行办法》《城市信息模型（CIM）基础平台技术导则》等在内的多项文件，阐明了 CIM 定义以及 CIM 在工程项目报建、施工、运行维护等环节的应用方向。在地方层面，以广州市为例，2020 年广州市住建局结合 CIM 技术在该地区工程建设项目审批改革中的实际应用，完成了地方标准《城市信息模型（CIM）平台施工图审查技术标准》和《城市信息模型（CIM）平台施工图审查数据标准》起草和前期征求意见工作，指导施工图三维数字化设计信息模型的建立和应用。未来，随着更多技术规范的出台，将有更多的地方学习和借鉴先进的 CIM 建设经验，广泛开展 CIM 平台及相关应用建设，促进 CIM 的技术发展和使用普及。

2. 部门行业提出各自领域政策文件，横向推动 CIM 发展

近年来，各部门高度重视 CIM 技术在行业领域的运用和创新，发布多项与 CIM 相关的指导意见，提高 CIM 在各领域中的覆盖率和应用率。

在"新型基建"领域，2020 年 5 月国家发展改革委印发《关于加快开展县城城镇化补短板强弱项工作的通知》文件，号召多地加快推进县城城镇化建设工作，补短板强弱项，并在附件中明确提出：通过加快建设新型基础设施，建设深度覆盖的物联网，搭建 CIM 基础平台，部署智能交通、智能电网、智能水务等感知终端，推进县城智慧化改造。同年 9 月，国务院办公厅正式颁布《关于以新业态新模式引领新型消费加快发展的意见》，将 CIM 纳入待建城市新型基础设施之中，通过大力发展 5G 网络、数据中心、工业互联网、物联网等基础设施建设，加速 CIM 平台建设进程，以"新基础"战略的实施为智慧城市以及数字孪生城市提供更加强大的数字驱动力。

在智能建造领域，2020 年下半年住房和城乡建设部联合多部门先后在推进建筑工业化发展的多个文件中，大力推广 CIM 技术。在《关于推动智能建造与建筑工业化协同发展的指导意见》中，号召各地建设表达和管理城市三维空间全要素的城市信息模型（CIM）基础平台，创新建筑行业监管和服务模式。随后又在《关于加快新型建筑工业化发展的若干意见》一文中，提出"加快推进 BIM 技术在新型建筑工业化全寿命期的一体化集成应用，推进 BIM 报建审批和施工图 BIM 审图模式，推进与城市信息模型（CIM）平台的融通联动，提高信息化监管能力，提高建筑行业全产业链资源配置效率"。

在其他行业应用领域，2020 年 8 月住房和城乡建设部办公厅印发《关于加快推进新型城市基础设施建设的指导意见》文件，要求各级城市全面开展城市信息模型（CIM）平台建设，充分发挥 CIM 平台在新基建、智能建造、智慧市政、智慧交通等领域的基础支撑作用：

在市政管理方面，构建市政基础设施三维模型，建立基于 CIM 的智慧市政管理平台，实现日常供水、供电、燃气管道运行数据的动态监测和可视化展示，利用模拟仿真技术生成应急预案，解决管网破漏、防洪排涝等异常情况，保障市政基础设施安全运行。

在交通运输领域，对车道线、交通标识、护栏等基础交通设施进行数字化改造，构建大场景城市三维模型，依托 CIM 平台加强城市静态三维模型与动态运行数据的深度融合，支撑交通物流、智能停车等多场景智慧应用。

在民生服务领域，2020 年 12 月，住房和城乡建设部办公厅继续发布了《关于推动物业服务企业加快发展线上线下生活服务的意见》，要求加快建设智慧物业管理服务平台，并与城市信息模型（CIM）平台进行对接，打造物业管理、政务服务、公共服务和生活服务等多元智慧物业应用，满足居民多样化多层次生活服务需求，增强人民群众的获得感、幸福感、安全感。

随着各领域新模式、新业态的发展，CIM 技术已经逐渐渗入到城市建设、建造、市政、交通、民生服务等领域，未来在更多行业部门的横向推动作用下，CIM 技术的推广运用仍将持续攀升。

13.2.2　技术优势

CIM 与 BIM、GIS 以及 IoT 有着密切的关系，同时也不可避免地需要应用云计算、大数据、VR/AR（虚拟现实/增强现实）等其他技术。近年来，这些新型技术的飞速发展和创新融合，也在推动着对于 CIM 的积极探索和应用。

1. 跨领域技术间有机耦合，掀起 CIM 研究浪潮

BIM 是在较小尺度下对建筑及其构筑物、构件进行精细描述的一种三维建模技术，常被用于建筑领域的设计和施工。从 2013 年开始，BIM 在中国进入了一个快速发展的时期，全国各地建设领域相关部门和企业逐渐提高对于 BIM 技术的重视和运用。近年来，政府部门、行业组织（协会）等相关单位，印发加快 BIM 技术应用的文件，推动国内 BIM 从早期相对单一、初级的建筑"设计+施工"应用，过渡到"运维+管理"的复杂应用阶段。由于 BIM 模型中存储着大量的构筑物和构件参数信息，消除了 CIM 中对建筑及其内部细节信息的缺少，可以在城市建设运营的不同阶段与 CIM 技术进行深度融合和应用，因此 BIM 与

CIM 的技术的跨界融合，也将 CIM 技术在城市管理方面的精细应用程度提升到了构件级，推动着 CIM 的应用发展。

GIS 在地理信息科学领域负责对与空间位置有关的信息进行集成、处理、可视化展示、分析与决策，对外提供空间分析计算能力。BIM 与 GIS 的融合，使得 GIS 还能为 BIM 数据提供建筑周边场景，让 BIM 模型能够与周围地理要素产生关联，方便进行位置定位。此外，随着 GIS 技术的发展演变，3D GIS 能够在平面基础之上识别三维空间实体对象上任一点的精确位置，消除了二维 GIS 在立体空间可视化表达、量算分析以及三维动态效果渲染等方面的局限性。在智慧城市和数字孪生城市背景下，3D GIS 与 BIM 技术的集成实现了建筑与建筑、建筑与建筑周边场景三维模型数据的深度融合，为 CIM 提供了一张三维基础底图，赋予了 CIM 以空间分析计算和仿真模拟能力。

IoT 是通信网和互联网的衍生产物。以终端传感器为媒介，通过对物理世界的识别、感知和定位，借助网络实现物理世界的信息交换和万物互联，以满足管理者对城市中的实体对象进行动态监控和精准管理的需求。IoT 的应用需要 GIS 为其提供统一的空间载体，也需要依托 BIM 描述的静态信息使得采集到的实体动态信息能够关联挂接。随着 IoT 技术的发展成熟，将 IoT 与 BIM 和 GIS 进行跨界融合，使相对独立的物理实体成为物联网中的节点，在 CIM 静态三维模型和城市动态运行数据之间架起桥梁，赋予 CIM 模型及其附带信息以鲜活状态，使得基于 CIM 的城市区域级动态监控和联动管理成为可能，也将 CIM 技术带向新一轮的应用狂潮。

2. 新型信息技术加速演进，推动 CIM 创新发展

除以上 CIM 核心技术外，其他新型前沿技术也在加速发展，更是通过与 CIM 的集成应用，不断扩展 CIM 的应用范围和深度。

以 AI 技术为例，近年来以深度学习为代表的 AI 技术在计算机视觉、机器学习、自然语言处理、机器人技术方面取得了广泛性的使用，多地区已提出将 CIM 与 AI 技术相结合，打造数字孪生城市智慧大脑，利用 CIM 技术搭建与物理城市对应的数字城市，通过物联感知和泛在网络实现由实到虚的映射，利用 AI 技术的特征识别、学习计算、科学预测，为城市治理提供决策依据，最终再借助物联网进行远程控制，实现对物理世界的智慧管理。

与此同时，随着三维精细化建模和实时渲染效果的不断提高，将 VR/AR 与 CIM 技术进行集成应用的模式也屡见不鲜，涵盖智慧建造、智慧地产、智慧文旅、特色小镇等多个领域。在智慧建造方面，可以利用三维仿真技术对施工环境和施工工艺进行模拟，借助 VR/AR 的沉浸式和交互式体验，使得施工各方沟通更加简单、直接，有效地减少工程变更的可能性，降低施工成本，提高工程质量。

未来，伴随着 AI、云计算、大数据、VR/AR 等技术的发展演进，作为新兴技术的集成应用对象，CIM 技术也将基于现有技术优势取得长足的发展和广泛应用。

13.3　CIM 未来发展趋势

在国家深化放管服、加强新型基础设施建设和新型城镇化建设、推进网络强国建设等诸多政策背景下，CIM 作为促进工程建设项目审批改革的有力抓手、产业经济升级转型的潜

在推手和跨行业融合的智慧城市建设重要基石，具有广阔且光明的发展前景。

面向 CIM 的未来发展趋势，国内诸多专家学者从不同维度对其进行了探讨与研究。同济大学吴志强院士从 CIM 本身的智能性出发，提出"城市智慧模型（City intelligent model）"的发展概念，即在海量城市模型数据收集、存储和管理的基础上，运用信息化手段解决多维模型发展过程中的问题，以智能化的方式实现信息与人的互动，实现人为主观选择和城市智能体的整体协调。中国城市规划设计研究院未来实验室执行副主任杨韬教授在结合雄安新区规划建设 BIM 管理平台实践经验的基础上，重点从时空的维度上探讨了 CIM 建设的未来趋势，即采用数字技术记录城市空间全周期、全时空、全要素、全过程的发展与演变规律，并在此基础上一方面通过城市市场化运行，实现城市的万物感知与互联互通，另一方面运用仿真模拟技术探索城市全生命周期的联动与智能化应用。清华大学杜明芳博士则从 CIM 与数字孪生城市之间的关系探讨 CIM 的发展趋势，即 CIM 将成为数字孪生城市建设的重要支撑，通过建设设备级、系统级、复杂系统级、复杂巨系统等不同粒度的数字城市和各层级内外的数据关联、迭代及优化的闭环数据生态模型，融合智能业务体系和数据资源体系的综合集成模型，运用仿真、建模、分析和辅助决策等技术，实现物理世界对象的真实复现与智能决策支持，从而建设泛在感知、自主控制、协同自治的数字孪生。

综合国内各专家学者的研究探索，未来 CIM 发展的其本质方向可概况为城市空间要素的精准映射、城市运行状态的动态感知、城市运行规律的深度挖掘、城市未来趋势的模拟预判和城市行为活动的虚实相互。即在收集城市自身动静态空间与运行数据的基础上，运用 AI、机器学习、物联网、互联网的信息技术对数据进行计算、分析、模拟、预判等分析响应，挖掘城市过去、现在、未来不同时间维度下的运行规律，模拟预判城市未来发展态势并以仿真可视化方式呈现，赋能计算机人脑的感知学习、记忆思维和行为决策能力，实现城市自身运行与人为指令及外部环境的智能化自主适应和动态反应。

此外，结合 CIM 在我国政策、技术、实践应用探索等多方位影响因素的考量，CIM 未来发展趋势将是在多元、多维度下同步式开展，其具体体现在 CIM 空间要素感知的全面性、建设内容方式的规范性、建设空间范围的多级性、行业领域应用的广泛性、业务空间协同的联结性和自身演变发展的智能性上。

13.3.1 由单一时态向空间全面感知发展

现阶段 CIM 建设主要侧重城市自身的数字化，即对城市、区域、社区等空间范围内的建筑、部件、地下空间及地下管线等进行数字化描述，并对事件、人（或社会）、行为活动等流动性数据建设进行初步的数字化探索，是对物理世界实体的静态描述为主导的空间要素汇集。在此基础上，探索空间要素的全空间、全域动态感知建设将是 CIM 发展建设的重要方向之一，主要包括三大方面。一是全空间的全面性，即由建筑、部件为主导的地上空间描述向地上地下一体化空间要素转变。在地上建筑、部件数字化模型的基础上，以统一地理空间坐标系为基点，增加对应的地下空间、地下管网模型，实现地上地下一体化；二是全域要素的全面性，即由数字化城市向全域数字化"城市+自然资源本底"转变。在城市数字化空间要素底板的基础上，逐步探索建设水体、草地、森林、矿产、地形地貌、地质等自然资源本底三维模型，拓展三维数字化建设底板；三是要素时态的全面性，即由静态要素向实时流动性要素和单一时态要素向全时态要素转变。在物理世界静态化、现在时数字化的基础上，通过接入物联网、互联网设备和收集历史数据、预判未来发展等多重手段，叠加气候、行为活动实时动态数据和历史、未来时态数据，实现空间要素全时态感知。

13.3.2　由自主建设向规范化建设转变

CIM 起步于 2018 年住房和城乡建设部工程建设项目审批制度改革试点，到 2020 年底共开展了两年试点工作，仍处于起步阶段。部分试点城市如广州、厦门，在结合当地试点工作经验的基础上出台了地方性 CIM 相关标准体系或规章制度，但国家层面的标准规范体系和规章制度仍在研究中，尚未明确建立。标准规范体系和规章制度是有效推进 CIM 建设的基本准则和重要保障。随着 CIM 的不断发展，通过总结各地建设的实践经验和特色应用，建立健全 CIM 标准规范体系和规章制度，规定 CIM 的数据建设、平台应用、安全保障、数据共享、业务协同机制等要求，开展标准化、规范化 CIM 建设，推动 CIM 在全国范围内的广泛建设与应用，从而实现信息技术发展下新型智慧城市和数字孪生城市的逐步发展与完善。

13.3.3　由试点工作向全国建设应用拓展

自 2018 年五个 CIM 试点城市建设以来，上海、深圳、天津、济南、重庆、佛山、成都、铜陵、福州、苏州等多个城市也结合自身发展特色及优势自主开展了 CIM 的有关建设，覆盖城市、片区、园区、街道等不同空间尺度。此外，北京、山东、江西等城市就新型智慧城市建设、新型城市基础设施建设、行业升级转型等方面发表了地方性 CIM 政策文件，积极推动 CIM 及 CIM 基础平台在地方上的应用建设。随着国家及地方 CIM 相关政策的不断印发，确立了 CIM 建设的必要性，引导并鼓励各地政府与企业积极开展 CIM 的相关建设与研究，建立由试点片区向全市 CIM 建设发展、"街道–园区–片区–城市"多级同步发展的建设模式，从而推动 CIM 及 CIM 基础平台建设在全国范围内的应用拓展。同时，在此基础上，一方面加强"街道–园区–片区–城市"多级 CIM 对接，推动信息数据分级管理与交互共享，为建设以城市为单位的多级联动、分层应用的 CIM 体系奠定基础。另一方面加强城市与城市间的 CIM 对接，深化城市间的信息联结与交换共享，运用信息化手段最大限度地挖掘城市群的集聚效应，为建立跨区域的城市群 CIM 智慧联合体奠定基础。

13.3.4　由工程审批向全行业应用支撑拓展

整体来说，CIM 建设以工程建设项目审批增速提效为切入点，在此基础上，各试点城市结合地方特色开展基于 CIM 基础平台的智慧城市应用，如广州的房屋管理、城市更新应用、城市体检，南京的不动产应用、辅助规划编制等。此外，目前各地方也积极探索了 CIM 在不同行业中的应用。如重庆市围绕城市监控感知预警、交通管理等方面开展了智慧应用建设；佛山市禅城区在区域数字化的基础上，重点开展桥梁安全、园区管控、消防预警等智慧应用；天津生态城以智慧规划为重点，兼顾房屋管理、绿色建筑、海绵城市等应用建设；福州市北斗小镇则侧重于疫情防控有关的信息化管理应用建设等。结合现阶段各地实践应用经验，不难发现 CIM 在行业领域应用中已逐步由工程审批领域向规划设计、道路桥梁、消防安全、不动产应用、房屋管理等不同行业领域开始拓展，是全行业信息化的基础性支撑。未来随着各地 CIM 建设的持续推进，将探索建设更多智慧城市行业领域 CIM 应用，建立健全行业应用体系，逐步形成以 CIM 为基础的全行业应用支撑体系。同时，在此基础上，以 CIM 为底板，强化行业间的信息融合与交换共享，增加相关行业发展的联动性，以信息化手段推动构建各行各业的蓬勃发展、互相促进的良好态势。

13.3.5 由单一工作向跨部门协同转变

现阶段 CIM 建设主要采用住房和城乡建设部门或自然资源部门牵头，其他相关业务部门参与的工作模式开展建设。由于我国机构体制下的各部门各司其职，条块分割管控的特点，各部门间存在一定的信息壁垒和协同难点。因此 CIM 目前建设重点以牵头部门内部业务需求为主，兼顾相关业务部门应用需求。随着 CIM 基础平台定位在官方上《导则》中的明确及国家机构改革明确要求，基于 CIM 基础平台的横向部门联通运行机制将逐步建立健全，强化 CIM 基础平台对跨部门协同业务的支撑能力和服务能力，从而从机制上实现基于 CIM 的城市规划、建设、管理、运营全生命周期链条的联动开展。此外，建立健全基于 CIM 的跨部门协同模式将在一定程度上避免政务信息化重复建设、资源浪费等问题，形成有效统一的部门业务工作底板，提高部门业务工作精细化水平。

13.3.6 由被动记录向自主感知反应发展

结合各地 CIM 应用实践情况，不难发现 CIM 建设在技术实现上主要集中在对城市自身的三维建模、轻量化集成及可视化展示等方面，即对物理世界实体的数字化描述和集成展示，其本质是静态、被动的。而随着云计算、人工智能、深度学习、仿真模拟等技术的发展，各地开始探索其技术与 GIS、BIM 等 CIM 基础性技术融合应用的可能性。如利用人工智能、深度学习识别建设图纸、建筑地物特征等，辅助工程建设项目审批及违法违章建筑拆除；结合水体、水库、蓄滞洪区、防汛工程、历年天气等数据信息，运用仿真模拟技术，分析模拟洪涝灾害事件下的影响与危害及推演防洪工作过程等。未来伴随其智能技术与 CIM 技术的深度融合及成熟应用，将逐步赋予计算机人类思维感知、学习决策能力，即计算机感知物理世界的流动变化，并基于记录的历史版本数据和运用学习分析模拟手段，对人类行为指令及外部环境进行动态反应，生成对应预判解决方案，从而提高管理决策水平。

虽然 CIM 未来发展趋势是广阔且光明的，但不可否认是目前阶段的 CIM 还处于起步阶段，相关技术尚未成熟，其标准规范和规章制度也尚未建立健全，需要"边研究边论证边实施"，建立从认知到实践，从实践到认知的良好循环。同时，各地方政府及机构推动 CIM 建设时，需结合地方资源禀赋、经济基础、行·业现状、人才构成、区域本底等差异性、阶段性特点，扬长避短、择优选择、由点及面地推进区域 CIM 示范建设，切忌出现盲目跟风、一拥而上的局面。

同时，为推进 CIM 建设发展，充分发挥其对智慧城市建设、数字孪生建设的信息化支撑作用，提升以人民为中心的城市空间生活生产质量、社会公共服务水平，需要建立以政府为主导，企业、科研机构积极参与协作的产学研用一体化建设模式，推动各行各业在数据、技术、业务层面上的深层次融合，实现信息资源的充分整合和安全开放共享。在政府层面，需出台保障 CIM 建设的标准规范、制度和政策文件，覆盖平台建设、数据共享、业务协同、安全保障等多方面，从整体上把握 CIM 建设总体方向和重点应用领域；在企业层面，需强化其自身信息化技术研发能力和硬件开发能力，围绕 CIM 建设过程中的技术难点重点逐一突破，提高 CIM 产品服务水平。同时加强与相关行业企业协作，推动 CIM 在不同行业领域应用成熟；在科研机构层面，需加快培养 BIM、GIS、IoT、5G、AI、VR 等相关 CIM 技术人员、科研人员，从理论和实践上为政府、企业输送相关人才支撑。通过多方协作、共同发力推动 CIM 建设发展，运用信息化手段实现新型智慧城市规划、建设、管理制度与方法的改革与升级，为我国现代化、精细化城市治理能力和社会治理水平的提升奠定基础。

参 考 文 献

[1] 住房和城乡建设部. 城市信息模型（CIM）基础平台技术导则 [S]. 建科办 2020〔45〕号，2020 年 9 月.

[2] 庄林德，张京祥. 中国城市发展与建设史 [M]. 南京：东南大学出版社，2002.

[3] 刘克明. 中国工程图学史研究的新进展 [J]. 工程图学学报，2008（02）：163 – 167.

[4] 杜明芳. 数字孪生城市视角的城市信息模型及现代城市治理研究 [J]. 中国建设信息化，2020（17）：54 – 57.

[5] 刘芝. "数码城市"向我们走来 [J]. 科技潮，2001（Z1）：64.

[6] 王宝令，郝聪慧. 从建筑信息模型到城市信息模型 [J]. 科技风，2019（21）：118.

[7] 张宏，王海宁，刘聪，等. 城市信息模型（CIM）技术应用领域拓展与人造环境智慧化 [J]. 建设科技，2018（23）：16 – 18.

[8] 吴志强. 从 BIM 到 CIM，从增量建设到智慧协同 [C]. 第九届规划信息化实务论坛.

[9] 甘惟. 国内外城市智能规划技术类型与特征研究 [J]. 国际城市规划，2018，33（03）：105 – 111.

[10] 薛慧，吴志强，任晓崧. CIM：对 BIM 发展战略的思考. 2015，2（29）：89 – 90.

[11] 吴志强，甘惟. 转型时期的城市智能规划技术实践 [J]. 城市建筑，2018（03）：26 – 29.

[12] 孙桦，潘洪艳，韩继红. 从 BIM 到 CIM——绿色生态城区的智慧实现策略 [J]. 建设科技，2019（01）：52 – 55.

[13] 耿丹. 基于城市信息模型（CIM）的智慧园区综合管理平台研究与设计 [D]. 北京建筑大学，2017.

[14] 孙斌. BIM 技术的现状和发展趋势 [J]. 水利规划与设计，2017（3）：13 – 14，22，72.

[15] 左明威. 多种 BIM 技术实施软件在当前桥梁工程中的应用研究 [D]. 重庆交通大学，2019.

[16] 何小龙，于金平，申畯. 我国 BIM 技术应用现状和发展对策研究 [C]. 第六届全国 BIM 学术会议.

[17] 刘燕，金珊珊. BIM+GIS 一体化助力 CIM 发展 [J]. 中国建设信息化，2020（10）：58 – 59.

[18] 汤国安，赵牡丹，杨昕，等. 地理信息系统 [M]. 北京：科学出版社，2010.

[19] 郭立超，魏薇. 地理信息系统 GIS 发展现状及展望 [J]. 科技资讯，2019，17（33）：5 – 6.

[20] 谢博全，吴嘉敏，雷鹰. 基于 BIM+3DGIS 的城市基础设施物理信息融合智能化管理研究 [J]. 智能建筑与智慧城市，2020（03）：9 – 13.

[21] 陈天超. 物联网技术基本架构综述 [J]. 林区教学，2013（03）：64 – 65.

[22] 贾益刚. 物联网技术在环境监测和预警中的应用研究 [J]. 上海建设科技，2010（06）：65 – 67.

[23] 刘陈，景兴红，董钢. 浅谈物联网的技术特点及其广泛应用 [J]. 科学咨询，2011（09）：86.

[24] 陈经纬. 物联网通信技术发展现状及趋势研究 [J]. 中小企业管理与科技，2020（11）：193 – 194.

[25] 韩贵黎. 信息化时代下分析物联网工程的发展趋势 [J]. 老字号品牌营销，2020（09）：67 – 68.

[26] 丁伟伟. 人工智能技术在智慧城市建设中的应用 [J]. 信息记录材料，2020，21（04）：230 – 231.

[27] 王瑛. 基于 Web 前端开发技术的课程教学模式创新分析 [J]. 计算机产品与流通，2020（05）：189.

[28] 周小林，郑立荣. 中国智慧建筑技术发展白皮书 [M]. 2020.

[29] 李扬，刘平，王丹丹. 基于 5G 网络和 CIM 的智慧城市系统构建探索 [J]. 智能建筑与智慧城市，

2020（03）：27－29.

［30］耿丹，李丹彤．智慧城市背景下城市信息模型相关技术发展综述［J］.中国建设信息化，2017（15）：72－73.

［31］石宇航．浅谈虚拟现实的发展现状及应用［J］.中文信息，2019（1）：20.

［32］李良志．虚拟现实技术及其应用探究［J］.中国科技纵横，2019（3）：30－31.

［33］孙喜庆．数字孪生城市将成为5G时代的关键应用［J］.中国信息界，2019（03）：74－77.

［34］胡天宇，张权福，沈永捷等．增强现实技术综述［J］.电脑知识与技术，2017，13（34）.

［35］华陆韬．AR+BIM+GIS技术的融合开发与应用［J］.科技创新与应用，2020（15）：19－21.

［36］郑国勤，邱奎宁．BIM国内外标准综述［J］.土木建筑工程信息技术，2012，4（01）：32－34+51.

［37］潘婷，汪霄．国内外BIM标准研究综述［J］.工程管理学报，2017，31（01）：1－5.

［38］周成，邓雪原．IDM标准的研究现状与方法［J］.土木建筑工程信息技术，2012，4（04）：22－27+38.

［39］上海市住房和城乡建设管理委员会．2020上海市BIM技术应用与发展报告．2020.

［40］全国智能建筑及居住区数字化标准化技术委员会．城市信息模型（CIM）标准体系研究．2019.

［41］杜青峰，万碧玉，王益，等．智慧城市背景下的"多规合一"标准探究［J］.智能建筑与智慧城市，2017（12）：32－38.

［42］樊静静．以评促建，BIM应用成熟度评价助推行业发展［J］.中国建设信息化，2020（11）：26.

［43］林良帆，邓雪原．BIM数据存储标准与集成管理研究现状［J］.土木建筑工程信息技术，2013，5（03）：14－19+36.

［44］中国信息通信院．数字孪生城市研究报告（2019）．2019.

［45］周小平，赵吉超，王佳，等．建筑信息模型（BIM）与建筑大数据［M］.北京：科学出版社，2020.

［46］广州奥格智能科技有限公司．城市信息模型（CIM）数据交换共享规范［S］.

［47］陈明娥，崔海福，黄颖，等．BIM+GIS集成可视化性能优化技术［J］.地理信息世界，2020，27（05）：108－114.

［48］姚春雨，彭桂辉，段梦琪．大场景三维渲染关键技术研究及实现［J］.地理空间信息，2019，17（10）：96－98+105+12.

［49］刘北胜．基于云渲染的三维BIM模型可视化技术研究［J］.北京交通大学学报，2017，41（06）：107－113.

［50］张敏，刘用姜．基于LOD纹理映射的三维场景实时渲染技术［J］.闽江学院学报，2017，38（05）：56－61.

［51］佘江峰，陈景广，程亮，等．三维地形场景并行渲染技术进展［J］.武汉大学学报（信息科学版），2012，37（04）：463－467.

［52］王磊，高珏，金野，等．基于Web3D无插件的三维模型展示的研究［J］.计算机技术与发展，2015，25（04）：217－220.

［53］黄龙江．基于kd－tree的分布式实时光线跟踪渲染技术研究［D］.2014.

［54］黄枭．PBR材质的生成方法研究［D］.杭州电子科技大学，2020.

［55］王斌，吴玉培，吴志红．基于SRAA延迟渲染抗锯齿［J］.四川大学学报（自然科学版），2015，52（06）：1230－1236.

［56］操锋，张海兵，段高博．BIM模型轻量化问题研究［J］.中国管理信息化，2020，23（02）：79－80.

［57］吕婧，金浩然，谭军，等.glTF在BIM模型轻量化中的应用［J］.科技创新与应用，2020（06）：174－176.

［58］ 刘强，张建平，胡振中. 基于键-值缓存的 IFC 模型 Web 应用技术［J］. 清华大学学报（自然科学版），2016，56（04）：348-353+359.

［59］ 贺佳佳. Revit 模型的轻量化研究［D］. 西安建筑科技大学，2019.

［60］ 陈庆财，冯蕾，梁建斌，等. BIM 模型数据轻量化方法研究［J］. 建筑技术，2019，50（04）：455-457.

［61］ 袁亦周. 基于 Revit 的轻量级可视化转换引擎的研究［D］. 湖北工业大学，2018.

［62］ 林志豪. 基于 Revit 的结构信息集成与 Web 端模型轻量化研究［D］. 深圳大学，2019.

［63］ 毛军，张翠侠，陈�. 信息融合技术在数据集成中的应用研究. 2019.

［64］ 朱亮，邓非. 基于语义映射的 BIM 与 3DGIS 集成方法研究［J］. 测绘地理信息，2016，041（003）：P. 16-19.

［65］ 武鹏飞，刘玉身，谭毅，等. GIS 与 BIM 融合的研究进展与发展趋势［J］. 测绘与空间地理信息，2019，42（01）：1-6.

［66］ 赵杏英，陈沉，杨礼国. BIM 与 GIS 数据融合关键技术研究［J］. 大坝与安全，2019（02）：7-10.

［67］ 王珊，王会举，覃雄派，等. 架构大数据：挑战、现状与展望［J］. 计算机学报，2011，34（10）：1741-1752.

［68］ 许镇，吴莹莹，郝新田，等. CIM 研究综述［J］. 土木建筑工程信息技术，2020，12（03）：1-7.

［69］ 姚彬峰，马小军. BIM 和 RFID 技术在开放式建筑全生命周期信息管理中的应用［J］. 施工技术，2015，44（10）：92-95+104.

［70］ 杨帆. 基于 BIM 与物联网的装配式建筑设计与施工管理［D］. 西安科技大学，2019.

［71］ 王亭. 基于 BIM 与 IoT 数据的实时交互方法研究［D］. 北京建筑大学，2019.

［72］ 黄恒振. 基于物联网+BIM 的装配式建筑供应链信息系统架构研究. 2019，17（11）：39-45.

［73］ 范建永，龙明，熊伟. 基于 HBase 的矢量空间数据分布式存储研究［J］. 地理与地理信息科学，2012，028（005）：39-42.

［74］ 丁琛. 基于 HBase 的空间数据分布式存储和并行查询算法研究［D］. 南京师范大学，2014.

［75］ 李德仁，王树良，李德毅. 空间数据挖掘理论与应用［M］. 北京：科学出版社，2013.

［76］ 王树良，丁刚毅，钟鸣. 大数据下的空间数据挖掘思考［J］. 中国电子科学研究院学报，2013，008（001）：8-17.

［77］ 奚雪峰，周国栋. 面向自然语言处理的深度学习研究［J］. 自动化学报，2016（10）：1445-1465.

［78］ 陈岚. 基于因子分析和聚类分析的省级政府门户网站评估［J］. 电子政务，2010，000（002）：95-100.

［79］ 何占军，刘启亮，邓敏，等. 显著空间同位模式的多尺度挖掘方法［J］. 测绘学报，2016，45（11）：1335-1341.

［80］ 张乐. 基于 HoloLens 的增强现实识别系统［D］. 中北大学，2020.

［81］ 赵越. 实时增强现实中运动目标及场景的跟踪注册关键问题研究［D］. 东北大学，2015.

［82］ 郑义. 数值三维云建模与渲染技术的研究［D］. 南京信息工程大学，2019.

［83］ 熊平. 信息安全原理及应用［M］. 北京：清华大学出版社，2009.

［84］ 李凌云，LI，LING-YUN，等. 云计算背景下智慧城市中隐私信息保护和处理的新模型［J］. 智能建筑与智慧城市，2017.

［85］ 金忠明，肖鑫. 智慧城市建设视野下的智慧人才培养［J］. 教育发展研究，2013，33（23）：19-25.

［86］ 胡丽，陈友福. 智慧城市建设不同阶段风险表现及防范对策［J］. 中国人口·资源与环境，2013，23

（11）：130－136.

［87］马双．智慧城市：内涵、维度、评价与实践［J］．国外社会科学前沿，2020（11）：64－72+96.

［88］刘朝晖，单峰．智慧城市建设的回顾和展望［J］．当代建筑，2020（12）：14－17.

［89］唐斯斯，张延强，单志广，等．我国新型智慧城市发展现状、形势与政策建议［J］．电子政务，2020（04）：70－80.

［90］马尧．新型智慧城市发展现状及建议［J］．智能建筑与智慧城市，2020（11）：23－25.

［91］陈俣含．从传统智慧城市到新型智慧城市：建设现状及未来发展路径探讨［J］．未来与发展，2020，44（1）：1－6.

［92］管浩．新型智慧城市的起点：数字孪生城市［J］．华东科技，2020（11）：58－61.

［93］杨滔，张晔珵，秦潇雨．城市信息模型（CIM）作为"城市数字领土"［J］．北京规划建设，2020（06）：75－78.

［94］李璨．BIM技术在建筑设计质量检查中规范转译的方法研究［D］．重庆大学，2019.

［95］谢尚贤．推动台湾BIM应用 策略与蓝图［J］．营建知讯，2014（382）：56－61.

［96］南方英．电脑辅助建筑体量设计的方法［D］．台湾大学，2012.

［97］宗颖俏，田大江．面向城乡建设领域智慧城市标准体系研究—以重庆为例．建设科技［J］．2017（13）.

［98］王曙光，张红卫．智慧城市标准、评价体系与认证初探．认证技术［J］．2017（000）：005.

［99］曹天成，代健，刘益嘉．我国智慧城市标准化现状及建设对策研究．2021.

［100］王坤，李丹农．浅谈测绘标准化［J］．标准科学．2010（6）.

［101］诸敏秋，王芙蓉，张涛，尹向军，武文，朱荷欢．城市测绘地理信息标准体系研究与实践——南京市为例［J］．绘测科学．2018（12）.